Pour … ui
pour s … naire
anni…

affectueusement

[illegible]
30 Septembre 95

FARINELLI

Le castrat des Lumières

DU MÊME AUTEUR

LA VIE QUOTIDIENNE À L'OPÉRA AU TEMPS DE ROSSINI ET DE BALZAC, Hachette, 1987.
HISTOIRE DES CASTRATS, Grasset, 1989.
GRASLIN, NANTES ET L'OPÉRA, Coiffard, Nantes, 1993.

PATRICK BARBIER

FARINELLI

Le castrat des Lumières

BERNARD GRASSET
PARIS

A Charles Dupêchez.

REMERCIEMENTS

L'auteur tient à exprimer sa reconnaissance à toutes les personnes qui ont facilité son travail, en France ou à l'étranger, et l'ont aidé de leur gentillesse et de leurs compétences dans la recherche des documents ou la correction du texte, et notamment :

Francesca Boris, Archiviste à l'Archivio di Stato de Bologne, qui sait si bien mettre sa passion pour Farinelli au service des autres, Giampiero Cammarota, Historien de l'art à la Pinacoteca Nazionale de Bologne, Barbara Ventura, du Civico Museo Bibliografico de Bologne, Dr Leopold Auer, du Haus-, Hof- und Staatsarchiv de Vienne, Margarita González Cristobal et Teresa Fernández Talaya, des Archives du Palais royal de Madrid, les pères de Saint-Louis-des-Français à Madrid, Charles Dupêchez, Marie-Liesse Barbier, Jill Pomphrey, José Lazaro, Laura Clerfeuille, Jean-François Labie, Marie-Claude Rousseau, Jean-Claude Thiriet, Jean-Claude Gaberel, Marie-Amélie Testard, Christian Jamet, Michel Noiray, Gabriel Rousteau et toujours Dominique Fernandez.

Avant-propos

Il est des chanteurs dont le nom reste indissociable d'un siècle. Maria Callas, Caruso ou Chaliapine auront marqué le XXe siècle, comme Maria Malibran et Giuditta Pasta le XIXe. On sait moins que le XVIIIe siècle a constitué à la fois l'apogée et le déclin d'un règne incontesté, né à l'orée du XVIIe siècle : celui des castrats. C'est bien de cette époque aujourd'hui qualifiée de « baroque » qu'a pu naître ce défi à la raison, ce désir de faire passer le flamboiement et la sensualité d'une voix « hors norme » avant toute considération d'ordre moral.

Carlo Broschi, qui a choisi le surnom de Farinelli, demeure pour le Siècle des lumières le chanteur le plus adulé de son temps et, sans conteste, le premier de toute l'histoire des castrats. Les sortilèges de sa voix, les prodiges techniques qu'il réalisa, le rayonnement de toute sa personne, firent de lui une légende vivante pour laquelle une bonne partie de l'Europe se passionna, et qui fascine aujourd'hui encore le mélomane et l'historien.

Les traces de Farinelli sont hélas bien ténues car, si d'innombrables voyageurs et mémorialistes du temps ont parlé de lui, le chanteur s'est fort peu livré et n'a pas voulu écrire son autobiographie. Sa plus importante correspondance, celle qu'il adressa au poète Métastase, semble perdue à jamais. Les lieux mêmes qu'il a traversés ont aujourd'hui presque tous disparu.

Le présent ouvrage apporte cependant de nombreux éléments nouveaux à la seule biographie jusqu'à présent publiée [1]. Une série de soixante-huit lettres inédites de Farinelli au comte Pepoli vient en effct d'être retrouvée à Bologne [2]. Cette correspondance apporte de précieux renseignements sur la vie du chanteur, tout en remettant en cause certaines légendes bien tenaces. Ils permettront, dans la mesure du possible, de laisser Farinelli « raconter » lui-même. A cette correspondance s'ajoutent de nombreux documents d'archives, inédits ou peu connus, provenant de Madrid, Bologne, Londres ou Vienne. Enfin cette biographie s'appuie en permanence sur les lettres, mémoires, souvenirs, journaux ou correspondances diplomatiques du XVIIIe siècle.

Parler de Farinelli, et surtout se souvenir de la place qu'il a occupée parmi tous les « grands » du XVIIIe siècle, s'inscrit aujourd'hui dans un vaste mouvement de redécouverte – par le livre, le disque ou le film – de ce qu'ont été le chant baroque et l'art des castrats.

Première Partie

DE NAPLES À VIENNE
(1705-1734)

1. L'enfance et les études

En plein cœur du plateau des Murges qui descend en pente douce vers l'Adriatique, le voyageur qui n'a pas craint d'avaler les kilomètres pour se rendre dans cette lointaine région des Pouilles, se précipite en général vers le Castel del Monte, massif et fier octogone de Frédéric de Souabe, devenu l'un des monuments emblématiques de la région et l'un des plus beaux exemples du gothique militaire.

S'il vient du nord, il a peut-être jeté un coup d'œil à la ville d'Andria, certainement la plus populeuse de la province de Bari, après l'imposante capitale régionale elle-même. Cheminant dans les ruelles du centre-ville, il a pu admirer la cathédrale romane, les églises San Francesco et San Domenico ou le Palais ducal du XVIIIe siècle. Lui aura-t-on parlé, au cours de cette dernière visite, du duc Fabrizio Caraffa d'Andria qui, un jour de 1705, servit de parrain à un enfant un peu particulier ? Aura-t-on évoqué le nom de ce petit Carlo Broschi qui allait devenir l'une des figures les plus attachantes du XVIIIe siècle musical européen ? Hypothèses peu vraisemblables, tant les restes « physiques » du castrat le plus célèbre de l'histoire, et jusqu'à sa seule mémoire, ont aujourd'hui quasiment disparu de cette contrée.

Celui dont la postérité conserva le souvenir sous le nom de Farinelli vit le jour et passa les premières années de son existence dans ce qui n'était alors qu'une grosse bourgade agricole, distante de 12 km de la mer et d'à peine 80 km de Bari. Ses parents, Salvatore Broschi (ou Brosco) et Caterina Barrese, étaient tous deux originaires de cette ville, mais résidaient le plus souvent à Naples. Ils faisaient partie de cette petite noblesse « de robe », peu argentée, qui pouvait se flatter de quelque titre aristocratique dans son ascendance, sans jamais avoir été admise dans les cercles proches des vice-rois espagnols, alors à la tête du grand royaume du sud. Avant Salvatore, Pedro (ou Pietro) avait reçu, en 1676, le titre de gouverneur royal des villes de Scala et de Rabello. Et encore avant lui, Nicola Broschi avait été nommé, en 1651, comte de Ognatte et châtelain du château de Tropea, en Calabre. Les Barrese (ou Barese), quant à eux, étaient comtes de Castro Villari, en Sicile, et le père de Caterina, Giulio, avait reçu en 1683 la charge de trésorier de la province des Abruzzes.

Trois enfants vinrent couronner l'union de Salvatore et Caterina Broschi : vers 1698 naquit Riccardo, futur compositeur, qui offrira à son frère castrat certains de ses plus beaux rôles, puis vint Dorotea en 1701 et enfin Carlo en 1705. Dorotea épousera plus tard le comptable de la Chambre royale de Naples, Giovan Domenico Pisani, dont elle aura six enfants : ils constitueront la seule descendance de la famille Broschi.

Né le 24 janvier 1705, une heure après midi, Carlo reçut également pour prénoms ceux de Maria, Michelangelo, Nicola, et fut baptisé deux jours plus tard dans l'église San Nicola d'Andria par le protonotaire apostolique Giuseppe Damiani, avec pour parrain le comte Fabrizio Caraffa, représenté ce jour-là par son envoyé Lucio Pincerna. Un an après la naissance du petit Carlo, son père Salvatore reçut à son tour une nomination qui allait faire honneur à la longue lignée des Broschi et des Barrese : on lui confiait le poste de gouverneur de la ville de Maratea, à laquelle on allait ajouter en 1709 la ville de Cisternino.

C'est donc dans un contexte très privilégié pour

l'époque, et surtout très exceptionnel lorsqu'on considère la vie des principaux castrats des XVIIe et XVIIIe siècles, que naquit et grandit Carlo Broschi. Une fois castré, puis devenu cette sorte de « monstre sacré » du chant, il demeurera un cas rarissime de sopraniste originaire d'une famille favorisée par la naissance, à défaut de l'être par la fortune. Tout semblait du reste placer Carlo en marge de ses semblables : ses origines familiales, un baptême reçu des mains d'un protonotaire apostolique, un parrain de la plus haute noblesse, un père fonctionnaire du royaume et, plus précieux encore, une famille ouvertement passionnée par la musique. Aucun signe patent de son fabuleux talent ne s'était encore manifesté qu'il avait déjà reçu les pouvoirs étonnants de quelque bonne fée !

Carlo se démarquait d'emblée de la plupart de ses futurs rivaux. Les castrats des XVIIe et XVIIIe siècles provenaient tous des familles les plus pauvres des États pontificaux ou du royaume de Naples. Les terres papales venaient largement en tête, pour la bonne raison que les castrats avaient fait leur apparition à la chapelle Sixtine, à la fin du XVIe siècle, et que l'Église avait été le principal débouché pour les sopranistes et contraltistes au cours du XVIIe siècle. Le nombre impressionnant de castrats utilisés dans les cathédrales et églises du Latium, d'Ombrie, des Marches ou d'Émilie, s'était vu renforcé par l'interdiction qui était faite aux femmes de monter sur une scène de théâtre. Dans les États de l'Église, soucieux de la bonne morale publique, seuls des hommes (et surtout les castrats) pouvaient interpréter les rôles masculins et féminins. Un opéra constitué de dix rôles d'hommes et de femmes se voyait en général interprété par sept castrats, deux ténors et une basse. Même les marionnettes féminines étaient interdites, par peur qu'on eût de mauvaises pensées devant leurs cuisses de bois.

L'utilisation de castrats dans ces régions dépassa donc, pour la scène comme pour l'église, celle de tous les autres États de la Péninsule. Si l'on exclut les théâtres, les seules églises de la ville de Rome comptaient près d'une centaine de castrats en 1694, plus de deux cents en 1780! Par un effet de boule de neige, cette politique de plein emploi fut un encouragement sans précédent à la pratique de la castration pendant un siècle et demi.

En seconde position, et pour de tout autres raisons, venait le royaume de Naples, où d'humbles paysans s'éreintaient à cultiver quelques arpents trop arides, et mouraient à trente ou trente-cinq ans après avoir donné naissance à une quinzaine d'enfants. Leur désir de voir l'un des leurs échapper à des conditions de vie aussi désespérées les poussait à s'en remettre à l'organiste ou au maître de musique local, plus apte qu'eux à juger des talents vocaux de l'enfant, et mieux placés pour se constituer un tissu de relations dans la capitale du royaume. A cette volonté de parer plus dignement à la misère et à la mort, s'ajoutait parfois l'espoir secret de s'enrichir sur le dos de l'enfant : soit en recevant directement une petite somme d'argent des recruteurs qui passaient dans les provinces, soit en comptant sur un contrat avantageux, assurant une rente à la famille lorsque l'enfant connaîtrait la célébrité.

Toutes sortes de contrats virent le jour au cours de ces deux siècles, même si très peu d'entre eux sont parvenus jusqu'à nous. On voit par exemple en 1697 un enfant de 8 ans, Francesco Rizzo, confié pour quinze ans à un chanteur et à son frère, chanoine et chanteur à la cathédrale de Gallipoli : les deux hommes s'engagent à l'élever et à l'entretenir dignement, en échange de tous les gains de l'enfant ; ils pourront également l'emmener où ils veulent et décider de le faire castrer quand bon leur plaira. Un contrat plus ancien (1671) stipule que l'enfant Paolo Vannini sera castré aux frais du *maestro* [1]. Dans ces deux exemples, l'idée centrale est la même : sans gagner d'argent (du moins officiellement) les parents se soulagent avant tout de l'éducation d'un fils et, tout en se félicitant d'avoir une bouche de moins à nourrir, lui permettent, par le biais de la castration, d'accéder à une culture et une position sociale qu'ils n'auraient jamais pu envisager pour lui. Rien d'étonnant à ce que le royaume de Naples ait été, dès le début du XVIIe siècle, le premier État à autoriser la castration dans les familles de paysans possédant au moins quatre fils !

Dans le cas de Carlo Broschi, tout à fait exceptionnel, répétons-le, ce n'était ni la pauvreté ni le besoin qui allaient pousser Salvatore à accepter (ou à souhaiter) la castration pour son fils, mais bien des considérations plus intellectuelles. Salvatore aimait la musique et la pratiquait. Il avait très vite communiqué cette passion à son premier fils Riccardo qui n'allait pas tarder à en faire sa profession. Cet enthousiasme se répercuta aussitôt sur le petit Carlo, formé non seulement par son père mais aussi par son frère : celui-ci avait déjà 13 ans lorsque son cadet, plus jeune de sept ans, commençait à montrer des capacités stupéfiantes sur le plan vocal. La clarté de son timbre, la fraîcheur et la brillance de ses aigus commençaient à troubler ceux qui avaient la chance de l'écouter sous les voûtes des églises d'Andria et de Barletta, où la famille Broschi s'était transportée à partir de 1707. A la différence des autres parents, moins cultivés, Salvatore savait exactement ce qu'était la castration, et notamment les risques qu'elle faisait encourir : anesthésie par bain d'eau glacée ou par compression des carotides, ablation des testicules avec risques d'infection ou d'hémorragie, convalescence plus ou moins douloureuse de deux semaines en moyenne... Il savait surtout, pour avoir entendu d'autres castrats, si nombreux dans le royaume de Naples, que la castration était une loterie et que la voix d'enfant la plus sublime pouvait ne pas « tenir » après l'opération, devenir stridente ou éraillée, parfois disparaître tout à fait.

A côté de cela, Salvatore savait tout des prodiges accomplis par le castrat Ferri pour qui la reine Christine de Suède avait fait cesser les hostilités contre la Pologne, permettant ainsi au chanteur de passer de Pologne en Suède, sur son propre vaisseau royal ; il s'était délecté, à Naples, en écoutant Matteuccio, le « beau jeune homme avec une voix d'ange » qui s'était acquis les faveurs du vice-roi et tournait la tête des nobles et des dames ; il venait d'apprendre qu'à Londres, Nicolino avait procuré un choc émotionnel sans précédent aux Anglais, en créant *Rinaldo*, premier opéra écrit par Haendel pour sa nouvelle patrie !

Un siècle de gloire, déjà, avait placé les meilleurs castrats italiens sur les plus grandes scènes européennes, dans les cours les plus fastueuses, à l'exception de celle du Roi-Soleil. Salvatore ne pensa certainement pas à un quelconque profit pour lui-même ou sa famille, mais il dut considérer la castration de Carlo comme la meilleure chance qu'il pouvait donner à cet enfant prodige du chant. Il l'éleva en outre selon une stricte éducation qui ne manquerait pas de lui rendre service tout au long de sa carrière.

Aucun document, aucune phrase de Farinelli lui-même, ne relate cet événement majeur de sa vie, cet instant crucial qui, en lui faisant renoncer à toute descendance, lui ouvrait toutes grandes les portes de la renommée. Giovenale Sacchi, contemporain du castrat et son premier biographe, ne peut s'empêcher, comme il est d'usage à l'époque, de masquer la décision paternelle sous un prétexte médical. A l'en croire, une mauvaise chute de cheval aurait justifié la castration de Carlo. Il est bien évident qu'il n'en fut rien. Sacchi écrivit sa biographie en 1784, à une époque où l'excommunication frappait, depuis longtemps, ceux qui pratiquaient la castration sur des enfants sans raison médicale précise. Soucieux de ménager ses lecteurs et de montrer une image adoucie et policée de Carlo Broschi et de sa famille, Sacchi eut inévitablement recours à l'un des prétextes médicaux qui justifiaient la castration : une chute de cheval, une morsure de cygne ou de cochon sauvage, le coup de pied mal placé d'un autre enfant... (John Rosselli raconte même qu'à en croire les castrats de la chapelle Sixtine au XIXe siècle, ils auraient tous été victimes de cochons sauvages!). Mais lorsqu'on n'avançait pas de tels prétextes, c'est qu'on avait pratiqué la castration en toute bonne foi, et avec l'appui de la Faculté, pour guérir la hernie, la goutte, la folie ou l'épilepsie.

L'opération de Carlo eut lieu juste avant ou juste après son départ pour Naples, vers 1714, alors qu'il avait 9 ans. C'était là un âge très courant pour la plupart des castrats italiens. La police interdisait en effet cette pratique avant l'âge de 7 ans et, pour se disculper de sa permissivité, exigeait que l'enfant demandât lui-même la castration, clause qui dans la plupart des cas ne devait pas être respectée. L'autre date butoir étant celle de la mue du jeune garçon, la castration intervenait donc généralement entre 8 et 12 ans : dès que les premiers signes de puberté se faisaient sentir, elle devenait inutile puisqu'elle ne permettait plus à l'enfant de conserver pour la vie la voix cristalline de ses premières années.

L'histoire ne dit pas, ne dit plus, ce que ressentit Carlo après cette opération qui le faisait peut-être souffrir physiquement et moralement mais lui épargnait une « cassure * » que beaucoup d'enfants chanteurs, quelle qu'en soit l'époque, surmontent difficilement. Avait-il déjà cette envie de se battre contre vents et marées pour montrer à la face du monde quelles prouesses vocales pouvaient sortir de son gosier? Comment vivait-il cette rupture brutale avec le cocon familial et notamment avec ses parents, qu'il n'allait presque plus jamais revoir? Agé seulement de 10 ans, on lui demandait, dès son arrivée à Naples, de dire adieu à ses parents, de se séparer de son frère, placé au conservatoire de Santa Maria di Loreto, de surmonter une opération qui le marginalisait inévitablement et d'oublier une paisible bourgade des Pouilles, pour se familiariser et s'intégrer à la troisième ville d'Europe, après Londres et Paris. Pourtant, loin d'accabler ses parents, Carlo semble bien leur avoir gardé, pour la vie entière, une profonde affection, voire une certaine gratitude pour cette voie ainsi tracée.

---

* En anglais, la « mue » se dit *break* (cassure).

A son arrivée à Naples, il fut très aidé par les relations de son père avec le monde musical de cette ville : elles lui permirent de bénéficier d'études privilégiées et d'échapper aux conditions de vie plus que spartiates des quatre conservatoires de renommée internationale qui fonctionnaient alors au cœur de la métropole. La fine fleur de la musique vocale et instrumentale était formée derrière les murs épais de ces quatre institutions concurrentes, nées en pleine Contre-Réforme d'un élan de solidarité envers les pauvres et les orphelins. Santa Maria di Loreto avait ouvert ses portes le premier, en 1537, suivi de la Pietà dei Turchini (1584), des Poveri di Gesù Cristo (1589) et de Sant'Onofrio a Capuana (1600).

Très vite ces institutions charitables, dirigées par des ecclésiastiques, firent de la musique leur cheval de bataille, soucieuses de ravir pour Naples cette première place que Venise avait occupée jusqu'alors. Le XVIIe siècle et le début du XVIIIe connurent l'apogée de ces quatre fondations, premières en Europe à lancer le nom de « Conservatoire ». Une discipline de fer, une éducation musicale unique en son genre et l'assurance de débouchés exceptionnels pour les garçons qu'elles formaient, caractérisaient les objectifs de ces doctes fondations. Sur les cent à trois cents enfants que contenait chaque conservatoire, une place particulière était réservée aux petits castrats, réunis en une classe de *soprani* et une classe de *contralti*. Un peu mieux traités que les autres enfants en raison de leur constitution plus fragile et de leur voix aussi sensible que précieuse, ils n'en subissaient pas moins les brimades des supérieurs, le manque de repos dû à un emploi du temps draconien et l'humiliation d'être « différents » des autres garçons. Plus d'un y laissa sa santé physique ou morale et s'en échappa en cours d'études *.

Rien de cela n'allait être réservé à Carlo Broschi, que

* Pour tout ce qui concerne le phénomène de la castration ainsi que le milieu social ou les études des castrats, se reporter à l'*Histoire des castrats*, du même auteur, Grasset, 1989.

divers contacts antérieurs avaient permis de confier à des protecteurs influents, la famille de magistrats Farina, et, pour son éducation musicale, à un jeune professeur particulier hors pair : Nicolò Porpora. Carlo allait découvrir ce système patriarcal assez répandu à travers l'Italie, qui consistait à placer un élève spécialement doué chez un grand *maestro*: celui-ci logeait, nourrissait et, parfois, habillait l'enfant, se substituait tout bonnement à l'autorité du père naturel, et l'éduquait à la musique pendant un nombre d'années fixé à l'avance. Les avantages pour l'enfant étaient évidents: il retrouvait, même très partiellement, une sorte de microcosme familial, échappant ainsi à la rigueur du dortoir et à la raillerie des petits camarades; il travaillait, seul, ou parfois à deux ou trois, dans l'ombre d'un maître réputé, s'assurant des progrès plus rapides; enfin il bénéficiait, pour sa sortie, des relations influentes que son maître ne manquait pas d'avoir à la Chapelle de telle ou telle cour.

Si les avantages pour le *maestro* semblent moins évidents, ils n'en étaient pas moins intéressants que pour l'élève : d'une part le professeur, qui avait soigneusement sélectionné ses élèves, comptait sur leur renommée future pour rehausser la sienne; d'autre part il n'acceptait jamais un élève sans signer un contrat qui, soit lui accordait une pension des parents, soit prévoyait un pourcentage sur les futurs gains du disciple, pendant ses quatre dernières années d'apprentissage par exemple. Parfois il pouvait espérer devenir l'impresario de son disciple, lors de débuts prometteurs à la scène, allant jusqu'à empocher les bénéfices une fois le chanteur indemnisé. Un dédommagement était même prévu (avec poursuites judiciaires éventuelles), si l'élève en venait à claquer la porte du maître en cours d'études.

Entrer chez Porpora fut certainement pour Carlo l'une des grandes chances d'une existence placée de toute manière sous les auspices de la déesse Fortuna. Porpora venait d'achever la formation du castrat Antonio Uberti en 1715. La place était donc libre. Cette chance fut même spirituelle et sentimentale avant d'être musicale. Le jeune castrat n'était pas à Naples depuis deux ans qu'il apprit la mort de son père Salvatore, en novembre 1717, à l'âge de 36 ans! Le géniteur bien-aimé, cet artiste confiant qui avait beaucoup misé sur la carrière de son fils et pressenti tant de choses, laissait là un enfant de 12 ans, sans avoir rien connu de cette voix surnaturelle qui allait défier l'Europe. Carlo ne le remplaça probablement jamais au fond de son cœur mais il est clair – et toute sa vie le montre – qu'il chercha partout à remplacer ce père trop tôt défaillant. Un esprit plus ingrat, un homme moins sentimental que Carlo Broschi eût pu voir dans cette mort prématurée un châtiment divin contre celui qui lui avait sciemment ôté le symbole de sa virilité. Mais les rares écrits du chanteur, son attitude en diverses circonstances et l'importance qu'il accorda à sa famille, laissent peu de place à une telle interprétation; selon Sacchi, Farinelli parlait souvent avec piété de son père, et bénissait la sévérité avec laquelle il avait été élevé et instruit par lui.

Nicolò Porpora, chez qui il venait d'arriver, incarna aussitôt ce père de substitution, même s'il n'avait que dix-neuf ans de plus que lui. Si, comme l'affirme Burney, Carlo eut souvent à souffrir de la pingrerie de Porpora et des chiches pitances qu'il lui servait à table, l'obligeant à courir se rassasier d'une *sfogliatella* sortie du four ou d'un triple sorbet recouvert de crème fouettée, Carlo trouva surtout en lui un appui moral et un formateur de la voix comme il en existait peu en Italie.

A l'arrivée de Carlo à Naples, Porpora avait entamé depuis peu sa carrière de professeur. On venait de le nommer maître de chapelle au conservatoire de Sant'Onofrio et il commençait à s'entourer de quelques élèves particuliers. On ne sait aujourd'hui si les seules relations de Salvatore suffirent à faire entrer Carlo chez un tel personnage, ou si, comme il était fréquent à l'époque, on avait amené l'enfant au *maestro*, quelque temps plus tôt, pour s'assurer de son avis avant de prendre la décision de l'opérer.

Toujours est-il que le père de Carlo avait frappé à la bonne porte. Porpora était un pur produit de cette école napolitaine qui allait dominer l'Europe des lumières. Né à Naples en 1686, il était entré à l'âge de 10 ans au conservatoire des Pauvres de Jésus-Christ, situé sur l'actuelle place des Gerolomini, face à l'église du même nom. Selon un cursus commun à beaucoup d'élèves, il en sortit après dix ans d'études et créa son premier opéra, *Agrippina*, au Palais royal de Naples en 1708. Deux autres ouvrages suivirent, mais déjà il s'était fait remarquer du prince de Hesse-Darmstadt, venu occuper Naples avec l'armée d'invasion autrichienne en 1707. De ce jour et jusqu'à son départ, en 1713, une collaboration, pour ne pas dire une amitié, s'instaura entre les deux hommes, gagnant définitivement Porpora à la cause impériale. Le 1er octobre 1714, c'est son *Arianna e Teseo* qui fut jouée à Vienne pour l'anniversaire de l'empereur Charles VI, suivie de plusieurs autres ouvrages, tous donnés à l'occasion de la fête ou de l'anniversaire de l'auguste souverain. Non seulement Porpora acceptait cette domination autrichienne à Naples, mais il collaborait avec l'occupant, s'assurant un prestige sans limites, tant à la cour de Vienne qu'à celle du vice-roi autrichien de Naples.

Il va de soi que les sympathies pro-autrichiennes de Farinelli, inchangées tout au long de sa vie, trouvèrent leurs racines dans cette cohabitation de plus de cinq ans avec Porpora. D'année en année, tout en étudiant, Carlo suivait pas à pas les compositions de son maître, se réjouissait avec lui du succès de *Temistocle*, le 1er octobre 1718 à Vienne, et assistait avec émerveillement à la première napolitaine de *Faramondo* le 19 novembre 1719. En voyant œuvrer ce maître dont on imprimait les œuvres à Vienne, avec la mention « *virtuoso* » ou « *maestro* du prince de Darmstadt », il pouvait difficilement ne pas abonder dans le sens de son protecteur ni embrasser avec lui la cause autrichienne.

Carlo consacra donc tout son temps à l'étude, sans aucune prestation publique, entre 1715 et 1720. L'histoire veut que Porpora ait fait répéter à ses élèves, privés ou du conservatoire, la même page d'exercices pendant plusieurs années, afin de les familiariser avec tous les types de difficultés inhérents à l'acrobatique chant baroque. Ceci est vrai et faux à la fois. L'exagération tient dans le fait que les maîtres de l'époque avaient dans leur sac des quantités d'exercices possibles sur tous les types de virtuosité en usage, de même qu'un nombre infini d'arias faisant appel à toutes les ressources de la vocalité humaine. De plus il est bien probable qu'on aurait eu du mal, notamment dans les conservatoires, à garder des élèves pendant huit ou dix ans, en ne leur proposant rien de plus réjouissant qu'une simple page d'exercices.

Cela dit, tout chanteur débutant, aujourd'hui encore, s'entraîne parfois une année de suite sur quelques exercices fondamentaux servant seulement à bien placer les sons, avant même de travailler la moindre partition. Lorsqu'on regarde certains solfèges de Porpora, il est clair qu'un nombre limité de « formules » sert à roder la voix à ce que l'on pourrait appeler les « bases » de la technique vocale. Le fascicule d'exercices de chant de Porpora, qui se trouve à la British Library, et qui n'est que la version imprimée des archives napolitaines, montre en effet une série d'exercices, allant du plus simple au plus compliqué, qui tiennent en quinze lignes seulement (non compris l'accompagnement pour clavier, bien sûr) [2]. Quinze lignes qui pouvaient bien remplir une page et servir d'entrée en matière, le matin par exemple, lorsque le chanteur se fait la voix, avant d'aborder des points plus difficiles et plus variés. On y voit des gammes ascendantes sur des rondes, puis des rondes et noires, puis des trilles sur deux, trois ou quatre notes; viennent ensuite des séries de cinq notes, puis de dix notes, ascendantes ou descendantes, sur tous les rythmes; des gammes sur tous les tons, des groupes rapides (noire – quatre doubles) et enfin des montées et descentes chromatiques. L'aspect indispensable de ces bases montre bien également qu'on y néglige tous les raffinements de la grande virtuosité vocale baroque : sauts d'octaves descendantes avec trilles, trilles augmentés ou diminués, agilité martelée, etc.

Au conservatoire comme chez Porpora, le travail sur le souffle constituait l'essentiel des leçons enseignées aux castrats. Au fur et à mesure qu'évoluait le XVIIe siècle, et surtout au XVIIIe, l'acrobatie vocale des chanteurs connaissait une progression vertigineuse. Pour dominer cette technique, et surtout pour que le problème du souffle ne vînt pas entraver les prouesses vocales, tous les maîtres s'ingénièrent à développer, chez leurs élèves, une autonomie respiratoire sans précédent. Nombreux sont les témoignages qui semblent corroborer une idée selon laquelle les castrats « ne respiraient pas » et pouvaient enchaîner une succession de plusieurs dizaines de doubles croches, en un seul souffle. La *messa di voce* (ou « *son filé* »), artifice suprême et inégalable de l'art des castrats, consistait à poser un son, *pianissimo*, puis à l'enfler jusqu'à un paroxysme, avant de le diminuer pour le faire mourir dans un souffle. Chez Carlo Broschi cette opération pouvait durer une minute entière, sans qu'on notât aucun signe de fatigue, puis se voir poursuivie par une cascade d'ornements en tous sens *.

Les progrès accomplis par Carlo furent très rapides. Les vertus d'un enseignement particulier lui permirent de se former en cinq ans (sept ans si l'on considère qu'il ne commença vraiment sa carrière qu'en 1722) alors que la durée normale des contrats concernant les castrats, dans les conservatoires, était de dix ans. Il est vrai qu'un *maestro*, pour des raisons évidentes, ne tenait pas à garder un élève chez lui plus de cinq ou six ans : c'était en général la moyenne des contrats en vigueur à travers la Péninsule. Après l'avoir accueilli et formé, restait maintenant à assu-

---

* On nomme aujourd'hui « exercice de Farinelli » un exercice respiratoire qui s'exécute allongé sur le dos : le chanteur laisse entrer l'air par la bouche, « comme avec une paille », afin de dilater les reins et les côtes basses du thorax. L'opération se fait très lentement (sept secondes, puis dix, puis douze...). Après avoir bloqué la respiration pendant deux secondes, le chanteur cherche à vider d'abord le bas du ventre en expirant assez rapidement.

rer sa sortie et, avant toute chose, à lui trouver un nom de scène. Rares étaient en effet les grands castrats qui conservaient leur nom de famille, notamment à partir de la seconde moitié du XVIIe siècle. Le but n'était pas de camoufler à tout prix le patronyme familial, encore moins d'en avoir honte, mais plutôt de trouver un surnom attirant, capable de toucher un public italien sentimental.

Très souvent c'est ce public lui-même qui attribuait, par reconnaissance et amitié, un sympathique diminutif (en *-ino* ou *-uccio*) à l'artiste de son choix : c'est ainsi que Nicolò Grimaldi devint Nicolino, Matteo Sassano : Matteuccio, Francesco Antonio Pistocchi : Pistocchino. Parfois l'on avait recours aux origines géographiques du castrat : le Siennois Francesco Bernardi devint Senesino et Domenico Cecchi prit le nom de sa ville natale, Cortona. Mais dans beaucoup de cas (et cela devenait alors le choix du chanteur lui-même), un hommage était rendu au *maestro* ou au protecteur qui se trouvait au point de départ d'une carrière prometteuse. Gioacchino Conti, formé par le castrat Gizzi, choisit le surnom de Gizziello, de même que Caffarelli (Gaetano Maiorano) adopta le nom de son professeur Caffaro. Giovanni Carestini, né comme Carlo en 1705, utilisa le nom de la famille milanaise qui l'avait protégé, les Cusani, pour devenir Cusanino.

C'est cette dernière solution que choisit Carlo Broschi, en guise d'hommage et de remerciement envers les trois frères Farina, grands connaisseurs et amateurs de musique, chez qui il chanta souvent au cours de ses études à Naples. On peut bien sûr se demander pourquoi Carlo préféra honorer ses protecteurs plutôt que son maître. C'est tout simplement que la place était prise : comme nous l'avons dit, le castrat Antonio Uberti avait été le premier à étudier chez Porpora : au moment de terminer sa formation, en 1715, il avait choisi le surnom de Porporino. Carlo Broschi devint donc Farinelli (ou Farinello) pour la postérité *, même si les spectateurs du sud de l'Italie lui donnèrent encore longtemps le surnom affectueux de « il Ragazzo » (le petit garçon) **.

2. A la conquête de l'Italie

En 1720, Carlo a 15 ans. Porpora, qui veut déjà lancer son poulain dans la course, a préparé une sérénade pour l'anniversaire de l'empereur d'Autriche : *Angelica e Medoro*, sérénade qu'il n'hésitera pas, avec une certaine emphase, à qualifier d'opéra. Il est en effet de bon ton, dans tous les États sous domination autrichienne, de commémorer l'« heureux jour », chez tel ou tel aristocrate proche du pouvoir. Porpora s'est hâté de faire d'une pierre deux coups : servir ses maîtres impériaux et lancer son protégé. Le manuscrit, conservé au Bristih Museum [3], mentionne l'évolution de la composition : la première partie est achevée le 7 août 1720 et la seconde le 19 août. Tout semble donc prêt pour le jour fatidique du 1er octobre, date à laquelle l'anniversaire sera célébré chez Antonio Caracciolo, prince de la Torella. Il est du reste vraisemblable que Porpora a ménagé ses effets et gardé son

---

* Dans sa correspondance, Carlo Broschi signait indifféremment *Farinelli* ou *Farinello*, et utilisait parfois les deux termes au cours d'une même lettre.

** Seul A. Giovine, dans un article intitulé « Pourquoi Carlo Broschi de Andria... était surnommé Farinelli ? », prétend que Carlo aurait pris son pseudonyme de l'un de ses premiers maîtres napolitains, justement appelé « Farinello ». Il s'appuie en cela sur une phrase du compositeur Mele, recommandant Farinelli pour obtenir l'ordre de Calatrava, en Espagne. Cette phrase est en effet équivoque, mais l'explication semble manquer de logique. D'une part on ne trouve pas trace de ce professeur et rien ne semble prouver que Carlo Broschi ait commencé sous l'autorité de quelqu'un d'autre, avant d'arriver chez Porpora. D'autre part, jamais aucun castrat n'a repris intégralement le nom d'un de ses maîtres, sans au moins le transformer. Ceci pour éviter une confusion peu souhaitable.

protégé au secret, pour surprendre la noble société réunie dans le palais napolitain.

S'il nous manque une relation de cette première soirée, les *Avvisi di Napoli* montrent qu'elle eut bien lieu en 1720 et non en 1722, comme on l'a souvent lu dans des encyclopédies musicales. Une erreur, venue de Fétis au XIXe siècle, avait eu la vie dure et colporté une confusion entre cette création et sa reprise, deux ans plus tard. Le succès d'*Angelica* fut en effet renouvelé en 1722 pour la fête de l'impératrice. Une dédicace de Porpora justifia la reprise de l'ouvrage, à une époque où toute œuvre musicale était condamnée à périr, aussitôt que née : « Ceci est l'heureux jour, Auguste Elisa, où ta grande âme a transformé la terre à l'image de ton astre natal [4]. »

Les tout premiers témoignages qui nous sont parvenus sur les débuts de Farinelli permettent de comprendre le choc provoqué par sa voix sur le public italien : « De tous les chanteurs qui existent aujourd'hui, écrit le voyageur allemand Keyssler, on ne peut en citer aucun qui, par son habileté à vocaliser et la beauté de sa voix, puisse rivaliser avec Farinelli. Il parcourt avec une même facilité une extension de vingt-trois notes [environ trois octaves], et personne ne se rappelle avoir écouté quelque chose qui puisse s'y comparer. Les gens sont convaincus qu'il a été très protégé par la Vierge Marie, pour laquelle sa mère professait une extraordinaire dévotion [5]. »

La création d'*Angelica e Medoro* ne constitua pas seulement un événement de tout premier plan dans la relation nouvelle qui commençait à s'établir entre le castrat et son public. Elle représentait aussi pour le jeune homme sa rencontre avec l'auteur des vers de cette sérénade : le poète romain Pietro Trapassi, qui avait préféré éliminer la banalité de son nom (*trapasso* = passage) en choisissant le surnom de « Metastasio », traduction grecque italianisée de ce même mot « passage ». Or ce poète, qui n'avait que sept ans de plus que Farinelli, faisait lui aussi ses débuts en tant qu'auteur d'un livret d'opéra (ou de sérénade). De plus il avait alors une liaison amoureuse avec

Marianna Benti Bulgarelli, qui interprétait le rôle d'Angelica, tandis que Farinelli incarnait Medoro. La rencontre de ces deux astres naissants fut le point de départ d'une amitié qui allait durer soixante ans, et pousser les deux amis à se qualifier mutuellement de « jumeaux », jusqu'à leur dernier souffle.

Fort de tels débuts, et poussé par Porpora qui lui servait dans un premier temps d'impresario, Carlo commença à parcourir pendant douze ans les cours royales et princières, les scènes de théâtre les plus en vue. Discourir sur la beauté inouïe de sa voix est chose vaine, si l'on ne laisse pas parler ceux qui avaient la chance de l'entendre, au gré de ses voyages à travers la Péninsule. Quelle que soit la source des commentaires, sa voix devient à chaque fois le symbole de la perfection technique, l'exemple même d'une totale maîtrise de l'utilisation du souffle, tout en s'inscrivant dans la continuité d'une école de chant : « Senesino fut le premier qui chanta dans le nouveau goût, écrit Sara Goudar... Farinelli le suivit de près et le surpassa [6]. » Ce que résumait Arteaga avec concision : « Intonation sûre et parfaite, agilité incomparable, dextérité inouïe, sobriété et élégance dans les ornements, même excellence dans le style léger comme dans le pathétique, graduation très exacte en augmentant ou en diminuant la voix, selon la nature du sentiment [7]. » Pour Sacchi, son premier biographe, « il avait reçu de la nature une voix très claire, très douce et des plus pénétrantes, un organe obéissant et, ce qui importe le plus, le souffle du poumon d'une amplitude extraordinaire [8] ».

Là était précisément la spécialité de Farinelli, lors de ses années « conquérantes » : l'adéquation parfaite entre la mélodie chantée, généralement très « acrobatique », et la répartition du souffle. On ne parvenait pas à comprendre comment il pouvait, dans certaines partitions, chanter un passage de cent cinquante notes sur une syllabe, en une seule respiration ! C'était cette sorte de phénomène, vite qualifié par ses auditeurs de surnaturel, qu'il allait dès lors colporter de ville en ville, jusqu'à son départ pour Londres. En quatorze ans, Carlo allait se produire dans plus de soixante ouvrages ou concerts (chacun étant parfois donné plusieurs soirs de suite), à Vienne, à Munich et dans quatorze villes italiennes différentes, passant infatigablement de l'une à l'autre pour revenir ensuite à son point de départ. Rome, Naples et Venise constituèrent cependant ses principaux pôles d'attraction avec huit séjours différents dans la première ville, six dans la seconde et cinq dans la dernière.

Rome fut sa première destination après ses débuts napolitains. C'était en toute logique la ville qu'il devait connaître en premier car Porpora, dont les œuvres se promenaient essentiellement entre Naples et Vienne, y avait tout de même connu une première tentative heureuse, en 1718, avec *Berenice, regina d'Egitto (Bérénice, reine d'Égypte)*, écrite en collaboration avec Domenico Scarlatti. L'histoire ne dit pas si Carlo accompagna son maître et eut l'occasion d'y entendre deux de ses plus fameux prédécesseurs dans les rôles-titres : Domenico Gizzi et Annibale Pio Fabbri. En tout cas il ne semble pas qu'il ait pu rencontrer le fils d'Alessandro Scarlatti à cette occasion.

Trois ans plus tard, en 1721, Porpora renouvela l'exploit en donnant avec succès, dans cette même ville, son *Eumene*, dans lequel Farinelli ne chantait pas, comme on a pu l'écrire. Il est probable, en revanche, qu'il y avait pris quelques contacts puisque, l'année suivante, parallèlement à la reprise d'*Angelica* à Naples, Farinelli faisait des débuts très remarqués à Rome, avec la *Sofonisba* du Bolonais Luca Antonio Predieri. Rien ne l'empêchait donc plus, à partir de 1723, de se produire sur les scènes romaines ou napolitaines, dans des ouvrages que son professeur composait à une vitesse vertigineuse : en 1723, *Adelaide* à Rome et *Imeneo* à Naples, pour le mariage du prince de Montemiletto, puis *Semiramide regina dell'Assiria (Sémiramis reine d'Assyrie)* toujours à Naples au printemps 1724. A ces opéras se greffaient les nombreux concerts et sérénades que le flûtiste Quantz entendit chez le prince de Liechtenstein et qui réunissaient les castrats Farinelli et Francischello, la soprano Vittoria Tesi et le compositeur Hasse. Ce dernier avait lui aussi commencé à étudier avec Porpora, vers 1722, avant de poursuivre sa formation avec Alessandro Scarlatti.

La réussite de ce débutant dépassait même les espérances de Porpora et de Farinelli en raison d'un événement inattendu que le public romain n'allait jamais oublier : l'héroïque joute acrobatique entre la voix du castrat et la virtuosité consommée d'un grand trompettiste.

Le musicologue anglais Burney, qui le rencontra beaucoup plus tard, en 1770, eut à cœur de se faire raconter à nouveau, de sa propre bouche, cette étonnante performance romaine de 1722, qui avait fait le tour de l'Europe : « Après avoir séparément amplifié un son, chacun montrant la puissance de ses poumons et cherchant à dépasser l'autre en brillance et en force, ils avaient à exécuter ensemble un crescendo et un trille, en tierces, qui était tenu si longtemps qu'ils semblaient tous deux épuisés ; et, de fait, le trompettiste, à bout de souffle, s'arrêta, pensant toutefois que son adversaire était aussi fatigué que lui et que ce serait une bataille indécise ; lorsque Farinelli avec le sourire, montrant qu'il s'était seulement amusé avec lui tout ce temps, repartit tout d'un coup dans le même souffle avec une vigueur renouvelée, et non seulement enfla et trilla la note, mais exécuta les divisions les plus rapides et difficiles, et ne fut interrompu que par les acclamations [9]. »

L'anecdote, trop belle pour ne pas figurer dans toutes les anthologies, explique surtout quel phénomène exceptionnel devint ce chanteur de 18 ans, à peine éclos et déjà hissé au rang de légende vivante. Et c'est bien le caractère unique de ses possibilités qui frappe le plus parmi les commentaires du XVIIIe siècle, qu'il s'agisse du reste de sa technique vocale ou de ses capacités respiratoires : « L'art de conserver et de reprendre le souffle avec tant de retenue et d'habileté, sans que jamais personne s'en aperçoive, naquit et mourut avec lui [10]. »

De Rome à Venise, de Vérone à Parme, de Milan à Bologne, toutes les grandes scènes connurent l'une après l'autre, et souvent à plusieurs reprises, les dons exceptionnels de Carlo Broschi. C'était du reste l'autre originalité de ce chanteur : jamais il ne se partagea entre l'église et le théâtre, à l'égal de la plupart de ses congénères. Les grandes maîtrises italiennes, les premières cathédrales, étaient souvent le débouché le plus immédiat pour les jeunes castrats en quête d'un public et d'une identité. Depuis le début du XVIIe siècle, l'institution ecclésiastique avait tout fait pour les accueillir, persuadée que rien n'était trop beau pour chanter la louange divine, la voix étant dans ce cas « plus précieuse que la virilité [11] ». En 1641, le théatin Zaccaria Pasqualigo n'avait-il pas argumenté qu'une gorge de garçon avait plus de valeur à ses yeux que ses testicules?

La plupart des castrats du siècle passé s'étaient illustrés à la chapelle Sixtine, à San Petronio de Bologne ou à la chapelle de San Gennaro, à Naples. Beaucoup en étaient partis pour accepter les salaires mirifiques que proposait l'opéra, au grand dam de l'Église qui ne pouvait leur en offrir autant. Farinelli fit exception à cette règle. Par ses études avec Porpora, loin des maîtrises et des conservatoires, sa réputation lui permit très vite de ne pouvoir compter que sur les théâtres, sans passer par le répertoire de la musique sacrée. Ce qui ne l'empêcha pas de faire preuve, tout au long de sa vie, d'une foi profonde et d'une conduite irréprochable, que beaucoup de castrats d'église auraient pu lui envier!

Depuis ses premiers pas napolitains, en 1720 et 1722, jusqu'au début de 1725, Carlo se partagea essentiellement entre Naples et Rome. Il fit en 1724 l'une des grandes rencontres de sa carrière. Domenico Scarlatti, qui avait déjà quitté l'Italie pour aller enseigner la musique au frère cadet et à la fille du roi Jean V du Portugal, était revenu pour quelque temps à Naples. De Naples, il passa à Rome et rendit visite à l'ambassade du Portugal où il entendit un opéra du compositeur Gasparini, l'un de ses vieux amis. Le bonheur voulut que Farinelli y chantât. Ce fut pour le jeune castrat l'occasion de mieux connaître ce compositeur de 39 ans qu'il admirait déjà, et qui savait le passionner en lui racontant sa rencontre avec Haendel, à Venise en 1705, ou son amitié pour Cristofori, l'inventeur du pianoforte. Les deux hommes ne se doutaient pas des liens étroits, tout aussi musicaux qu'affectifs, qui les uniraient, trente ans plus tard en Espagne.

1725 marque surtout le commencement d'une longue série de saisons lyriques, toutes plus chargées les unes que les autres ; à en croire le Père Martini, on se bat pour l'entendre dans les théâtres où il joue, tant ses dons sont portés « à la dernière perfection ». Cette année 1725 le fait passer de Venise à Vérone, en période de carnaval : c'est lors de cette courte halte vénitienne qu'il a l'occasion de chanter au théâtre San Cassiano, dans ce haut lieu symbolique de l'histoire de l'opéra, première salle de spectacle à avoir ouvert ses portes au grand public (et non plus à une société privilégiée), à peine un siècle plus tôt, en 1637. Carlo file ensuite, pour tout le reste de l'année, au théâtre San Bartolomeo de Naples. Il s'y trouve encore pour le Carnaval de 1726 avant de se rendre à Parme, au Théâtre ducal. C'est là que le flûtiste allemand Quantz l'entend à nouveau et parle de cette « voix de soprano pénétrante, pleine, riche, lumineuse et bien modulée », couvrant deux octaves « seulement » (du *ré* 3 au *ré* 5) alors que quelques années plus tard, toujours selon le musicien allemand, la voix s'élargira vers le bas, « sans perdre aucune note aiguë [12] ».

Milan et Rome mettent un terme aux voyages de 1726, alors que l'année 1727 est marquée par un inoubliable été bolonais, qui va constituer pour Carlo un double événement. Il est en effet invité à chanter le rôle de Ceraste dans *La Fedeltà coronata, ossia l'Antigona (Antigone ou la Fidélité couronnée)* d'Orlandini. C'est à cette occasion qu'il lui est donné de se mesurer avec l'éminent castrat bolonais Antonio Maria Bernacchi, disciple du non moins célèbre castrat et pédagogue Francesco Antonio

Pistocchi. Le public s'est porté en masse vers le théâtre Malvezzi pour assister à la confrontation entre un chanteur adulé de ses concitoyens, fort de quinze années de succès, et ce jeune Farinelli, de vingt ans son cadet, encore à ses débuts quoique déjà légendaire. L'opéra choisi est *La Fedeltà coronata* d'Orlandini. De même que le public romain avait assisté à la joute entre le chanteur et un trompettiste, celui de Bologne va connaître un de ces moments de grâce dont on reparlera tout au long du XVIIIe siècle. Soucieux de se montrer à la hauteur, Farinelli, qui chante le premier air, entend bien déployer toutes les merveilles de son art : trilles, appoggiatures ascendantes et descendantes, *gruppetti*, traits d'agilité, diminutions... laissent sans voix le spectateur le plus récalcitrant. Bernacchi lui succède. Au grand étonnement de l'assemblée, celui-ci reprend toutes les ornementations de son prédécesseur, les imitant textuellement en y ajoutant quelques autres de sa fantaisie, avant de conclure par la mélodie initiale, dans toute sa simplicité et sa suavité. Le public croit défaillir. En l'espace de deux airs, il vient d'entendre tout ce que l'art des castrats peut apporter de plus sublime en matière de virtuosité et de « beau chant » !

Une telle compétition entre deux personnalités aussi fortes aurait pu les fâcher pour la vie. Il n'en sera rien, en raison de l' « *ottimo animo* » (l'excellent caractère) que Giovenale Sacchi attribuait aux deux chanteurs : cette soirée d'été scellera entre les deux hommes une amitié durable, un profond respect l'un envers l'autre. Jamais Bernacchi, qui ouvrira bientôt une école de chant à Bologne, ne voudra considérer Farinelli comme un rival. De son côté, Carlo, qui fera toujours preuve d'un excellent jugement, saura reconnaître les immenses qualités de son aîné et souhaitera même recevoir les conseils de ce pédagogue-né, à plus d'une reprise.

L'étape bolonaise marque le grand tournant de la carrière de Farinelli, le bond en avant qui assoit sa réputation au-delà des frontières italiennes. Mais elle comporte également une rencontre a priori moins spectaculaire, mais capitale sur le plan professionnel comme sur le plan humain, avec le comte Sicinio Pepoli. Cet aristocrate est en effet l'un des membres du *comitato impresariale* (comité de direction) du théâtre Malvezzi, alors la salle de spectacle préférée de la noblesse bolonaise. Il est l'archétype du mécène impresario, aussi prudent dans sa manière de gérer les affaires qu'audacieux dans ses choix, notamment lorsqu'il s'agit de flairer quelque nouvelle étoile du ciel opéra. Partout où quelque chose se passe, Sicinio Pepoli est là pour conseiller, recommander, diriger à distance et souvent... financer. La rencontre entre cette éminence grise de la vie artistique et le nouvel astre du chant était donc inéluctable.

Pepoli n'avait bien sûr pas attendu ce moment pour entendre parler de Farinelli, puisque celui-ci avait débuté à Rome dans la *Sofonisba* de Predieri, compositeur bolonais qu'il protégeait également. Comme la rencontre entre un membre d'une si haute lignée et un chanteur de petite extraction, surtout si jeune, ne pouvait se faire inopinément, deux lettres de recommandation avait précédé l'arrivée de Carlo à Bologne ; toutes deux émanaient d'une des plus grandes familles romaines, les Colonna, apparentés au comte Pepoli. La première de ces deux missives, écrite dans un français approximatif le 27 mars 1727, provenait de son beau-frère Fabrizio Colonna, connétable de Rome : « En se portant ici M. Charle Broschi que je regarde avec beaucoup d'affect e considération, je le raccomand à la votre, en Vous priant qu'il Vous plait de lui accorder votre Protection, e toutes les fauveures ques dans le temps de sa permanence en cette très illustre Ville l'occasion peut fair qu'il en eut bésoin. Outre de m'obliger pour toutes le graces que Vous lui donnerez, je esper que vous prendrez encor plaisir de conoitre et favoriser un Jeune fort abile dans sa profesion du Chant [13]. » Le 1er avril, c'est l'oncle de Pepoli, le cardinal Carlo Colonna, qui passe à l'action, en italien cette fois : « Bien que M. Carlo Broschi, dit Farinello, n'ait pas besoin de mes intercessions, étant de lui-même capable de s'acquérir la grâce et les faveurs de toute cette Noblesse, et notamment de Votre Seigneurie Illustrissime; en raison de l'affection que je lui conserve, comme il se rend là-bas, je vous le recommande particulièrement, pour que vous le receviez sous votre protection [14]... »

Farinelli quitte donc Bologne extrêmement satisfait de ce qu'il y a vécu et se rend à Rome, puis à Parme, avant de revenir à Rome en 1728. Ce nouveau passage dans la ville papale constitue pour lui un autre événement de tout premier ordre. Il va pour la première fois pouvoir se produire dans un opéra de son frère Riccardo Broschi. Sans s'être vraiment perdus de vue, les deux frères avaient jusqu'alors suivi leur propre destinée. Tandis que Carlo avait vécu dans l'ombre de Porpora, Riccardo avait travaillé la composition au conservatoire de Santa Maria di Loreto. Ensuite le cadet avait été très vite lancé sur les scènes italiennes alors que Riccardo ne s'était fait connaître qu'à partir de février 1725, en composant une œuvre sacrée pour le festival de San Biagio, à l'église napolitaine de Santa Maria del Popolo degl'Incurabili. L'automne de la même année, un petit *opera buffa (La Vecchia sorda)*, représenté au Teatro dei Fiorentini de Naples, inscrivait Riccardo parmi les tout premiers compositeurs de ce nouveau genre comique et populaire, qui allait trouver son modèle huit ans plus tard, avec *La Servante maîtresse* de Pergolèse. La grande période des opéras héroïques de Riccardo ne commença qu'à partir de 1728 et c'est son frère Carlo qui en fut le premier interprète, à Rome, dans *L'Isola d'Alcina.* La collaboration entre les deux frères prenait ainsi son envol et ne ferait que se fortifier jusqu'à Londres, où Riccardo écrirait pour son cadet l'un des plus beaux airs de son répertoire.

Munich et Milan complétèrent cette année 1728 qui s'acheva, en novembre, par un retour vers Venise, sans doute l'une des villes les plus chaleureuses pour Carlo, et parmi celles qui comptèrent le plus dans sa carrière. Il y fit du reste cinq séjours (en 1725, 1728-1729, 1730, 1733 et 1734), toujours à l'occasion du Carnaval. C'était à ce moment de l'année que l'activité théâtrale vénitienne battait son plein, c'est-à-dire pendant... six mois! Le lent déclin de la cité des Doges (une agonie de trois siècles!) avait poussé ses habitants vers la fête et les plaisirs, loin des activités commerciales. Venise allait devenir pour la postérité l'archétype de cette époque baroque vouée au bonheur d'un instant, à la jouissance de l'éphémère et à la caducité des plaisirs. Ville consciente de sa mort prochaine mais fière de succomber parmi les rires, les masques et les danses. Comment un chanteur de 23 ans ne se serait-il pas laissé porter par cette frénésie collective qui se répandait dans les théâtres et les rues, deux mois avant Noël, deux mois avant le Mardi Gras et deux mois après Pâques?

Le second séjour vénitien de Carlo Broschi lui ouvre cette fois les portes du théâtre San Giovanni Crisostomo qui appartient, avec le San Samuele, à la famille Grimani, et qui se trouve, à cette époque, à l'apogée de sa renommée européenne. Tout concourt à la rencontre entre cette scène prestigieuse et le chanteur le plus en vue. Comme ce sera souvent le cas au cours de sa carrière, Carlo est ici précédé par ceux qui contribuent le plus à lui préparer le terrain: le poète Métastase et le compositeur Porpora, devenus tous deux très à la mode depuis deux ans. Dire que Farinelli est attendu par la population est un euphémisme; c'est l'événement absolu auprès duquel tout semble dérisoire: « On ne parle que des opéras, écrit l'abbé Antonio Conti, et on est si entêté de Farinello, que si les Turcs étaient dans le Golfe on les laisserait débarquer tranquillement pour ne pas perdre deux ariettes; il est présentement aussi dangereux de mal parler de Farinello, qu'il pouvait l'être autrefois de dire mal du système de Monsieur Law à Paris [15]. »

A travers quatre opéras différents (l'*Ezio* et la *Semiramide riconosciuta* de Porpora, *Catone in Utica* de Leo et *L'Abbandono di Armida* de Pollarolo), Farinelli va stupéfier un public vénitien qui n'en est pourtant pas à ses premiers émois dans le domaine des voix. On reste le souffle coupé par cette voix pure, parfaite, d'une agilité surprenante, capable « d'exécuter les intervalles les plus larges avec beaucoup de rapidité, de facilité et de sûreté » (Quantz) [16]. Ce que confirme l'abbé Conti dans une lettre du 29 novembre 1728 : « Il touche toutes les cordes quelquefois dans le même air avec une agilité surprenante, et la voix qu'on appelle *di petto* (de poitrine) est aussi forte en lui et aussi variée que celle *di testa* (de tête) est savante et harmonieuse [17]. » Comme partout où il passe on apprécie surtout cet art de « varier les passages » à l'infini, c'est-à-dire d'apporter dans l'ornementation sa petite touche personnelle, sa fantaisie acrobatique.

Ces moments de grâce, sublimes entre tous, n'ont bien sûr pas de prix. Venise va constituer le premier exemple de ces villes qui engagent des capitaux considérables pour recruter un castrat et lui offrir une production digne de son talent. A 23 ans, Carlo est déjà le chanteur le plus riche de son temps; il a reçu, selon l'abbé Conti, « plus d'argent que tous les savants de l'Europe ensemble n'en ont gagné depuis trois siècles [18] ». Les ponts d'or qui lui ont déjà été offerts en d'autres lieux atteignent des sommets sur les bords de la lagune : c'est que la famille Grimani compte sur lui pour l'emporter sur le théâtre rival, le San Cassiano, qui s'est doté pour impresario de la grande cantatrice Faustina Bordoni, épouse du compositeur Johann Adolf Hasse. Comme à Londres plus tard, Carlo bénéficie de cette compétition et, sans l'avoir désirée, profite pleinement de la surenchère entre chanteurs. Ici comme ailleurs ne manquent pas les critiques sur la folie dépensière de ces salles de spectacle, prêtes à se ruiner pour quelques moments d'extase, mais elles demeurent nettement minoritaires à une époque où la prodigalité en matière artistique demeure une vertu essentielle.

Les dernières lueurs du Carnaval de 1729 se sont à peine éteintes sur l'opéra de Pollarolo que déjà Carlo repart chanter un opéra de Giacomelli à Parme avant de se rendre à Munich pour interpréter en octobre un opéra nouveau de Pietro Torri. La saison 1729-1730 est une fois de plus riche en déplacements : Rome, Naples, Plaisance, Vicence, précèdent un nouveau retour vers Venise pour le Carnaval de 1730 et une nouvelle collaboration entre les deux frères Broschi. Riccardo vient de lui écrire le magnifique rôle-titre d'*Idaspe.* Nul, peut-être mieux que lui, ne sait comment servir les immenses capacités vocales du chanteur. Depuis leur plus tendre enfance il a su observer les moindres progrès d'une voix qui, en 1730, ne cesse de s'étendre et de s'arrondir, tout en repoussant toujours plus loin les limites de la virtuosité. Caractéristiques sont en effet, dans la célèbre aria *Qual guerrier in campo armato* (Ce guerrier sur le champ de bataille), ces longues chaînes de trilles, ces intervalles de dixièmes et ces passages contrastés entre registres aigus et graves (du *sol* 2 au *do* 5), bien faits pour rendre la confusion et la violence de la bataille. Mêmes prouesses, au cours de ce Carnaval, dans l'*Artaserse (Artaxerxès)* de Hasse, sur un livret de Métastase, qui constituera l'un des sommets de l'*opera seria* durant la première moitié du XVIIIe siècle et l'un des chevaux de bataille de Farinelli.

3. Vienne et la cour impériale

La décennie 1730-1740 est sans conteste la plus fertile en événements pour Farinelli, puisqu'à un important séjour à Vienne feront suite son intronisation comme citoyen de Bologne, son séjour de trois ans à Londres et son départ pour une vie totalement nouvelle en Espagne. Aucune période de sa vie n'est aussi riche en bouleversements, aussi lourde de conséquences sur le plan humain et professionnel. C'est aussi, pour les futurs historiens, une époque beaucoup mieux connue en raison de l'importante correspondance que Carlo va entretenir avec le comte Sicinio Pepoli. Si un tel échange épistolaire a pu être possible à partir de 1731, c'est que le chanteur est revenu à Bologne, au théâtre Malvezzi, pour créer le *Farnace* de Giovanni Porta et que, de ce jour, les relations d'affaires entre les deux hommes vont s'amplifier, le comte ayant besoin de Farinelli pour la réussite de ses spectacles, et le chanteur de son protecteur pour trouver de nouveaux contrats.

Au début de cette correspondance, Carlo a 26 ans et le comte 47. Autant les très nombreuses lettres d'Italie ne débordent guère le cadre professionnel, autant celles qui suivront verront s'instaurer peu à peu (et malgré un rythme moins soutenu) une relation d'affection, comme de père à fils. Jusqu'à la mort de Sicinio, Farinelli fera son possible pour combler de ses lettres la distance qui les sépare. Après le départ du chanteur pour Londres puis pour Madrid, les deux hommes ne se reverront plus pendant quinze ans, sans jamais cesser de s'écrire. Dans ce cas comme dans d'autres, la fidélité et la gratitude figurent parmi les qualités maîtresses du chanteur.

Sitôt après Bologne, Carlo se rend pour la première fois à Turin. Le public piémontais est lui aussi avide d'entendre cette voix que beaucoup de journaux qualifient de « miraculeuse ». C'est l'occasion pour le chanteur d'interpréter un nouveau rôle dans l'opéra *Ezio* que son frère Riccardo vient de lui composer. Comme partout où il passe, les souverains s'empressent eux aussi de l'inviter afin de profiter de sa voix autrement que dans une grande salle de spectacle. Deux soirs de suite, Carlo chante pour le roi et la reine de Piémont, ainsi que Faustina Bordoni qui séjourne à Turin en même temps que lui. En remerciement pour leur prestation, les deux artistes se voient gratifier chacun d'une grande urne d'argent avec son bassin, d'une valeur de 200 louis.

A Fano, sa prochaine étape, Carlo est émerveillé par le théâtre de cette petite cité des Marches, théâtre digne d'une plus grande ville par son raffinement et par la place étonnante qu'y occupent la noblesse et le clergé. C'est pour cette petite ville la saison de réouverture du Teatro della Fortuna, et rien n'est trop beau pour fêter un tel événement. Il est donc décidé de monter *L'Innocenza giustificata (L'Innocence justifiée)* d'Orlandini, avec une brochette de grands chanteurs, dont Farinelli, qui joue le rôle d'Astiage, le castrat Castori et les cantatrices Vittoria Tesi et Cecilia Belisani. « La Tesi », comme on l'appelle, va devenir pour longtemps la plus fidèle amie du castrat, à la scène comme à la ville. Ici, comme dans d'autres étapes, il est touchant d'observer combien Carlo, qui pourrait ne s'intéresser qu'à ses propres émoluments, est soucieux de savoir si les entrepreneurs du spectacle rentreront dans leurs frais ou non. Belle preuve d'altruisme pour un artiste qui n'a certes jamais à se tracasser pour son salaire, mais qui sait aussi comprendre quels risques encourent les directeurs de théâtre lorsqu'ils engagent de colossales dépenses sur leur propre bourse !

Pour se détendre un peu, ce qui lui arrive rarement, Carlo s'amuse à visiter la Foire de Sinigalia, qui le frappe par le nombre de nations qui y sont représentées. Mais déjà il lui faut repartir pour Milan. Les conséquences d'une vie aussi trépidante demeurent très sensibles dans ses lettres. Il souffre sans aucun doute de cette fatigue incessante qui lui est imposée par les spectacles et par d'aussi inconfortables voyages à travers la Péninsule. Carlo va même jusqu'à refuser de nombreuses propositions.

L'étape milanaise est à plus d'un titre fort intéressante pour comprendre ce qu'est la vie d'un grand chanteur de l'époque. En premier lieu il apparaît clairement que les interprètes, si illustres soient-ils, n'ont pas leur mot à dire sur la qualité du texte ou de la musique qui leur sont proposés. Ils peuvent certes improviser à volonté, orner les « passages » selon leur gré, réclamer quelque aria supplémentaire à l'impresario, mais ils n'ont aucune prise sur les ouvrages eux-mêmes : ils font un travail et sont payés pour cela, un point c'est tout. C'est ce que relève Carlo avec un certain agacement : « Ici l'opéra continuera d'être applaudi, mais personne ne peut supporter le livret; et à cause de cela nous sommes sacrifiés puisque nous n'avons aucun rôle adapté à notre personnalité; pourtant j'ai connu à Milan une gloire que je n'aurais jamais imaginée [19]. » Là réside un autre trait du caractère du chanteur : ce manque de confiance en lui, parfois même une sorte de timidité, et dans tous les cas une modestie qui fait que, même adulé et richissime, il reste toujours ébahi, dans ses écrits, par son succès et par les réactions si chaleureuses du public. A le lire, rien ne semble assuré d'avance : son talent doit être remis sans cesse sur le métier. Ce qui explique cette surprenante candeur lorsque l'auditoire ovationne son héros.

A Milan, Carlo est venu chanter le rôle d'Arbace dans l'*Artaserse* de Vinci, donné pour le mariage du marquis Guido Bentivoglio. Pour pouvoir briller et séduire le public, surtout quand le livret ou la musique ne convainc pas, Carlo n'hésite pas à caser ici ou là un air dans lequel il est sûr de briller. C'est ce que l'on nomme à l'époque l'*aria di baule* (l'air de malle), qu'on transporte avec soi de ville en ville. Ici il choisit un air de *L'Innocenza giustificata* d'Orlandini, *Giusti cieli, eterni Dei,* qu'il place au début de l'acte III pour ménager ses effets.

Les relations entre Farinelli et les autres chanteurs apparaissent également au détour de telle ou telle page. En règle générale, sa réserve et son profond respect d'autrui le portent très peu à la critique. Il traite les autres artistes avec une générosité que le long séjour espagnol ne démentira jamais. Il sait à plus d'une reprise apprécier le talent des premières cantatrices italiennes avec lesquelles il doit partager la vedette, et notamment sa compagne de prédilection : « Ici [à Turin], la Signora Tesi est jusqu'à ce jour fort bien écoutée par toute la noblesse, qui aime son comportement désinvolte; ce soir on fera pour la première fois la répétition [de l'œuvre] du Saxon [Hasse], qui a écrit une excellente musique [20]. »

Mais il est vrai que s'il n'attaque jamais, il supporte mal qu'on s'en prenne à lui. Ce qui explique l'emportement peu habituel dont il fait preuve à Milan : « Carestini a écrit à ces Messieurs de la Noblesse pour qu'ils le soutiennent, à condition qu'ils n'en fassent pas autant pour Farinello. Vous voyez, Votre Excellence, comme ce castrat est maudit! Grâce au Ciel, j'ai trouvé une compassion bienveillante de la part des familles Simonetta, Borromei, Archinta, Perlunga et Visconti [21]. » La sévère diatribe, écrite de Madrid, sur deux de ses principaux partenaires (la Cuzzoni et le castrat Senesino) qui avaient répandu des ragots sur lui, restera un fait isolé. Il les traitera de « marmottes chanteuses » et les plaindra de leur méchanceté, mais aura du mal à se remettre « d'avoir été ainsi traîné dans la boue par la bouche suave de Madame Cuzzoni en compagnie de son fidèle héros Senesino [22] ».

Si à Milan les impresarios avaient montré peu de considération envers les chanteurs en leur distribuant de mauvais rôles, à Ferrare, où il chante en octobre 1731 dans l'*Artaserse* de Vinci, on ne les respecte pas davantage. Non seulement ils crèvent de faim car on ne s'inquiète pas de les nourrir, mais en plus les répétitions vont à vau-l'eau en raison de l'incompétence de l'impresario. Comme il en advient souvent au XVIIIe siècle, les répétitions d'un opéra ont lieu dans le palais d'un aristocrate, souvent plus confortable que les coulisses et le plateau d'un théâtre. C'est aussi pour le prince-mécène un moyen de se rendre utile et d'avoir l'impression qu'il est un peu, lui aussi, le maître d'œuvre du spectacle. On répète à Ferrare chez la marquise Lucrezia, bien vite envahie par amies et relations. Voyant le public s'introduire dans son salon, la noble dame interdit qu'on chante les airs importants (pour ne pas les déflorer!), à l'exception de ceux du ténor et des récitatifs, considérés comme les parties mineures d'un opéra. Farinelli relate minutieusement ce gaspillage de temps et d'énergie, peu propice à la bonne préparation d'un spectacle qui aura lieu à la fin de la semaine au Teatro Bonacossi : « De sorte qu'à la première répétition qui a eu lieu au théâtre, je n'ai pas pu répéter mes airs, car il n'y avait pas les parties de violon;

et hier je n'ai pas répété pour la raison déjà dite. Ce soir on répète pour la troisième fois et l'on espère que personne ne voudra intervenir [23]. »

Il faut dire que Carlo n'était pas le castrat prévu initialement dans cette entreprise. On avait confié le rôle d'Arbace au castrat Castori, qui était un autre protégé de Sicinio Pepoli. Mais celui-ci avait eu des prétentions financières peu en rapport avec son talent. Pepoli négocia donc pour le remplacer par Farinelli. Hélas, le chanteur le plus courtois avait lui aussi par moments ses petits caprices! Carlo se fit longuement tirer l'oreille pour aller chanter dans une ville aussi secondaire et céda aux instances de son protecteur à une double condition : son amie Vittoria Tesi devait être engagée avec lui et les récitatifs de Hasse devaient remplacer ceux de Vinci! On comprend quel fut l'embarras, puis l'agacement, du directeur ferrarais, le marquis Guido Bentivoglio, devant de telles exigences! L'anecdote montre en tout cas quel rôle pouvait jouer un mécène comme le comte Pepoli dans le réseau complexe des entrepreneurs de spectacles, pour la plupart des aristocrates qui se connaissaient tous, d'une ville à l'autre; il montre aussi quelle liberté pouvait être prise par ces directeurs vis-à-vis de la musique et du livret d'un opéra : il n'était pas rare en effet de voir un ouvrage donné avec la musique d'un compositeur, à laquelle on ajoutait quelques airs d'un second et les récitatifs d'un troisième!

En décembre 1731, Carlo vient d'arriver à Turin et s'empresse de faire part à Sicinio Pepoli de l'horrible voyage qu'il vient de faire, « dû autant aux très mauvaises routes qu'à mon amie la solitude [24] ». C'est la première fois qu'on trouve dans les écrits de Carlo cette rapide allusion qui reparaîtra souvent. Adulé, fêté, comblé d'honneurs et de présents, il n'en demeure pas moins un homme toujours seul, qui va de succès en succès sans personne à ses côtés, sans véritable affection autre que celle qu'il porte à ses pères et protecteurs. Alors qu'il n'a pas trente ans, les crises de mélancolie semblent déjà le gagner, même si elles sont encore bien fugages par rapport à celles du grand âge. D'où également cette nécessité de se raccrocher à Pepoli pour les moindres petites choses matérielles de la vie. Un jour il lui demande de lui faire faire un costume de scène qu'il puisse emporter avec lui dans ses déplacements, comme le fait Vittoria Tesi. Une autre fois il le prie de bien vouloir rassembler la fortune dont il dispose afin de la placer au mieux de ses intérêts et de la faire fructifier. Cette requête, qui émane précisément de Turin, marque le point de départ de cette totale confiance qui unira les deux hommes, au point que l'aristocrate bolonais sera, jusqu'à sa mort, le seul dépositaire et garant de la fortune de Carlo.

Ces problèmes matériels réglés et le *Catone in Utica* (*Caton d'Utique*) de Hasse porté aux nues par le public, Farinelli quitte alors Turin pour se rendre à la cour de Vienne, où l'attend le prince Luigi Pio de Savoie, directeur de la Musique à la cour impériale et autre ami de Pepoli. Les raisons de ce séjour quasi obligatoire en Autriche ont déjà été expliquées : Farinelli a passé sa jeunesse et terminé ses études à Naples, sous domination autrichienne ; son maître Porpora, grâce à l'appui du prince de Hesse-Darmstadt, est devenu l'un des compositeurs officiels de la cour impériale et certainement l'un de ceux qui y jouissent du plus grand prestige ; Sicinio Pepoli est lui-même très lié avec la cour d'Autriche en tant que filleul du maréchal habsbourgeois Enea Caprara ; enfin son ami Métastase habite définitivement Vienne à partir de mars 1730, appelé par l'empereur Charles VI *. Il a laissé derrière lui le grand amour de sa vie, la cantatrice Marianna Benti Bulgarelli, créatrice d'*Angelica e Medoro* avec Farinelli à ses débuts. Métastase est désormais universellement connu sous le nom d'« abbé Métastase », titre honorifique fréquemment usurpé au XVIIIe siècle, même quand la personne concernée n'a aucun rapport avec la prêtrise.

* Dès son arrivée, Métastase s'installa chez son compatriote Nicola Martinez, dans la Michaelerhaus du Kohlmarkt (où vivra plus tard Joseph Haydn). Il y demeura jusqu'à sa mort en 1782.

Une zone d'ombre plane cependant sur la présence de Farinelli en Autriche. Effectuait-il en 1732 son premier séjour à Vienne, ou bien son troisième, comme le laissent entendre Burney et Haböck? La question reste posée car nous n'avons aucune trace de précédents séjours en 1724 et 1728. Peut-être s'est-il déplacé seul ou avec son maître Porpora, se produisant dans des cercles privés. S'il y est venu avant 1732, c'est incontestablement sans paraître à la cour, car sa première lettre de Vienne à Pepoli montre clairement qu'il rencontre le couple impérial, Charles VI et Élisabeth Christine, pour la première fois. Récit très détaillé qui mérite d'être rapporté presque intégralement : «... Pendant ce temps le Prince [Pio de Savoie] dit à sa Maîtresse : " Dehors se trouve Farinello prêt à se jeter aux pieds de Votre Majesté. " Celle-ci répondit : " Bien, nous aurons tout le plaisir de faire sa connaissance, faites-le entrer. " Le prince sortit et me dit que Sa Majesté voulait me connaître et il me présenta. Une fois les révérences terminées, je commençai à trembler comme une feuille et, arrivant devant l'Auguste Maîtresse, je me mis à genoux et lui baisai la main... Comme elle ne pouvait pas me donner sa main droite à cause d'un rhumatisme, elle me dit qu'elle me donnerait l'autre main et je lui répondis : " Donnez-moi celle que vous voulez, ce sera toujours une grâce pour moi ", et après une si grande bonté, je me mis à chanter toute la cantate avec une grande frayeur... On entend un grand tumulte et voilà qu'arrive le [mot effacé], Terreur du Monde. L'impératrice se précipite vers lui et lui dit qu'elle a entendu Farinello avant lui. Je me trouve épaule contre épaule avec l'Empereur sans le connaître, essayant de le distinguer par son vêtement, mais aussitôt mis au courant par le Prince, je me jetai aux pieds du Maître en lui disant ces mots : " Le moment le plus heureux de ma vie est celui où je m'agenouille devant les Pieds très Cléments de Votre Sacrée Majesté Catholique Impériale. " A quoi il me répondit sans que j'aie pu comprendre ce qu'il disait, sauf qu'à la fin je compris distinctement : " Nous avons le plaisir et le plus grand désir d'entendre votre talent"; et voilà qu'il me fait mettre au clavecin; je jouai et chantai un air. J'assure Votre Excellence qu'à partir du moment où je posai les mains sur le clavecin, je n'avais plus ni âme ni esprit, mais en raison de sa gentillesse et du courage que me donnait le Prince qui était toujours à mes côtés, je chantai comme Dieu le voulut; je lui fis trois sons filés [*messe di voce*] et d'autres choses savantes que Sa Bonté daigna admirer en me disant Bravo à la fin de l'air. Il me dit: "Vous êtes Napolitain?", et je lui répondis: "Oui, j'appartiens aux vrais macaronis", et il se mit à sourire; je lui baisai de nouveau la main, et il serra fortement la mienne, en me disant une autre fois bravo, et il s'en alla à l'église; notre Maîtresse l'accompagna et demanda que personne ne partît car elle allait revenir pour entendre une autre Cantate par Farinello. On attendit une demi-heure et j'en chantai une autre, avec moins de timidité que les autres; une fois finie, je ne peux vous décrire la confusion qui était la mienne en voyant ainsi récompensées mes faiblesses par une si inexplicable bonté. Ayant terminé tout ceci avec gloire (grâce à Dieu), je lui baisai de nouveau les mains, faisant de même avec les Archiduchesses. Voilà comment j'ai reçu de Dieu Béni la grâce de satisfaire les désirs de mes Augustes Maîtres, et cela a été pour moi une joie, en plus de celle d'avoir reçu cent mille florins en cadeau [25]. »

Au fil des jours, Carlo gardera de ce séjour viennois beaucoup plus qu'une impression de devoir accompli et d'hommages rendus. C'est que, cette fois, Métastase est là pour l'accueillir et lui ouvrir toutes les portes de la haute société viennoise *, sans compter les fréquentes réceptions au palais impérial. Or cette cour le séduit à plus d'un titre. Il y trouve tout d'abord une atmosphère cordiale, presque détendue et familiale, que bien des cours

---

* Notamment le brillant salon de la comtesse d'Althann-Pignatelli, dans son palais de la Schenkenstrasse, où défila toute l'Italie intellectuelle.

moins prestigieuses ne connaissent pas. De plus, Carlo est toujours en mal d'affection, c'est le grand drame de sa vie. Il la cherche donc partout et notamment chez les souverains qui le respectent le plus, et savent l'accueillir avec une sincère chaleur. L'impératrice Élisabeth Christine, sa douceur, sa prévenance et, pourrait-on dire, cette façon qu'elle a de le materner, ne sont pas pour rien dans l'attachement qu'il conservera toute sa vie envers la cause impériale. Dès son arrivée, en mars 1732, l'impératrice lui a donné une preuve de cette protection maternelle. Le voyage harassant, en plein hiver, les routes cahoteuses et les courants d'air, ont eu raison de la voix du chanteur. C'est probablement avec une belle angine qu'il franchit les portes de la Hofburg. Soucieuse de sa santé et bien sûr très empressée de l'entendre, l'impératrice lui fait alors porter ses propres médicaments, par l'intermédiaire du prince de Savoie.

A ces petits riens qui comptent pour beaucoup, s'ajoute l'atmosphère très musicale qui règne à la cour d'Autriche. Tous les membres de la famille impériale se passionnent pour la musique, et la pratiquent parfois *. A la différence d'autres cours où Carlo s'est senti plus décoratif qu'autre chose, il a ici l'impression d'être valorisé, apprécié à sa juste valeur par des connaisseurs, ce qui ne peut que combler cet homme toujours avide de reconnaissance et, disons-le, de récompenses honorifiques. Tous ces instants passés avec l'impératrice et ceux, plus rares, avec l'empereur (qui parfois ne séjourne pas quatre jours à Vienne en deux mois), sont pour Carlo de sincères moments de bonheur et de complicité avec ceux qu'il appelle ses « Maîtres » : « Victoire, victoire. Grâce au Ciel j'ai eu, samedi dernier, la grande chance de chanter devant mes Augustes Maîtres, c'est-à-dire que j'ai été écouté d'abord par ma Maîtresse, puis, après le retour de la chasse, j'ai pu chanter devant mon Auguste Maître [26]. »

---

* Charles VI était capable de diriger un opéra depuis son clavecin, tout en improvisant sur la basse chiffrée.

Même enthousiasme dans une lettre d'avril 1732 : « Tous les jours je me sens plus chanceux que les autres, car lundi dernier j'ai reçu l'ordre de me rendre chez mon Auguste Maîtresse pour chanter devant toute l'Auguste Famille et Son Altesse le duc de Lorraine ; j'y ai chanté plus de deux heures : ce sont des grâces qui ne sont encore arrivées à personne d'autre de ma profession... Pendant que je chantais le Duc était derrière moi et regardait la partie du castrat, car il est grand amateur ; devant le clavecin se tenait César [l'Empereur] debout, et ma Maîtresse et les Archiduchesses toutes assises. Comme je l'ai dit à Votre Excellence, on ne peut décrire la bonté de ces souverains [27]. »

Chaque nouvelle page de Vienne vibre d'émotion et d'admiration pour cette « auguste » famille avec laquelle il se sent en affinité. Pourtant, en lisant ses commentaires, il est clair que Farinelli n'est qu'un serviteur à leurs yeux, un serviteur prestigieux certes, mais cependant un chanteur corvéable à merci, qu'on réclame en claquant du doigt. C'est du moins ce que peut ressentir un lecteur du XXe siècle, peu habitué à cette vie de cour d'il y a deux siècles. Rien de tout ceci n'offusque Carlo car sa parfaite éducation lui a appris quelle est sa place dans cette société stratifiée. Il sait qu'il est fort peu de chose devant un empereur d'Autriche. S'il occupe sans rechigner cette place apparemment subalterne, il ressent aussi, de la part des souverains autrichiens, une confiance et une considération, fort éloignées de l'habituelle condescendance manifestée par de petits nobles de province. Sans cesse reviennent des propos sur la générosité et la « clémence » de ses maîtres, au point, dit-il, de paraître « vantard » aux yeux de son lecteur : « Depuis le dimanche de Pâques jusqu'au présent jour, je n'ai rien fait d'autre que de chanter, car cette Noblesse est très entêtée de ceux qui peuvent lui rendre les plus grandes grâces... En vérité ces gracieux Allemands me font des choses incroyables [28]. »

C'est au cours de l'une de ces soirées que l'empereur lui

fera une observation qui bouleversera sa carrière de chanteur et sa manière d'interpréter la musique elle-même. Cette histoire, racontée par Burney, est une preuve supplémentaire de la compétence du souverain en matière musicale et une manifestation éloquente de sa haute estime pour le jeune chanteur. Farinelli, en effet, a jusqu'ici déployé une technique que l'on peut qualifier d'inégalée, si l'on en juge par les multiples témoignages du temps. Mais il est vrai que sa réputation s'est bâtie pour l'essentiel sur une virtuosité à toute épreuve, alors à son apogée, beaucoup plus que sur l'expression juste des sentiments. Tout son art a consisté d'abord à surprendre et à éblouir. Selon Quantz, il exécutait « les intervalles les plus larges avec beaucoup de rapidité, de facilité et de sûreté. Les passages et toutes les variétés de mélismes ne lui présentaient aucune difficulté [29]. » Son trille, selon les témoins, est « rare », « parfait », « perlé, régulier et, comme on dit, rond [30] ». Son génie tient aussi dans sa science de l'ornementation, digne à la fois d'un grand compositeur et d'un grand chanteur : « Chaque matin, écrit Sacchi, il s'asseyait pendant un long moment au clavecin pour s'exercer, rechercher studieusement les variations et observer avec diligence en quoi la nature l'aidait le plus. Ainsi il arrivait chaque soir au théâtre avec des passages nouveaux, des cadences nouvelles; mais en variant et en ornant les compositions, jamais il ne les gâchait comme le font la plupart des castrats, ce qui est si facile à faire; lui savait très bien placer ses ornements au bon endroit et dans le bon tempo; il usait judicieusement de cette liberté car il n'ignorait pas l'art du contrepoint et savait écrire [composer] lui-même [31]. » Enfin, Farinelli possède ce don inouï de pouvoir sauter du grave à l'aigu, sur trois octaves, sans qu'on entende le moindre passage entre les registres : « On trouva sa voix surprenante, car parfaite, efficiente et sonore dans sa qualité, et riche dans son étendue par les graves profonds, et les aigus dont on n'a jamais entendu de pareils aujourd'hui [32]. »

De tels arguments reviennent sans cesse pour qualifier

les performances physiques et vocales du chanteur. Mais Charles VI ne se satisfait pas de ces pirouettes. Admiratif devant les exploits du castrat, il voudrait plus d'émotion. Son rang, mais aussi son admiration pour Carlo, vont lui permettre de formuler avec habileté ce conseil (et peut-être ce reproche!) qu'aucune autre personne n'avait osé lui adresser : « Vous surpassez en lenteur les plus lents et en rapidité les plus rapides. Vos autres qualités sont également au-dessus de tout ce que l'on pourrait espérer... Le moment est venu de songer à plaire, en tirant pleinement parti des dons naturels que la nature vous a donnés avec une telle générosité. Pour cela il convient que vous fassiez des pas d'homme et non de géant. Adoptez une méthode plus simple et tranquille, et alors vous ravirez les cœurs [33]. » Ce que confirme Burney lorsqu'il évoque la leçon de l'empereur : « Ces gigantesques enjambées, ces passages sempiternels, *ces notes qui ne finissent jamais* ne font que surprendre; il est temps pour vous de songer à plaire; vous êtes trop prodigue des dons de la nature : si vous désirez toucher les cœurs, il vous faudra prendre un chemin plus direct et plus simple [34]. »

Une telle tirade aurait pu braquer un artiste trop convaincu de son talent. Carlo est trop fin pour s'en offusquer. Lui qui a su reconnaître la supériorité de Bernacchi, un soir à Bologne, et suivre ensuite ses précieux conseils, est on ne peut plus capable de retenir la leçon de l'empereur pour en tirer parti. C'est bien ce à quoi il s'emploiera dorénavant, adoptant une technique plus souple pour privilégier la simplicité et le pathétique, la tendresse et l'émotion. A partir des années 1740-1750, beaucoup de castrats suivront du reste cette voie, à mesure que l'époque purement « baroque », vouée à la prodigalité et à l'excès, cédera la place à la modération classique : Guadagni, Pacchiarotti, Rauzzini, Rubinelli... illustreront ce nouvel art du chant, pendant la seconde moitié du siècle.

Pour l'instant, à Vienne, rien n'entrave le succès de Farinelli devant la cour, et c'est bien ce qui explique la munificence impériale, sans commune mesure avec tout ce que peut imaginer un chanteur du XXe siècle. Il reçoit le 10 juin 1732 un titre honorifique d'une importance capitale, « Hof und Kammer Musicus » (Chanteur de la Cour et de la Chambre) [35], qui le placera dorénavant sous la tutelle directe du comte de Lamberg, successeur de Pio de Savoie à partir de 1732. Cette éminente récompense lui apporte non seulement un « tas d'or », selon les propres mots du chanteur, mais aussi un service en argent pour le chocolat, une boîte en or de Paris, une très lourde boîte en or d'Angleterre, une montre en or également d'Angleterre, etc. Le « tas d'or » s'explique par la rente que l'impératrice lui accorde, eu égard à son nouveau titre, et qui va être à la base de la fortune de Carlo pendant sa retraite. Elisabeth Christine lui octroie une somme de 1 000 florins par an, payables sur la Chapelle royale de Naples, avec possibilité pour lui de prendre la succession du castrat Matteuccio lorsque celui-ci décédera. On comprend donc, dans ces conditions, pourquoi Farinelli se montre peu affecté lorsqu'on lui apprend à Vienne que le duc Pernelli vient de faire faillite à Naples et que, sur les 300 000 ducats qu'il a perdus, 6 000 appartenaient au castrat. A quoi Carlo répond sagement : « Mes trilles ont gagné ceux-là [les 6 000 ducats], j'espère que d'autres trilles en regagneront d'autres [36]. » La réponse fit beaucoup rire l'honorable assemblée. Si même cette boutade n'avait été qu'une pirouette pour dissimuler une certaine inquiétude, le pincement au cœur allait être de courte durée. Peu de temps après, l'impératrice appela Carlo et s'empressa de le rassurer : elle allait veiller à ce qu'il récupérât l'argent perdu à Naples et lui proposait en attendant de recevoir un accompte !

Au-delà du chant et de ses contreparties financières, le charme du séjour autrichien tient aussi aux mille petits divertissements de la cour, ou à tel voyage d'agrément en Hongrie. On le convie, presque comme un ami, à plusieurs parties de chasse à Laxenburg, en compagnie de toute la famille impériale, ce qui demeure pour lui un souvenir éblouissant : « Oh quel grand plaisir que d'assister à la chasse aux hérons ; quelle activité de monarque, quelle chose digne d'être vue ; une fois la chasse terminée, on ne peut que souhaiter voir le Maître à cheval ; ainsi voyant mon Maître passer et lui me voyant aussi, il arrêta son cheval et me dit : " Mon ami, la chasse t'a-t-elle plu, y as-tu pris plaisir ? " ; en entendant ces mots, Votre Excellence peut imaginer ma confusion ; je ne peux exprimer par écrit la bonté qu'ils ont pour moi. Quant à Sa Majesté l'Impératrice je n'en parle pas, même si j'ai chanté trois fois chez elle pendant sa villégiature, mais toujours en secret en raison du deuil qui frappe la cour [37]... »

C'est donc avec le plus grand regret que Carlo quitte Vienne, au début de l'été 1732. Toujours soucieux de se conformer aux usages, il ne peut envisager son départ que si l'empereur lui en donne l'autorisation. Mais il s'agit bien sûr d'une formalité et non d'un remerciement un peu froid. Bien au contraire Charles VI lui propose de revenir à la cour de Vienne l'année prochaine, s'il le désire. On ne peut être traité avec plus d'égards ! Pour l'instant, Carlo songe à ses affaires bolonaises et au prochain Carnaval de Venise, pour lequel il est engagé, sans se douter une minute qu'il regarde pour la dernière fois les clochers de la capitale impériale et, pire encore, que son cher ami Métastase et lui ne se reverront jamais pendant les cinquante ans qu'il leur reste à vivre !

4. Citoyen bolonais

Dans sa dernière lettre de Vienne, Carlo semble heureux et assez pressé de retrouver sa « chère Italie » car il a pris depuis quelque temps une décision importante. Ne pouvant pas encore se fixer matériellement, puisque sa carrière itinérante ne le lui permet pas, il désire au moins se fixer juridiquement et spirituellement en demandant la citoyenneté bolonaise. Jusqu'à cette date, Carlo a été un déraciné : Napolitain d'origine, il le reste par le cœur, mais ne se sent plus aucun lien véritable avec le grand Royaume du Sud. Porpora n'y vit plus, son père est mort depuis longtemps et bien que sa mère et sa sœur vivent toujours à Naples, ses engagements l'y conduisent de moins en moins (la saison 1729-1730 sera la dernière où il y paraîtra).

Plus seul que jamais, loin de sa famille et croisant son frère au gré des spectacles, Carlo voit en Sicinio Pepoli l'indispensable soutien qui lui permettra d'affronter le monde, une sorte de protecteur qui incarnera la stabilité au milieu d'une carrière mouvementée. Sa relation avec l'aristocrate est admirablement résumée dans une formule de politesse adressée de Florence en juillet 1733 : « Mon seul plaisir en ce monde est de rester parmi le nombre de vos plus humbles serviteurs et d'avoir la chance de jouir à la fois de votre haute protection et de votre incomparable grâce paternelle [38]. » Fils et serviteur, d'un côté, père et maître, de l'autre, tels sont les mots qui parcourront leur correspondance jusqu'en 1749.

A ces considérations de caractère affectif s'en ajoute une autre, plus intellectuelle. Bologne demeure l'un des plus grands centres musicaux de la Péninsule. Second lieu de formation des castrats après Naples, patrie du castrat Bernacchi mais aussi de deux grands théoriciens de l'art vocal comme les castrats Tosi et Pistocchi, la capitale émilienne s'enorgueillit de posséder l'une des premières assemblées musicales d'Italie : l'Accademia Filarmonica, à laquelle Carlo et son frère Riccardo se sont inscrits dès juillet 1730.

C'est donc ni plus ni moins un changement de nationalité que réclame Farinelli, puisque Bologne se situe dans les États pontificaux. Par un décret officiel du 29 octobre 1732, il devient citoyen de Bologne et, de ce fait même, envisage de s'y établir définitivement lorsqu'il devra songer à mettre un terme à sa carrière. Depuis quelque temps il a déjà confié au comte Pepoli son désir de placer l'importante fortune qu'il a déjà accumulée, en acquérant un terrain, futur havre de paix de ses vieux jours. Sur les conseils de son protecteur, il achète, cette même année 1732, une propriété à bâtir, située au-delà de la Porta delle Lame, non loin de la ville, au beau milieu d'une campagne sereine et verdoyante. Pendant sa longue absence d'Italie, il recourra sans cesse au comte Pepoli afin que celui-ci lui serve d'intermédiaire avec les notaires, les fournisseurs et les ouvriers. C'est là en effet qu'il fera construire, beaucoup plus tard, ce petit manoir dans lequel tant de personnalités viendront lui rendre visite.

Carlo est encore loin de telles pensées au moment où il gagne Venise. Le prince Luigi Pio de Savoie, avec qui il s'était lié à Vienne, est arrivé depuis quelques semaines dans la cité des Doges où il vient d'être nommé ambassadeur en juin 1732 : il y a fait une entrée solennelle dans de somptueuses gondoles conduites par des équipages en livrée. Carlo, quant à lui, se précipite dès son arrivée dans les théâtres de la ville pour y flairer ce qui s'y donne. Il y entend un opéra d'un goût douteux, seulement racheté par un air sublime de la cantatrice Candelli. Au théâtre San Giovanni Crisostomo, il ne trouve même pas cent spectateurs : c'est qu'en ce mois de décembre 1732, le froid est tel que beaucoup de canaux sont gelés et qu'on ne peut pratiquement pas tenir dans les salles de spectacle. Mais un contrat est un contrat, et Carlo se doit lui aussi de monter sur les planches, dès le lendemain de Noël, avec cette grande discrétion sur lui-même et cet éternel émerveillement devant son succès : « Hier soir nous sommes allés en scène et, grâce au Ciel, tout s'est bien passé ; de ma personne je ne dirai rien ; il faut se persuader que Dieu m'envoie beaucoup de grâces en échange du talent qui est le mien. En raison du succès de l'opéra [l'*Adriano in Siria* de Giacomelli], ils ont vendu plus de billets que la première année. La Merighi se porte assez bien et chacun est distingué selon son mérite [39]. »

En fait Carlo se sent comme chez lui à Venise, où il

entame son quatrième et avant-dernier séjour. Il y traite donc d'une multitude d'affaires et reçoit un abondant courrier sur lequel il n'est point besoin de préciser l'adresse. Ainsi une lettre de Hasse, partie de Naples le 9 décembre, mentionne seulement sur l'enveloppe, dans la langue culturelle internationale qu'est le français : « A Monsieur Carlo Broschi dit Farinello, à Venise ». Elle s'ouvre même en français (« Monsieur et très cher ami ») avant de se poursuivre en italien. Dans le cas présent, Carlo vient d'être sollicité par Sicinio Pepoli pour servir d'intermédiaire dans les tractations du théâtre Malvezzi de Bologne avec Johann Adolf Hasse et sa femme Faustina Bordoni. Le grand projet est de monter, en mai 1733, le *Siroe, re di Persia* du « cher Saxon » (surnom généralement attribué à Hasse), avec une affiche exceptionnelle qui réunira Farinelli, Caffarelli, Vittoria Tesi et Anna Maria Peruzzi, les plus grands noms de ce temps. Les finances étant la pierre d'achoppement de telles productions, Carlo est chargé de négocier avec le compositeur et de voir si ses conditions sont acceptables. En homme d'affaires, Hasse sait faire valoir ses droits : « J'espère que ces Messieurs, qui montrent une si généreuse bonté pour moi, ne voudront pas me proposer des honoraires inférieurs à ceux qui sont donnés d'habitude à Monsieur Orlandini et à d'autres compositeurs renommés [40]. » Carlo traite habilement et se fonde sur la base de ce qu'a reçu Hasse à Venise et à Rome. On convient de la somme de 1 260 lires bolonaises, ce qui correspond environ à la moitié des honoraires de Farinelli ou de la Tesi (2 500 lires chacun).

Mais l'hiver 1732-1733 place aussi Carlo au sein d'une polémique complexe qui, pour quelque temps, lui vaut les remontrances de Sicinio Pepoli. C'est que Carlo a imprudemment accepté un contrat à Plaisance pour le mois d'avril. Comme il dépend maintenant du comte autrichien Lamberg, une longue correspondance tripartite entre le chanteur et ses deux « maîtres » s'engage tout au long de l'hiver pour que Farinelli revienne sur sa décision et soit désengagé de son autre contrat. L'affaire s'arrangera finalement, Carlo triomphera dans *Siroe* à Bologne et les relations Farinelli-Pepoli reprendront, apaisées.

Derrière ce qui pourrait sembler de sombres et insipides tractations, ressort pour le lecteur la place considérable qu'occupaient ces mécènes-entrepreneurs dans le répertoire lyrique de ce temps et l'habileté, voire la fermeté, dont ils devaient faire preuve pour atteindre leurs objectifs. Le récit de ce montage financier est également intéressant pour comprendre l'ambition d'entrepreneurs tels que le comte Pepoli et les risques pris pour engager de grands noms, puisque dans ce cas précis le déficit sera de plus de 5 000 lires, l'équivalent des deux plus gros contrats: les trente-trois « Chevaliers entrepreneurs » devront donc se partager cette somme et la combler de leur propre bourse!

Parmi les autres lettres que reçoit Carlo, beaucoup sont des propositions de contrats qui émanent de divers directeurs ou d'aristocrates influents: le duc de Matalona, par exemple, voudrait l'avoir à Rome, l'année suivante, alors que la famille Grimani fait tout ce qu'elle peut pour le lier à Venise. Là plus que jamais apparaît la totale soumission de Farinelli envers son protecteur et impresario Pepoli. Jamais il n'acceptera une proposition sans en référer à la seule personne qu'il juge compétente: « On m'a expédié une estafette de Plaisance [Piacenza] avec de nouvelles instances et pressions pour que j'accepte un tel engagement. J'ai donné une prompte réponse à celui qui me presse en répétant que je ne peux sagement accepter un tel engagement; je ne l'accepterai que lorsque Monsieur le Comte Sicinio Pepoli m'ordonnera que je me plie à un tel engagement. Je peux assurer de nouveau Votre Excellence, mon maître particulier, que je suis totalement entre ses mains; et j'espère pouvoir me libérer de mes petites affaires pour aller le plus vite possible lui baiser les mains. Je vous supplie donc de m'expédier ma voiture à Ferrare...; si les routes sont bonnes j'irai par voie terrestre, dans le cas contraire je voyagerai sur l'eau [41]. »

Par un échange de bons procédés, Carlo œuvre dès qu'il le peut pour rendre service au comte Pepoli, notamment lorsque celui-ci recrute des artistes pour le théâtre de Bologne. Au tout début de 1733, il est chargé de lui dénicher une troupe de danseurs d'assez haut niveau, pour figurer dans la création du *Siroe* de Métastase et Hasse, évoqué plus haut. A son plus grand dam, Farinelli doit se faire impresario : jamais il n'a autant compati aux difficultés de ce métier! Mais il s'applique comme il peut. Déjà quelques danseurs de tout premier ordre ont été recrutés. D'autres lui sont suggérés par ses relations : « Hier j'ai reçu une lettre du Signor Valerio Sampieri ; il me recommande de mettre dans la troupe des danseurs cet élève de Monsieur Levec *(sic)* qui danse aujourd'hui au S. Giovanni Crisostomo. Je réponds audit Chevalier qu'il ne m'appartient pas d'engager les danseurs pour le théâtre de Bologne puisqu'il y va de la pleine responsabilité de Votre Excellence et des autres Chevaliers Compagnons [42]. » Après quoi, un mois plus tard, la besogne accomplie, Carlo peut se montrer rassurant sur les qualités de la future troupe : « L'unité de cette compagnie est très belle, d'où l'on ne peut qu'espérer un heureux succès. Le livret est superbe, celui qui le met en musique est un des meilleurs compositeurs, la compagnie de ballets est la première qui soit : sans aucun doute tout ira bien [43]. »

Les saisons se suivent et ne se ressemblent pas. Après un hiver vénitien à crever de froid, Farinelli suffoque littéralement pendant l'été, où il se partage entre Florence et Lucques. Sur les collines comme en ville, la chaleur est insupportable, mais elle n'empêche pas la foule des Florentins de réserver un triomphe à Bernacchi. Farinelli connaît le sien à Lucques, le 23 août, aux côtés de Vittoria Tesi qu'il juge « un personnage superbe ». Selon son habitude, il ne tarit pas d'éloges sur les autres chanteurs de la production et, loin de se réjouir du malheur de ses rivaux, il formule des vœux pour la santé défaillante de son amie Vittoria.

C'est au cours de cette série de spectacles que Carlo va connaître une très belle aventure amoureuse, en s'éprenant d'une ballerine de la troupe. Dans une lettre du 24 septembre 1733, on le voit, pour la première fois dans sa correspondance, s'épancher (ô combien pudiquement !) sur ses sentiments. Est-ce cette éternelle pudeur, cette sorte de timidité naturelle ou bien l'éducation qu'il a reçue, qui ont placé Carlo Broschi en marge d'une vraie vie sentimentale ? Aucune liaison sérieuse ne lui est connue, aucun élan amoureux ne semble avoir marqué profondément son existence, aucune pulsion sexuelle ne l'a poussé à vivre quelque temps avec un partenaire quel qu'il soit. Certes sa discrétion naturelle ne l'a jamais porté à se raconter, lui qui refusera toujours d'écrire son autobiographie. Mais de là à ne rien laisser transparaître !

C'est une impression de pureté et de chasteté qui semble se dégager de sa relation avec les êtres. Comme en Espagne lorsqu'il manifestera un attachement plus qu'amical pour son élève, la cantatrice Teresa Castellini. Et comme déjà dans cette courte aventure vécue à Lucques, ce coup de foudre pourrait-on dire, que Carlo évoque en quelques mots, avec une retenue si touchante : « Cupidon me tient encore lié et Dieu sait quand je serai délié, puisque d'un côté comme de l'autre, nous souffrons, nous nous taisons, nous ressentons de la peine ; pourtant une si douce chaîne est agréable. Vive ma fidélité et la constance de cette jeune fille qui est allée en scène dans le ballet d'Arlequin [44]. » Une telle lettre, découverte trop récemment pour avoir été commentée, fera peut-être gloser bien des passionnés de Farinelli. A lire entre les lignes, cette liaison, presque romantique par la manière dont il en parle, suggère un amour, sinon platonique, du moins considéré d'emblée comme impossible, sans solution, sans avenir possible. Le bonheur qui cependant en résulte et cet hommage à sa « fidélité » et à la « constance » de la belle peuvent aussi nous montrer qu'il trouve dans cette union chaste une dimension qui va bien au-delà du seul plaisir physique. La « souffrance » de part et d'autre tient sans doute à une double frustration sur laquelle nous ne pouvons faire que des hypothèses.

La première de ces frustrations peut être liée à l'idée du mariage. Il est fort possible que Farinelli n'envisage aucune liaison sérieuse en dehors du mariage; or celui-ci lui est interdit par l'Église, qui ne peut consentir à une union lorsqu'on sait qu'elle restera stérile. Carlo est si pratiquant, si respectueux de l'autorité ecclésiastique, qu'il n'envisage pas une seconde d'enfreindre les lois, ou simplement de demander une autorisation spéciale. Peut-être connaît-il les déboires de certains castrats, ses prédécesseurs, lorsqu'ils voulurent en référer au pape pour obtenir cette permission. La réponse fut toujours négative. Beaucoup de chanteurs devaient même connaître, au début du XVIIIe siècle, la mésaventure du castrat Cortona, qui avait demandé au pape Innocent XI la permission de se marier, prétextant que son opération avait été mal faite, et qui s'était vu répondre en marge de la lettre : « Qu'on le châtre mieux ! » En fait, les seuls cas de mariages connus étaient ceux qui avaient uni des castrats avec des femmes protestantes, échappant ainsi au veto romain.

L'autre frustration possible, expliquant à la fois les « soupirs » de la lettre et la belle « constance » de la jeune fille, peut tenir tout simplement à la virilité de Carlo et à son incapacité à satisfaire une femme. On sait que la castration n'empêchait pas des relations sexuelles normales. L'ablation des testicules ne supprimait pas l'émission de liquide séminal, sans spermatozoïdes bien sûr. Les aventures amoureuses des castrats, avant et après Farinelli, furent innombrables, et plus d'un mari jaloux ou d'un frère possessif tenta d'y mettre un terme. Bernacchi forma un véritable couple avec la cantatrice Antonia Merighi, Caffarelli connut une liaison durable avec une aristocrate romaine et Siface vécut une passion frénétique pour une veuve bolonaise, au point d'aller la rejoindre jusque dans son couvent lorsque la famille de la dame l'y eut enfermée. Dans ces quelques exemples pris parmi des dizaines, dans les cas de mariages avec des protestantes ainsi que dans les rares cas connus de relations homosexuelles, les capacités physiques des castrats semblent n'avoir jamais été mises en doute. En général, ces aventures touchaient même des femmes cultivées ou d'une grande aristocratie, qui intellectualisaient ces relations (sans danger à la clé!) et savaient y trouver un intérêt au-delà du seul plaisir physique.

Nous nous garderons donc bien d'affirmer que Farinelli n'entrait pas dans cette catégorie de castrats à bonnes fortunes, d'autant que sa grande taille et son visage de chérubin avaient tout pour séduire. Peut-être connut-il une vie amoureuse plus secrète, qui nous échappe aujourd'hui du fait de la grande pudeur dont il fait preuve dans ses écrits. Mais peut-être aussi eut-il à souffrir de son impossibilité d'avoir des rapports physiques, frustration qui expliquerait en partie ses crises de solitude et de mélancolie.

Quoi qu'il en soit, il semble bien que ses émois amoureux pour la jolie ballerine n'aient duré qu'un été. Plus aucune lettre ne reparlera d'elle. Le contraste est même saisissant, pour qui parcourt sa correspondance, puisqu'à l'envol extatique de la lettre écrite à Lucques fait suite une missive beaucoup plus terre à terre, partie de Venise en décembre 1733: « J'envoie ponctuellement à Votre Excellence les cinq paires de chaussettes; trois au prix de ... et les deux autres paires à ... la paire; Votre Excellence pourra donc choisir celle qui conviendra le mieux et me renverra celles qui ne lui plaisent pas. Elle recevra encore les couverts qui, je crois, la satisferont... De même elle recevra le poisson et les huîtres [45]. » Toujours prévenant, Carlo cherche à satisfaire les moindres désirs de son mécène.

Lors de ce cinquième et dernier séjour vénitien, pendant le Carnaval de 1734, Farinelli se produit à l'inévitable théâtre San Giovanni Crisostomo dans trois ouvrages différents: *Merope* de Giacomelli, *Berenice* d'Araya et une reprise de l'*Artaserse* de Hasse. Les infatigables frères Grimani ont une fois de plus réussi à l'obtenir pour s'assurer le succès de leur saison. Et quel triomphe, puisque c'est pendant cette nouvelle « campagne » que Carlo va créer le rôle d'Epitide, dans *Merope* de Giacomelli ! Le deuxième acte lui offre l'un des airs les plus célèbres de son répertoire, l'un de ceux qui redonneront la vie au roi d'Espagne moribond : *Quell'usignolo che innamorato* (Ce rossignol amoureux), sur un texte de Domenico Lalli. Le compositeur reprend ici toutes les conventions du genre (passages de virtuosité, trilles augmentés et diminués, son filé, sauts de plus de deux octaves ascendantes...) mais il les porte à une sorte de paroxysme qui fait de cet air une merveille d'agilité et de grâce à la fois. Déjà durant ses études, Carlo avait appris à imiter le chant des oiseaux; c'était pour les maîtres napolitains l'un des meilleurs apprentissages permettant de s'assurer une technique à toute épreuve. L'air de Giacomelli reprend donc tous ces artifices, en y adjoignant quelques passages de bravoure telle cette série de vingt-cinq trilles avec résolution, en une seule respiration. Farinelli y ajoute à son tour sa petite touche personnelle en écrivant lui-même ornements et cadences, tels que nous les avons conservés aujourd'hui.

L'autre grand moment de cette création vénitienne est la présence à ses côtés, et pour la première fois, de l'autre idole du public italien : le castrat Caffarelli qui interprète le rôle de Trasimede. Le grand sopraniste est sans conteste l'autre génie du chant baroque, formé lui aussi à l'école de Porpora après ses deux prédécesseurs : Porporino et Farinelli (Porporino termina ses études en 1715, Farinelli en 1720 et Caffarelli en 1726). Celui-ci est bien, pour Carlo, le seul vrai rival de sa carrière, même si la comparaison ne vaut que sur le plan vocal. En tant qu'homme, il est l'un des castrats les plus capricieux et infatués d'eux-mêmes. Violent, arrogant, antipathique, sa conduite en scène est à l'opposé de celle de Farinelli : alors que ce dernier respecte et, parfois, admire ses partenaires, cherchant le plus possible à ne pas leur faire de l'ombre, Caffarelli est capable de s'arrêter de chanter en plein milieu de son air si des spectateurs font du bruit, de bavarder avec telle ou telle personne de la salle lorsqu'il a quelques mesures de silence, de priser du tabac en scène, de chanter en écho lorsqu'un partenaire s'exécute ou de pincer les fesses d'une cantatrice au beau milieu de ses trilles, pour la contraindre à un couac retentissant ! Malgré cela, jamais Farinelli ne lui tournera le dos. Leurs origines communes (les Pouilles), leur séjour d'étude chez Porpora et le talent de leur voix de soprano, ont à jamais rapproché les deux hommes, au point que Carlo sera sincèrement heureux de l'accueillir à Madrid, sous le règne de Philippe V.

Contrairement à ce que l'on pourrait penser, Farinelli ne chanta pas seulement dans des ouvrages écrits sur mesure pour lui assurer un triomphe. L'exemple de la *Berenice* d'Araya, sur un insipide livret d'Antonio Salvi, est probant. Comme nous l'avons vu, les plus grands chanteurs du XVIIIe siècle ont peu de prise sur le répertoire qu'ils interprètent. Engagés pour une saison, un Carnaval ou une simple série de représentations, ils découvrent souvent au dernier moment l'œuvre qui leur est imposée. D'où les innombrables palabres avec l'impresario pour déplacer tel air, en obtenir un de plus ou refuser de chanter juste après la grande scène d'un rival.

L'exemple vénitien montre parfaitement quel type de fiasco pouvait connaître le chanteur le plus adulé de son temps : « Samedi a été donné notre opéra, qui a chuté sans appel ; heureusement deux de mes airs ont frappé à un tel point que sans eux on n'aurait pas fait de représentation le deuxième soir. Pour le moment on fait aller grâce à ces deux airs, en pensant toutefois au prochain secours que va nous apporter, je le crois, la mise en scène de l'*Artaserse* du Saxon dans quelques jours [46]. » Malgré la présence de trois premiers rôles de haut niveau, le naufrage du spectacle est dû à la nullité du livret et à la pauvreté de la musique, certes, mais aussi à l'indigence d'un chanteur qui ne fait que grimaces et mauvais esprit pendant les répétitions, avant de se montrer pitoyable sur scène dans le rôle de Jupiter. Ce qui nous vaut l'un des rares passages caustiques de Farinelli : « A ce point, il me fait pitié car il n'y a pas un chien qui lui ait dit bravo, sauf le premier soir dans son premier air qu'il chante avant que je ne sorte de scène; maintenant ce même Jupiter ne fait que dire du mal de la musique. Le premier soir il ne voulait pas venir en scène et pleurait dans sa loge, disant qu'il ne voulait plus jamais jouer avec moi. J'avoue à Votre Excellence que ce sont des choses à mourir de rire. Le livret a beaucoup contribué au naufrage alors qu'on en rend la musique coupable [47]... »

Par-delà l'anecdote de ce risible fiasco et malgré le succès total de l'*Artaserse* qui est donné juste après, Farinelli semble vouloir faire de ce séjour vénitien une grande remise en question de toutes ces années de jeunesse passées à courir d'une ville à l'autre, d'un spectacle à l'autre. A 29 ans, le temps est venu pour lui de faire le point, sur le plan professionnel comme sur le plan personnel. Jamais, depuis ses débuts napolitains, il n'a séjourné aussi longtemps dans une ville (plus de six mois!) et bien des pensées contradictoires semblent se bousculer dans sa tête au cours de cette longue halte.

Sa réussite professionnelle ne fait apparemment aucun doute. Devenu en quelques années le *divo assoluto* de la musique vocale, il jouit désormais d'une gloire et d'une fortune qu'aucun chanteur n'a connues avant lui. A travers une quinzaine de villes, il a fait triompher une soixantaine de partitions de près de vingt compositeurs différents. Le public italien, allemand et autrichien l'a porté aux nues partout où il est passé, son effigie a déjà été reproduite des centaines de fois sur des médaillons, et divers poètes se sont sentis inspirés par son talent que l'on prend pour miraculeux. Sa fortune, assurée depuis longtemps, lui a permis de devenir propriétaire et d'envisager sereinement une future installation à Bologne.

Mais l'excès de bonheur peut avoir ses revers. D'une

part, Carlo est conscient que, mis à part les séjours autrichiens et bavarois, il a peu débordé du cadre italien. Alors que beaucoup de castrats renommés se sont rendus en Russie, en Pologne, en Suède, en Angleterre, dans la péninsule ibérique ou dans les différents États allemands, lui s'est trouvé englué dans une sorte de routine, faite de passages répétés dans les mêmes villes, sous la pression des mêmes entrepreneurs de spectacles (tels les Grimani à Venise), le tout sous l'œil bienveillant mais vigilant de Sicinio Pepoli. Qu'un chanteur comme lui ait eu envie de respirer un peu et de voler de ses propres ailes, rien de moins étonnant.

De plus, les rivalités et les jalousies n'ont pas manqué autour de lui. S'il est déjà une sorte de mythe vivant pour les spectateurs italiens, il n'en constitue pas moins une ombre de taille pour beaucoup de chanteurs, castrats ou non. Parmi les dernières cabales qui l'ont marqué, celle d'avril 1734 n'est peut-être pas pour rien dans sa décision de s'exiler. Le bruit court de ville en ville que le grand Farinelli a perdu tout ce qu'il possède et qu'il va devoir vendre sa propriété de Bologne pour survivre. Ce qu'il qualifie de « diaboliques ragots » et dont il tente de sourire, agit inévitablement sur son moral, au point qu'il doit s'empresser d'écrire au comte Pepoli pour le prévenir de ne pas prêter l'oreille à de telles insinuations. A son arrivée à Florence, l'été suivant, il retrouvera les mêmes cancans et confiera, résigné : « [Mon arrivée à Florence] s'est passée à merveille et j'y ai retrouvé un monde de potins, phénomène coutumier inévitable, dès qu'on fait de l'opéra [48]. » Ces calomnies, apparemment sans conséquence, montrent à l'évidence que le « circuit » italien de l'opéra est un monde clos, où tous les artistes se connaissent, se croisent, s'observent et jasent à l'envi.

Enfin sa situation personnelle joue un rôle non négligeable dans son choix. Carlo n'a pas (n'a jamais eu ?) de véritable attache. La seule personne de sa famille qui soit proche de lui, son frère Riccardo, mène la même vie itinérante que lui. Sa mère, qu'il voit si rarement, même si elle reste très présente dans ses pensées, tente de conserver le lien avec son fils par de petites attentions fort touchantes, comme cet envoi, en 1734, de deux chemises avec doublure de soie qui resteront « ensevelies à la Poste ». Dans tous les cas, le comte Pepoli reste pour Caterina Barrese une sorte de boîte postale idéale, un intermédiaire qu'elle remercie de tout cœur, mentionnant « l'excès de grâces bienveillantes dont Votre Excellence a toujours fait preuve envers Farinello [49] ».

En dehors de la famille, les relations ne semblent guère plus rapprochées. Porpora vient de partir pour Londres après un séjour de sept ans à Venise, à l'Ospedale degl'Incurabili. Refusé pour le poste de *maestro* à San Marco, il a accepté l'offre des nobles londoniens. Métastase, son frère spirituel, ne veut plus quitter Vienne, le castrat Bernacchi chante pour Haendel à Londres, tandis que son ami Hasse veut s'installer en Saxe. Seul Sicinio Pepoli demeure (et demeurera longtemps) son seul point d'ancrage.

Il est donc très probable que Farinelli n'a guère hésité lorsque Milord d'Essex, ambassadeur d'Angleterre à Turin, lui a fait la proposition de venir s'installer à Londres pour devenir, avec Porpora, la valeur sûre d'une compagnie que le prince de Galles vient de créer, en concurrence avec la troupe de Haendel. Ce qui surprend le plus, et montre chez lui un profond changement d'état d'esprit, est qu'il semble prendre cette décision seul, sans en demander l'autorisation à Pepoli. Bien au contraire, il l'en informe après coup, le 8 mai 1734, alors que le contrat est déjà signé : « Je ne dois pas passer sous silence à Votre Excellence... la nouvelle selon laquelle j'ai déjà conclu, il y a deux jours, mon voyage pour l'Angleterre, dont le départ se fera au début du mois de septembre ; les honoraires que cette académie m'a accordés sont très avantageux pour moi ; et même, je ne méritais pas une telle distinction de cette si généreuse Nation. Le salaire est de mille cinq cent deux guinées et une soirée à mon bénéfice selon ma convenance ; sans compter d'autres détails que je me permettrai de vous dire de vive voix. J'espère que Dieu me donnera une bonne santé pour confirmer ma bonne fortune sous ce ciel [50]. »

L'annonce du départ de Farinelli pour l'étranger et, selon toute vraisemblance, pour une période assez longue, se répand alors comme une traînée de poudre à travers la Péninsule. Émotion, stupéfaction, incrédulité, désespoir, gagnent la foule des admirateurs du « Ragazzo ». Personne ne veut croire à une absence prolongée de cet enfant du pays qui a porté l'art du chant jusqu'à des sommets inégalés et permis à ses admirateurs de connaître leurs plus beaux instants de bonheur. Seule une ville aura encore la chance de l'entendre avant son départ. Le théâtre de la Pergola, à Florence, l'a engagé pour l'été 1734 aux côtés de Vittoria Tesi et de Caterina Fumagalli. Cette superbe distribution déchaîne les passions, ce que Carlo résume modestement dans sa dernière lettre d'Italie : « L'opéra reçoit de grands applaudissements et l'on vend beaucoup de billets [51]. » Aux débordements d'affection des Florentins répondent les poèmes d'adieu de Crudeli, Lombardi ou Crossi : tous rivalisent de talent pour déplorer le départ du chanteur et tenter de le retenir sur le sol italien.

A la fin de l'été 1734, Farinelli traverse Lucques et Turin pour s'acheminer vers l'Angleterre. Une page importante de sa vie se tourne, de même que prend fin une histoire d'amour de quatorze ans avec un public italien qui ne l'entendra plus jamais.

Deuxième Partie

LONDRES ET L'OPÉRA DE LA NOBLESSE (1734-1737)

1. Une capitale dans la tourmente

En répondant à l'invitation des directeurs de théâtre anglais et en rejoignant par la même occasion son maître Porpora, qui se trouvait depuis près d'un an dans la capitale britannique, Farinelli ne s'attendait pas à se trouver plongé dans une querelle politico-musicale aussi virulente, une sorte de « Querelle des Bouffons » avant la lettre, dans laquelle il allait être placé en première ligne.

Les origines de ce conflit, qui allait durer quatre saisons théâtrales et empoisonner la vie de beaucoup de gens, étaient multiples et liées à la situation, parfois précaire, de l'opéra italien en Angleterre. Le premier opéra entièrement chanté à Londres avait été *Arsinoe, Queen of Cyprus*, ouvrage dans le style italien composé par le violoniste Thomas Clayton en 1677. Celui-ci séjournait alors en Italie et avait ensuite rapporté à Londres son opéra pour le faire représenter au théâtre Drury Lane, le 16 janvier 1705. Le livret était bien sûr d'origine italienne mais il avait été traduit en anglais pour ne pas dérouter un public britannique encore ignorant de ce genre de musique. La partition n'était vraisemblablement pas du seul Clayton, qui avait repris pour l'essentiel les plus beaux airs d'autres compositeurs italiens. Rien n'était encore gagné quant au succès durable du genre italien à Londres car le public s'était trouvé dérouté devant cette action peu cohérente, qui ne comprenait ni dialogues parlés, ni masques, ingrédients indispensables de la musique de scène anglaise.

Second choc, à l'impact beaucoup plus durable, lorsque chanta pour la première fois à Londres, durant la saison 1706-1707, le castrat Valentino Urbani, surnommé Valentini. Sans être un des premiers sopranistes d'Italie, il avait au moins le mérite d'être un excellent acteur et surtout de faire découvrir aux Anglais une étendue vocale, une brillance de la voix et des aigus cristallins dont ils n'avaient jamais pu avoir la moindre idée avec les contre-ténors, auxquels ils étaient habitués dans la musique de Purcell. Valentini avait frappé de plein fouet les spectateurs de Drury Lane dans un opéra adapté d'Alessandro Scarlatti et Bononcini, *Thomyris, Queen of Scithia*, interprété en anglais, à l'exception du rôle du castrat qui demeurait en italien. On renouvela au plus vite l'expérience pendant la saison 1708-1709, mais cette fois avec la fine fleur des castrats italiens : le grand Nicolino (Nicolo Grimaldi), qui chanta au Queen's Theatre dans un opéra de Scarlatti, arrangé par Haym, *Pyrrhus and Demetrius*, toujours en version bilingue. Avec vingt-trois représentations la première saison, c'était là un triomphe inespéré dans cette terre anglaise, si vierge en matière d'opéra italien.

Il ne restait plus à Haendel, fraîchement arrivé de Saxe en 1710, qu'à reprendre le flambeau. Lui qui venait de se former à l'opéra italien dans les principales villes de la Péninsule n'eut aucune peine à renforcer la passion toute récente du public londonien pour ce genre musical en leur offrant son *Rinaldo* (1711) avec le castrat Nicolino et la soprano Francesca Vanini Boschi. Mais il apprit vite, comme tous ceux qui allaient lui succéder, que les plus beaux triomphes ne sont pas éternels en terre britannique et que l'opéra italien, malgré ses heures de gloire, resterait toujours un genre importé.

La première crise, la première désaffection du public, survint dès 1719. Il l'enraya en faisant venir d'Italie l'un des monstres sacrés, l'éblouissant Francesco Bernardi, surnommé Senesino. Sa première apparition à Londres, en novembre 1720, dans l'*Astarto* de Bononcini, ne marqua pas seulement le nouveau ralliement du public à la musique haendélienne, mais aussi le début d'une collaboration de treize années entre les deux hommes. Au début, Haendel semble avoir soigné le chanteur, admettant fort bien le salaire inhabituel qu'on lui proposait : « Je vois, écrit le compositeur à l'envoyé du roi d'Angleterre auprès du duc de Toscane, les raisons qui vous ont déterminé d'engager Signor Senesino sur le pied de quatorze cents guinées, à quoi nous acquiesçons; le dit Senesino est arrivé il y a douze jours et je n'ai pas manqué sur la présentation de votre lettre, de lui payer à compte de son salaire les cent guinées que vous lui aviez promises [1]. »

Mais cette prévenance, cet effacement ne pouvaient durer. Haendel était un personnage entier, au caractère difficile, peu enclin aux concessions. Or il découvrait petit à petit les humeurs, les caprices, les requêtes sans limites de chanteurs qui, en Italie notamment, avaient pris l'habitude de guerroyer avec les compositeurs et de faire plier les impresarios. Autres temps, autres mœurs : Haendel ne pouvait supporter la moitié de ce qu'enduraient beaucoup de ses semblables, au point de maltraiter parfois les chanteurs de sa troupe. Lorsque la rupture définitive entre Senesino et lui fut consommée, en 1733, tous les chanteurs suivirent le castrat à l'exception de la Strada qui préféra rester fidèle à Haendel.

Pendant ces mois de querelles incessantes était entré en jeu un autre personnage, non moins fondamental dans ce climat musical empoisonné. Le prince de Galles Frédérick, duc de Marlborough, véritable enfant terrible de la famille royale, ne manquait aucune occasion de s'opposer à ses parents, le roi George II et la reine Caroline. Comme ceux-ci, ainsi que la princesse Anne, soutenaient Haendel dans son entreprise et que, à différentes reprises, le compositeur s'était montré tyrannique et insolent envers l'aristocratie, Frédérick prétexta les sempiternelles disputes entre Haendel et Senesino, puis leur séparation, pour fonder une nouvelle troupe, l'Opéra de la Noblesse (The Opera of the Nobility), sise au Lincoln's Inn Field, et qui recueillait l'appui massif d'une partie de l'aristocratie et de la *gentry*.

Une telle machination ne s'était pas faite en un jour. Patiemment, le prince de Galles avait tissé sa toile pour arriver à ses fins ; il avait entre autres lancé une souscription dans l'aristocratie, ce que confirmait le comte de Delaware dans une lettre de janvier 1733 adressée au duc de Richmond : « Il souffle un esprit de rébellion contre la tyrannie de Mr. Haendel ; une souscription est ouverte, et des directeurs sont choisis qui ont passé contrat avec Senesino, et ont envoyé chercher Cuzzoni et Farinelli, dont il est espéré qu'il viendra dès la fin du carnaval de Venise si ce n'est plus tôt... On a demandé à Porpora de venir. Nous ne doutons pas que Votre Grâce voudra ajouter son nom à notre liste de souscription. »

Comme l'indique cette lettre, on voulait recourir au compositeur qui pouvait le mieux tenir tête aux compositions de Haendel : Porpora avait alors 47 ans et représentait une valeur sûre avec ses vingt-huit opéras, ses trois oratorios, ses sérénades et toute la musique sacrée composée en Italie. Il accepta donc l'offre alléchante des nobles anglais. Autour de lui brillait une troupe de chanteurs de premier ordre (le castrat Senesino surtout, mais aussi, Montagnana, Rocchetti, la Cuzzoni) qui pouvait tout de même craindre la comparaison avec les excellentes recrues de Haendel (le castrat Carestini, Carlo Scalzi, Mesdames Anna Maria Strada, Margherita Durastante et Maria Negri).

La nouvelle troupe ouvrit sa saison le 29 décembre 1733 à six heures du soir, avec l'*Arianna in Nasso* de Porpora. Senesino, ainsi passé à la concurrence, interprétait le rôle de Thésée tandis que la Signora Segatti jouait Ariane. Haendel, de son côté, avait fourbi ses armes et rouvrait également sa saison le 5 janvier 1734 avec *Arbace*. Alors que (rivalité oblige!) le prince de Galles s'était rendu aux représentations de l'opéra de Porpora, c'était maintenant le roi, la reine et les trois princesses aînées qui venaient encourager Haendel dans sa nouvelle entreprise, au King's Theatre.

Durant l'été 1734, le 6 juillet très exactement, s'acheva le contrat qui liait Haendel au directeur Heidegger. L'Opéra de la Noblesse qui souhaitait récupérer le King's Theatre à Haymarket, s'engouffra dans la brèche et signa un contrat qui lui permettait de s'y installer. Haendel, ainsi chassé de ses murs, réussit cependant à faire repartir son entreprise à Covent Garden, où il obtint un contrat avec John Rich, producteur du célèbre *Beggar's Opera* (1728) et constructeur de ce théâtre, ouvert en 1732. Cet homme entreprenant et efficace avait d'ailleurs marié sa fille avec le grand ténor haendélien, John Beard. Cette nouvelle association avec Rich sortait Haendel d'un bien mauvais pas, même s'il lui fallait attendre le creux de l'hiver pour recommencer ses spectacles, étant donné les foules qui se pressaient encore aux représentations de l'*Opéra des gueux*.

Ce soulagement transparaît dans une lettre de George Frédérick à un correspondant inconnu, qui lui faisait, semble-t-il, une proposition intéressante : « Je regrette vraiment que, dans la situation actuelle de mes affaires, je sois privé de recevoir ce plaisir, étant engagé avec Mr. Rich pour organiser les opéras à Covent Garden [2]. »

L'idée de faire venir Farinelli à Londres était bien antérieure à la naissance de ce conflit et aux premières tractations de l'Opéra de la Noblesse. Déjà, en 1729, une lettre du librettiste Paolo Rolli montrait que le célèbre directeur de théâtre Heidegger avait eu l'intention de l'inviter à Londres. Rolli ne doutait pas du sens des affaires de Haendel, qui était sur le point de se rendre en Italie pour écouter certains chanteurs et les recruter : « Farinelli viendra, écrivait-il à Senesino, car il sera peut-être attiré par la perspective d'une représentation à son bénéfice ; personne – sauf vous – n'est capable de lui [Haendel] refuser quoi que ce soit tant il manque de pudeur quand il demande la charité [3]. » En fait, Haendel revint d'Italie avec le castrat Carestini, non avec Farinelli, et ce pour plusieurs raisons : la première tenait certainement au prix très élevé qu'avait dû demander Carlo, prix nettement supérieur aux moyens dont disposait Haendel; d'autre part, Carlo était le disciple de Porpora dont Haendel savait qu'il allait lui être opposé d'ici peu si l'Opéra de la Noblesse voyait le jour; enfin, motif non négligeable, Haendel écrivait tous ses rôles pour des castrats contraltos, tels que Nicolino, Senesino ou Carestini. Il hésitait probablement à bouleverser ses habitudes d'écriture pour un castrat soprano comme Farinelli.

En tout cas, la venue du plus grand castrat de l'Europe semblait plus facile en 1734, après qu'on avait engagé son maître, quelques mois plus tôt, ainsi que l'une des cantatrices qu'il respectait le plus, Francesca Cuzzoni. A la demande des directeurs de l'Opéra de la Noblesse, Porpora pria son brillant disciple de venir le rejoindre. Il fallait seulement y mettre le prix, ce que l'on n'hésita pas à faire en raison de l'enjeu constitué par l'âpre rivalité des deux troupes. 1 500 guinées par an ainsi qu'une soirée à son bénéfice constituaient la base du contrat mirifique qu'on lui proposait. La disparité des dépenses entre la troupe de Haendel (9 000 livres pour une saison) et celle de Porpora-Farinelli (12 000 livres) montre qu'on n'avait pas voulu lésiner sur les appointements.

Carlo atteignit Londres durant l'automne 1734, après un voyage difficile à oublier, comme en témoigne sa première lettre à Sicinio Pepoli : « Après un voyage éreintant, me voici enfin arrivé sain et sauf à Londres, même si j'ai cru ne jamais voir cette île en raison de l'horrible traversée que j'ai dû supporter; mais grâce au Ciel, je crois que je peux dire de toute façon, Te Deum Laudamus [4]. » Tout Londres ne parlait que de cette arrivée qui pouvait sans peine faire trembler les partisans de Haendel. Carlo semble même avoir été surpris de tant d'admiration et de gentillesse, presque inquiet d'avoir à faire ses preuves dans un tel contexte : « Ici, comme d'habitude, j'ai retrouvé les contrariétés de la musique, mais celles-ci m'ont mis pour le moment sur un tel piédestal que jamais jamais de toute ma vie je ne me suis senti si éminent. Mais parvenir jusque-là m'a coûté cher car il a fallu que je donne suffisamment de preuves de mon habileté pour pouvoir en arriver où je suis sous ce climat [5]. »

Deux événements importants avaient en effet marqué ses premiers jours à Londres. Il avait tout d'abord donné sa première excécution en privé dans les appartements de Francesca Cuzzoni, devant la fine fleur des directeurs et chanteurs d'opéra d'alors. L'impression qu'il produisit sur cette société, pourtant préparée aux performances des voix de castrats, dépassa l'imaginable : tous les spectateurs, bouche bée, semblaient avoir été foudroyés, et lorsque le directeur de théâtre Lord Cooper voulut sortir entouré de ses gens, il se retrouva seul, car ses collaborateurs, saisis d'admiration et de stupeur, avaient été incapables de mettre un pied devant l'autre.

L'autre « examen de passage », également de taille, avait été le petit concert donné chez le roi et la reine au palais de Saint James ; les souverains, par simple jeu ou peut-être pour le mettre à l'épreuve, l'avaient prié de déchiffrer quelques airs de Haendel, leur protégé. Mais Carlo savait vivre et, avec cette élégance dont il allait quotidiennement faire preuve en Espagne, il ne manifesta aucune surprise ni aucun désagrément : « Avec beaucoup de franchise, je me mis à exécuter ces airs et, grâce au Ciel, je m'en tirai avec la plus grande gloire [6]. »

Quant à la première représentation publique, elle eut lieu le mardi 29 octobre 1734, au King's Theatre. Le roi et la reine étaient rentrés tout exprès, le jour même, de leur résidence d'été à Kensington, pour reprendre leurs quartiers d'hiver à Saint James : « Dans la soirée, écrit l'*Universal Spectator*, toute la famille royale était à l'Opéra, à Haymarket, où Signor Farinelli jouait pour la première fois en public, devant des applaudissements prodigieux. Le théâtre était excessivement bondé [7]. » Comme il se doit, Carlo avait choisi l'*Artaserse* de son cher ami Johann Adolf Hasse, ouvrage qu'il affectionnait entre tous et avait chanté à deux reprises à Venise. Pour le compositeur saxon, c'était aussi une sorte de revanche qu'il prenait sur Haendel, après les divers conflits qui avaient opposé ce dernier à sa femme, la cantatrice Faustina Bordoni. Cependant l'*Artaserse* n'était pas donné ici dans sa version originale, mais sous la forme d'un *pasticcio* qui mêlait les plus beaux airs de différents compositeurs à ceux de Hasse. Farinelli se taillait la part du lion puisque, sur vingt-neuf numéros, lui revenaient dix airs et un duo : un tiers d'une partition qui faisait appel à six grands rôles !

Ce fut à cette occasion que Carlo chanta pour la première fois l'air de son frère Riccardo, *Son qual nave ch'agitata* (Tel un navire je suis agité par les flots), qui marqua pour longtemps l'apogée de la collaboration entre les deux frères, et fournit à Carlo l'un de ses futurs grands morceaux de bravoure à la cour d'Espagne. Le public crut défaillir de plaisir en écoutant le son filé (la fameuse *messa di voce*) qui entamait la partition, sur la syllabe initiale du mot *nave*. On se bouscula onze soirs de suite pour entendre un tel prodige et l'on redonna quarante fois cet ouvrage pendant le séjour de Farinelli à Londres, phénomène rarissime pour l'époque. Un soir sa performance fut saluée par cinq longues minutes d'applaudissements, sans jamais faiblir, alors qu'une autre fois, une dame en pâmoison s'écria de sa loge : « One God, one Farinelli ! » (Il n'y a qu'un Dieu et qu'un Farinelli !)

Dans ce premier ouvrage londonien, Carlo tenait le rôle d'Arbace, entouré de Senesino (qui jouait Artaban et chantait la célèbre aria *Pallido il sole*), de Montagnana (Artaxerxès) et de la Cuzzoni (Mandane). Un tel plateau ne s'était bien sûr jamais vu à Londres, ni même dans beaucoup de capitales d'Europe ! Dans ce contexte unique survint l'étonnant incident raconté par Burney : Senesino, entendant la plainte déchirante du divin Farinelli, qui jouait un prisonnier enchaîné, en fut si bouleversé qu'il en oublia son propre rôle et se jeta dans ses bras pour le consoler. Hommage rarissime d'un chanteur à l'un de ses rivaux, ou simple cabotinage devant un public surexcité? L'anecdote est en tout cas trop belle pour ne pas être entrée dans la légende!

2. Farinelli et le public anglais

Les semaines qui suivirent ne démentirent pas le triomphe du premier soir ni l'attrait renforcé que semblait exercer l'opéra italien sur le public anglais depuis qu'il était servi par Farinelli: « Aucun endroit, écrivait Lord Hervey, n'est aussi plein que l'Opéra, et Farinelli est si universellement aimé que les foules y sont immenses. En matière de théâtres publics, cet hiver, il n'y a pas moins de deux Opéras Italiens, une salle de théâtre française et trois anglaises. Heidegger a évalué la dépense de ces spectacles et prouvé noir sur blanc que l'administration doit recevoir soixante-seize mille et quelques livres pour couvrir ses frais, avant même de gagner le moindre sou [8]. »

Nombreux sont les documents, lettres ou mémoires, qui rappellent cet engouement généralisé pour Carlo Broschi, du moins pendant la première partie de son séjour. A la spectatrice enthousiaste dont nous avons parlé, fait suite la foule des témoins oculaires qui, ici ou là, ont tenté d'exprimer leurs sentiments. Lord Egmont écrit sobrement dans son journal: « Je suis allé à l'Opéra où j'ai entendu la plus belle voix que l'Europe puisse offrir. Farinelli est arrivé tout récemment [9]. » De son côté l'abbé Prévost reconnaît: « On aimait les autres, pour celui-ci on est idolâtre; c'est une fureur. Vraiment il est impossible de chanter mieux. Un sortilège attire les foules vers lui. Imaginez tout le talent de Senesino et de Carestini, avec une voix plus belle que celle des deux autres réunis [10]. » Même précieux renseignement sous la plume de John Hawkins: « Tout le monde s'est précipité jusque-là, même les conseillers municipaux et les autres citoyens, avec leurs femmes et leurs filles, et en si grand nombre, qu'il est maintenant devenu proverbial que ceux qui n'ont pas entendu Farinelli chanter et Foster prêcher ne peuvent oser se présenter dans la bonne société [11]. »

L'un des documents les plus touchants demeure peut-être cette lettre du librettiste Rolli, en date du 9 novembre 1734, surtout lorsqu'on sait ce que cette langue de vipère avait pu dire sur les « chapons » : « Cependant je dois vous dire quelque chose à propos de Farinelli, qui le mérite vraiment. J'avoue qu'il m'a surpris, et je sens que jusqu'à ce jour je n'ai compris que partiellement ce que peut être le chant humain, alors que maintenant je suis heureux de penser que j'ai entendu tout ce qui est ou peut être. Son chant mis à part, c'est un homme aux manières les plus aimables et les plus courtoises, et je prends le plus grand plaisir à cultiver son amitié et sa compagnie. Il m'a offert un cadeau, les poèmes de Métastase, que je désirais depuis longtemps, et qui m'aideront à passer d'agréables heures [12]... »

Plus divertissante, en revanche, est cette longue lettre passionnée qu'une admiratrice de Farinelli, Catherine Phillips, devenue Mrs. Muilman, fit imprimer à Londres en 1735 [13], peut-être après la lui avoir adressée personnellement. Comme si elle espérait conserver l'anonymat, et qu'on ne reconnût pas l'homme de sa vie, elle se contenta de mentionner : « C... P... to the Angelick Signor Far..n..li. » Plus que par les envolées lyriques qui lui sont destinées, cette longue tirade en vers (de seize pages !) est riche d'informations concernant le regard admiratif que les dames d'une certaine société portaient sur les castrats. Quelques passages suffiront à donner le ton de ce document rare :

Toi qui contrôles chaque pensée et chaque souhait,
Pardonne la franche dissection de mon âme.
Accepte d'une manière tendre et aimable,
Le débordement d'un cœur capturé :
Un cœur qui n'appartient qu'à toi...

Ne laisse point de pensées jalouses troubler ton esprit
Ou penser aux rivaux de ce sexe haïssable;
Hommes, compagnons répugnants! poison à ma vue,
Choquants pour mes sens, effrayants pour mon esprit,
Monstres à la barbe dure, brosses à poils longs, scies!
Que peut être une tendre femme dans leurs pattes?
...
Tandis que ton doux menton sans barbe, tes joues roses,
Cette agréable et mélodieuse douceur quand tu parles;
Ces yeux qui brillent comme deux orbites éclatantes
Et transpercent tous les cœurs comme le mien.
Au-delà de ce que les mots peuvent exprimer aux sens,
Tu répands alentour mille charmes différents.
...
Consumée par les applaudissements de l'opinion générale,
Je fais de toi mon Choix éternel.
Si j'ai aimé un jour S...n...o [Senesino],
Qu'était-il comparé à toi? délicieux Garçon!
Avec lui un amusement, avec toi une passion extrême,
Lui une lueur, Toi un feu rayonnant.

Le pauvre S...n...o est maintenant devenu vieux,
Empâté et gras, et froid aux plaisirs de l'amour,
Sans esprit et raillé par le public,
Les prudes elles-mêmes n'en veulent plus.

Ne comprends-tu pas la raison de ces cadeaux?
La boîte en or, la montre, l'anneau de diamants,
Le coffret à lettres, la pince à épiler avec des pierres.
Ces cadeaux peuvent sembler la récompense de sons vides
Mais ce sont des choses beaucoup plus significatives.

Ce n'est pas pour ta douce voix et ta langue gazouillante
Mais parce que tu es beau, vigoureux et jeune;
Ce sont les charmes qui émeuvent notre beauté britannique.
...
La prude R... sait par expérience
Qu'un eunuque vaut mieux qu'un galant usé:
Et elle a goûté les eunuques, bien avant
Que tu ne mettes un pied sur les rives britanniques.
Même si elle a été une jeune fille pure, elle n'est pas si niaise,

Et V...ni [Valentini] lui a appris comment il faut faire.
Les eunuques peuvent donner des joies sans limites,
Sans subir la malédiction honteuse des filles et des garçons.
...
En bref, cher jeune homme! Ta fortune doit être faite;
Qu'importe si les hommes d'affaires sont impayés,
Si les enfants ont faim, si les pères ou les maris meurent,
Cela est bien fait si c'est en échange de ta chère santé...

L'enthousiasme de Mrs. Muilman est révélateur des succès féminins qu'ont pu connaître les castrats pendant deux siècles. Comme nous l'avons vu, ils ont toujours fasciné une société féminine très privilégiée, aristocratique le plus souvent, à la fois enchantée de ces relations amoureuses sans danger et flattée par la dimension intellectuelle d'une telle liaison. On notera ici les références au physique des castrats (peau imberbe, visage doux et poupin, voix gracieuse...) ainsi qu'à leurs manières élégantes et policées, leur sensualité dans l'amour et leur charme ambigu qui échappe à la différence des sexes. De même qu'on cultive à Naples, dans les conservatoires, la ressemblance entre les petits castrats et les angelots, dans les processions ou les cérémonies funèbres, Farinelli va exploiter tout au long de sa vie la comparaison entre son physique et celui des messagers androgynes : toutes ses lettres seront cachetées par un sceau représentant un ange, superbe et nu, qui se tient debout, les ailes déployées!

D'innombrables dames, à l'exception des Françaises, ont passionnément recherché des relations amoureuses ou simplement sexuelles avec des castrats : leur finesse, leur délicatesse, leur jeunesse, mais aussi leur talent, étaient autant d'atouts qu'elles ne trouvaient pas toujours dans leurs vieux barbons de maris « à la barbe rude » comme des « brosses à poils longs ». Comme le montre aussi Mrs. Muilman, Senesino fut, avant Farinelli, l'autre idole des spectatrices londoniennes : celui que Paolo Rolli qualifiait de « coq poursuivi par des poules anglaises » n'avouait-il pas lui-même que toutes les femmes désiraient ardemment « son arbre qui ne donnait pas de fruits »!

De l'époque de cette lettre (1735) datent les premiers grands portraits de Carlo Broschi. En comparaison avec tous ceux qui vont être réalisés à Londres ou en Espagne, la période de jeunesse en avait produit assez peu, car le chanteur tentait d'établir sa réputation en Italie et séjournait trop peu en chaque endroit pour pouvoir servir de modèle à des artistes. Parmi les rares portraits de jeunesse se trouve celui d'Amigoni, aujourd'hui au musée Carnavalet, qui est le moins flatteur de tous : on y voit le visage presque renfrogné d'un grand adolescent, encore loin de sa superbe maturité. Les choses s'arrangent avec le portrait de Nazzari, réalisé probablement à Venise, juste avant que Carlo ne parte pour l'Angleterre. Dans ce tableau comme dans les peintures ou gravures qui datent de Londres, le plus souvent signées Amigoni, on note encore un visage arrondi et lisse (sans pilosité ni pomme d'Adam, comme tous les castrats), mais aussi un corps long et bien charpenté, un visage doux, intelligent et distingué, dont on ne peut croire qu'il a déjà 30 ans. L'époque londonienne, jusque dans ses portraits, est bien l'étape transitoire qui mènera à l'accomplissement physique et spirituel de la période espagnole.

Pour l'instant, et malgré de tels atouts, Farinelli semble avoir beaucoup moins connu d'aventures sentimentales que Senesino ou d'autres castrats (pour des motifs que nous avons déjà tenté d'analyser), se satisfaisant plutôt de l'affection collective du public. En général, il reste très pudique dans sa correspondance; seules quelques lignes nous permettent de mieux comprendre ce qu'il ressent devant l'enthousiasme du public, au lendemain de la représentation d'*Artaserse*: « Maintenant nous sommes allés en scène; pour ce qui concerne ma personne, je ne puis trouver les mots pour exprimer la bonté que cette nation me témoigne, et cela suffit à me rendre heureux; je pourrais en écrire davantage, mais je ne veux pas coucher sur le papier ces petites choses qui pourraient être prises pour des gasconnades [14]. » Tout en se réjouissant que le climat anglais n'ait porté préjudice ni à sa santé ni à sa voix, il reconnaît, sans jamais se plaindre, l'importante charge de travail qui est la sienne (et sans doute la pression psychologique qui l'accompagne) : « La vie que je mène depuis que j'ai posé le pied à Londres consiste à rester toujours la bouche ouverte, au point que je m'en étonne moi-même et me demande comment je fais pour tenir le coup [15]. »

Son principal souci est de témoigner son indéfectible affection au comte Pepoli, à qui il fait parvenir une bouteille de sel ainsi qu'une cassette remplie de laine pour la signora Eleonora. Une lettre du 23 mai 1735 nous apprend aussi les liens qui l'unissent au duc de Linz, son « maître particulier », avec lequel il part faire un voyage en Écosse, à la fin du mois de mai 1735. Mais l'on sait aussi, par d'autres sources, qu'il fait plusieurs petits voyages dans la campagne anglaise avec le duc et la duchesse de Leeds ou avec Lord Cobham. Ici comme ailleurs les relations du couple Pepoli lui auront été précieuses, puisque la comtesse Eleonora est apparentée à la famille des Stuart.

Pour le reste, peu de considérations personnelles ou privées, si ce n'est au sujet de son frère Riccardo qui se retrouve, à Milan, dans le plus grand dénuement après avoir dilapidé son talent et son argent. Riccardo achève en 1735 une période créatrice importante pendant laquelle il a produit ses principaux opéras héroïques. Il a probablement accompagné Carlo à Londres à son arrivée, au moment de l'*Artaserse.* Mais très vite ses affaires se sont dégradées et sa carrière de compositeur ne le fait plus vivre. Carlo commence à le secourir en lui envoyant 40 sequins, puis explique au comte Pepoli son désir de le voir s'installer à Bologne et reprendre un travail sérieux « s'il veut être assisté comme un frère ». Son souhait est que Riccardo s'initie à l'intendance d'un domaine afin de pouvoir gérer sa propriété bolonaise en son absence. La vente de certains biens pourrait lui assurer un revenu mensuel décent. Mais comme toujours, Carlo se retourne vers son bienfaiteur : « Je m'en remets à l'humanité de

Votre Excellence. Riccardo m'aura pour père, s'il sait vous obtenir pour maître [16]. » En fait, la situation de Riccardo Broschi s'arrangera provisoirement en novembre 1736, quelques mois après cette lettre. Il recevra en effet la charge de « Compositeur de musique » du duc Karl Alexander de Württemberg, avec un salaire annuel de 1 200 guldens. C'est là, à Stuttgart, qu'il pourra créer son *Adriano in Siria*, composé deux ans plus tôt. La mort du duc, le 12 mars 1737, lui fera perdre ce poste le 1er avril, et dès lors Riccardo ne vivra plus que d'expédients, toujours insatisfait sur le plan musical, acceptant même en 1739 le poste d'administrateur du vin à Naples !

La politique, et surtout la conjoncture militaire, sont souvent au centre des lettres de Farinelli à Pepoli. Son passage, de ces tout petits États italiens, relativement peu marqués par les faits militaires, à l'une des grandes nations expansionnistes d'Europe, semble avoir suscité en lui un intérêt certain qui ne se démentira pas au cours de son séjour en Espagne. Ici où là apparaissent les idées de Carlo sur les divers pays qui l'entourent : son attachement viscéral à l'empire autrichien, son peu d'estime pour la France, son soutien (apparent) à l'Angleterre qui l'accueille et, plus que tout, son désir de paix entre les nations. Un post-scriptum de mai 1735 résume la situation en quelques mots : « Les nouvelles du monde sont que le roi est parti pour Hanovre ; la Flotte partira d'ici quelques jours vers le Portugal. Au moins nous sommes plus forts que les Français ; chacun cherche la paix ; la Hollande aime la neutralité ; que Dieu fasse terminer tout cela pour le plus grand bien de toutes les couronnes [17]. »

Mais en juillet, l'Angleterre arme une autre flotte de trente vaisseaux et la guerre semble inévitable, ce qui le soucie beaucoup : « La France et l'Espagne ne comprennent pas bien la sortie de cette flotte, et chaque jour nous arrivent des manifestes ; les Hollandais à la fin seront contraints de se déclarer, bien que leur désir soit de rester la queue entre les jambes [18]... » Un peu plus loin, quelques lignes nous semblent éloquentes sur ses vraies sympathies politiques : « Nous autres impérialistes, nous devons avaler la pilule, et prier Dieu que les choses s'arrangent en direction de la paix, pour ne pas connaître le pire [19]... » Et lorsqu'il apprend que 20 000 Prussiens, bientôt 30 000, sont déjà entrés en Bohême, c'est le cri du cœur : « Quand ils arriveront, nous verrons le héros Eugène [prince de Habsbourg] se mouvoir en quelque glorieux fait d'arme, pour autant que Dieu veuille de cette guerre [20]. »

C'est à propos des théâtres et des spectacles auxquels il participe que Carlo est le moins prolixe ; comme nous aimerions connaître ses sentiments sur Haendel ou son opinion sur la rivalité entre les deux compagnies ! Il est clair que, s'il est parvenu à assurer provisoirement le succès de l'Opéra de la Noblesse, il a aussi beaucoup contribué à placer la polémique au centre de la vie londonienne. Seule une petite allusion montre qu'il penche vers un camp et croit les rumeurs qui circulent, même si elles sont prématurées en novembre 1734 : « On murmure à Londres que l'autre Théâtre [celui de Haendel] fermera bientôt [21]. » Carlo n'a du reste pas tardé à retrouver dans cette ville les calomnies et les potins qui le faisaient souffrir en Italie : « Ici on raconte plus de ragots qu'en tout autre lieu ; c'est la liberté du pays qui le veut, mais parfois cela fait mal [22]. » Se passionner pour l'une ou l'autre troupe, argumenter, condamner, s'émerveiller, dénigrer, devient le pain quotidien des salons londoniens. John Arbuthnot y voyait un exemple supplémentaire de l'éternel bipartisme anglais qui divisait la vie du pays entre *whigs* et *tories*, Haute et Basse Église, partisans du roi ou du prince de Galles. Naguère la ville s'était divisée entre partisans de Faustina Bordoni (les « faustinisti », menés par la comtesse de Pembroke) et partisans de Francesca Cuzzoni (les « cuzzonisti », sous la bannière de la comtesse de Burlington) ; quelques années plus tard Londres ne jure plus que par Haendel ou Porpora, par Carestini ou Farinelli, et d'interminables querelles s'ensuivent, habilement résumées par Mrs. Delany :

« Nos opéras sont une grande cause de discorde ; hommes et femmes sont également passionnés ; jamais débat aux Communes ne fut poussé avec plus de chaleur ; la discussion sur les mérites respectifs des compositeurs et des chanteurs en vient à un point tel que tous les vrais amateurs de la musique craignent que l'opéra lui-même ne finisse par faire la culbute. Je dois reconnaître que tout ceci nous donne une bien sotte image de nous-mêmes [23]. » Lettre prémonitoire qui avant deux ans serait confirmée par les faits !

Avoir ou n'avoir pas entendu Farinelli est le sujet récurrent de bien des correspondances : « J'ai différé si longtemps de venir entendre Farinelli que je ne crois pas pouvoir le faire du tout, car il n'est pas question que je vienne ce mois-ci, et ensuite j'y serai si peu de temps que cela ne vaudra pas la peine [24]. » Ou un peu plus tard : « Ce soir c'est le spectacle au bénéfice de Farinelli ; toute la bonne société va s'y précipiter dès quatre heures, par peur de ne pas arriver à temps. Je déteste les bains de foule et donc je les laisserai à eux-mêmes [25]. » En fait, que la soirée soit à bénéfice ou non, le parterre est toujours plein dès quatre heures, alors que le spectacle ne commence qu'à six ! La salle est en général élégante et d'un enthousiasme tel, que bien peu d'airs échappent au bis tant désiré. Cette manie prend même de telles proportions qu'une mesure doit être prise en mars 1736, comme l'annonce une affiche de spectacle : « Comme la répétition des airs allonge considérablement l'opéra, ce dont beaucoup se sont plaints, nous espérons que personne ne s'offusquera si les chanteurs ne font plus aucun bis dans l'avenir. »

La société aristocratique, d'autant plus fidèle à Farinelli qu'une partie d'entre elle soutient la compagnie italienne de Haymarket, ne ménage pas son amitié, ses invitations et ses cadeaux. Nous avons mentionné les voyages de détente effectués par Carlo avec tel ou tel duc ou comte. Les salons mondains lui sont aussi grands ouverts pour la raison évidente qu'on espère l'entendre chanter et qu'il est du meilleur effet, auprès de ses relations, d'exhiber un personnage aussi illustre au cours d'un dîner. Même si l'on mélange peu les personnalités des deux compagnies, pour éviter les incidents, Farinelli se retrouve pourtant un soir en présence de Haendel, chez Lady Rich. Celui-ci a été prié de chanter un air de sa composition et s'exécute de bonne grâce, apparemment sans fausse modestie en présence du plus grand castrat de son temps, membre de la troupe rivale qui plus est ! Haendel choisit un air lent et grave qui va tellement bouleverser les invités présents que Farinelli, qui ne craint pourtant personne dans ce domaine, refusera de chanter après lui, rendant ainsi un bel hommage à l'auteur de *Rinaldo.*

De somptueux cadeaux sont aussi l'hommage quotidien de cette société. Bijoux, pierres précieuses, sommes d'argent viennent à chaque spectacle s'ajouter aux appointements portés sur le contrat, parfois même avant que le rideau ne se lève, en guise d'« encouragement ». « On s'attend, écrit le *Daily Advertiser*, à ce que Signor Farinelli fasse la plus belle apparition sur scène qu'on ait jamais connue. On nous apprend qu'un arrangement a été trouvé pour que 2 000 spectateurs puissent trouver place. Son Altesse Royale le Prince de Galles a été heureux de lui donner 200 guinées, l'ambassadeur d'Espagne 100, l'ambassadeur de l'Empereur 50, Sa Grâce le duc de Leeds 50, la comtesse de Portmore 50, Lord Burlington 50, Sa Grâce le duc de Richmond 50, l'Honorable Colonel Paget 30, Lady Rich 20 et la plupart des autres nobles 50, 30 ou 20 guinées chacun ; on pense donc que le bénéfice lui vaudra plus de 2 000 livres [26]. » Une autre fois, toute la presse évoque cette tabatière en or ciselé que le prince de Galles a offert solennellement à son chanteur favori : sertie de rubis et de diamants, elle contenait rien de moins qu'une paire de jarretières de culotte en diamants et une bourse de 100 guinées !

Indépendamment de tous ces présents, les salaires attribués aux chanteurs, et notamment aux castrats, avaient leur importance dans la polémique qui divisait les fanatiques de l'opéra italien et les autres. Il est vrai que l'évolution avait été si rapide! En 1720, un budget de 4 000 livres suffisait à payer toute la troupe. En 1735, la même somme couvrait à peine les cachets des deux premiers castrats. A la fin de son séjour, Farinelli parvenait à gagner, entre son cachet et la soirée à bénéfice, plus de 5 000 livres par an, somme pharamineuse qui n'incluait même pas les cadeaux de toute nature, et tout cela pour deux soirées de spectacle par semaine, c'est-à-dire à un rythme de travail autrement moins soutenu qu'en Italie. Un article fort amusant du *Fog's Journal* se moquait de cette « générosité » dont étaient capables les spectateurs anglais : « Je veux parler du grand Signor Farinelli vers lequel tant de foules accourent en raison de l'extase qu'il leur administre à travers son organe; ils lui donnent de telles récompenses pour son travail que s'il leur fait la faveur de rester deux ou trois années de plus et de donner deux ou trois soirées à bénéfice de plus, il ne leur restera plus rien à lui donner, sauf leurs oreilles [27]. »

Dans ses lettres, Carlo fait peu état de ces avantages financiers. Il est vrai que, tout au long de sa vie, et sans jamais paraître cupide, Carlo montre qu'il est intéressé par l'argent, et plus encore par les honneurs. C'est là un de ses rares défauts. Le sens de l'économie et de l'épargne (avec parfois même un soupçon d'avarice) demeurant une constante de toute sa correspondance, les lettres londoniennes nous montrent une fois de plus qu'il profite peu de la fortune mise à sa disposition et que son seul objectif est d'assurer sa retraite par l'aménagement et l'embellissement progressifs de sa villa bolonaise. C'est tout juste si, dans sa première lettre, il ne présente pas au comte Pepoli une situation précaire : « Ici les guinées volent comme des demi-paulins [l'équivalent de la petite monnaie à Bologne] et tout est cher; pour la maison je dépense cent guinées pour une année seulement [un quinzième de son salaire seulement!], alors qu'avec une telle somme j'achèterais beaucoup de terrain à Bologne; grâce à Dieu, je ne dépense que ce qui est nécessaire, ne jetant pas un shilling par la fenêtre pour mon caprice [28]. » Notons à sa décharge que ces lignes sont écrites à son arrivée, bien avant que la réévaluation de ses appointements et une pluie de cadeaux mirifiques ne viennent lui assurer une situation financière plus confortable.

3. Grandeur et décadence

Les premières saisons théâtrales de Farinelli connurent de grands moments de gloire. La saison 1734-1735, au Lincoln's Inn Field, consacra le chanteur nouvellement arrivé grâce à l'*Artaserse* de Hasse (novembre 1734) puis avec le *Polifemo* de Porpora en février 1735. « Samedi, écrivait le *London Daily Post*, Leurs Majestés, le prince de Galles et les princesses Amelia et Carolina virent l'opéra *Polifemo*, qui a été joué devant l'un des plus grands auditoires qu'on ait jamais connus cette saison [29]. » Farinelli y interprétait le rôle d'Acis, tandis que Senesino était Ulysse, la Cuzzoni, Galatée, et Montagnana, Polyphème. Lors de l'une de ces représentations, le 7 février, survint un petit incident dans la salle. Des valets de pied furent mis à la porte pour avoir dérangé des dames avec leurs flambeaux ; ceux-ci refusèrent de sortir et se mirent à attaquer les sentinelles ; des gardes armés de baïonnettes vinrent à la rescousse et blessèrent mortellement l'un des valets. Incident fréquent dans ces salles si agitées du XVIIIe siècle !

La saison se poursuivit par la reprise triomphale d'*Artaserse*, en une mémorable soirée au bénéfice de Farinelli, le 13 mars, puis le castrat participa sans grand succès aux quatre maigres représentations de l'*Ifigenia in Aulide* de Porpora, en mai.

C'est à Haymarket que s'ouvrit la saison 1735-1736, le 28 octobre exactement, avec une reprise de *Polifemo*, en présence de toute la famille royale et du prince de

Modène. Puis on s'attela à l'*Adriano* de Veracini dans lequel Senesino incarnait Adrien, Farinelli jouait Farnaspe et Francesca Cuzzoni, Emirena. Quelques précieux renseignements étaient apportés par le *Daily Advertiser* : « L'opéra *Adriano,* joué en ce moment, avec le plus grand succès, surtout en raison de quelques très beaux airs en italien composés par Signor Farinello, ayant été jugé un peu trop long par Sa Majesté, M. Veracini l'a écourté, et Sa Majesté a déclaré son intention d'y être présente. Nous apprenons, qu'après cette série de représentations, il y aura un nouvel opéra appelé *Mithridates,* drame écrit en anglais par Colley Cibber et traduit en italien [30]. »

Le 24 janvier 1736, Senesino et Farinelli, à nouveau réunis par ce *Mitridate* de Porpora, se partagèrent les applaudissements du public, devant une salle plus bondée que jamais : « L'opéra *Mitridate* était si plein mardi soir qu'il y avait plus de quatre cent quarante ladies et gentlemen à l'orchestre et dans les loges, en plus des abonnés. Plus de cinquante personnes ont été obligées de quitter la salle par manque de place [31]. » Le printemps fut marqué par différentes reprises, dont celle d'*Adriano* et la traditionnelle soirée au bénéfice de Farinelli dans *Artaserse,* avant la création, en avril, de l'*Onorio* de Campi, où Farinelli jouait Eucherio tandis que Senesino était Honorius.

Le mois de mai fut celui des fêtes données pour le mariage du prince de Galles. On observa cependant un petit incident qui allait être révélateur de la déroute des deux années suivantes. Depuis quelque temps, Porpora commençait à sentir une légère désaffection du public londonien pour la troupe italienne de Haymarket. Bien qu'encore très modeste, elle le préoccupait cependant, au point de lui faire envisager un retour vers l'Italie. Le mariage du prince Frédérick fut en quelque sorte la goutte d'eau qui fit déborder le vase, lorsque Porpora vit que son protecteur, principal soutien de sa troupe, préférait l'opéra de Haendel *Atalanta* à celui qu'il avait composé pour la même occasion et nommé à juste titre *Le Feste d'Imeneo (Les Fêtes d'Hyménée).* Conscient de la signification de ce revirement, probablement très déçu, et plus encore persuadé de la crise grave qui se profilait à l'horizon, Porpora préféra quitter le sol britannique pendant l'été, pour reprendre son poste aux Incurabili de Venise, au début de l'année suivante. On le remplaça par le Vénitien Pescetti.

Son départ aurait pu ne rien changer : l'Italie ne manquait pas de compositeurs, et le public londonien accourait au théâtre pour les prouesses vocales de ses castrats favoris, beaucoup plus que pour le talent de Hasse ou de Veracini. Mais de nombreux signes avant-coureurs laissaient prévoir une prochaine saison très difficile, d'autant que Porpora avait entraîné avec lui ces deux idoles incontestées qu'étaient Senesino et la Cuzzoni. Comment Farinelli pourrait-il désormais rester longtemps dans ce contexte peu favorable ? Une première escapade à Paris, pendant cet été 1736, peut laisser penser que Carlo cherchait déjà à trouver une solution de repli.

La raison la plus sérieuse de la crise remontait aux origines mêmes de l'opéra italien en Angleterre. L'Europe entière vibrait depuis un siècle aux accents de la musique italienne quand l'Angleterre n'en avait pas encore la moindre idée. Arrivé au début du XVIIIe siècle, le goût pour l'opéra italien correspondit à une mode subite, due pour beaucoup au talent de castrats tels que Nicolino, Senesino, Carestini ou Farinelli. Mais cette vogue pour l'*opera seria* et ses chanteurs ne trouva pas à s'enraciner dans la société anglaise, comme c'était le cas en Italie. Jamais l'opéra transalpin n'avait débordé le cadre londonien pour s'implanter, peu à peu, dans les autres villes anglaises. Lié à la capitale et protégé par la cour, il était demeuré un genre intellectuel, réservé pour l'essentiel à une élite qui voyait en cet art importé un moyen de se hisser au-dessus de divertissements plus typiquement anglais et infiniment plus populaires, tel cet *Opéra des gueux* qui, en raillant le ministre Robert Walpole et l'opéra italien, en était l'une des manifestations les plus éloquentes. Un poème satirique de Carey *(La lamenta-*

tion du petit-maître sur le départ de Farinelli) montre avec ironie ce décalage de classes sociales et ce snobisme pour la culture italienne:

Oh! ne parlez pas de cet horrible anglais, dit-il,
Je vous dis que l'italien est une langue pour moi.
Elle est meilleure que le latin, meilleure que le grec,
C'est la langue que devraient parler nobles et bourgeois;
Que l'anglais modeste serve de langue au clown,
Mais pas à ce quartier élégant de la ville!

Avec le recul, ne peut-on voir quelque parallèle avec notre fin de XXe siècle où l'Opéra royal de Covent Garden réserve à un public plus élitiste les spectacles en langue originale, tandis que l'English National Opera offre à un public plus diversifié des opéras de tous pays, traduits en anglais?

De 1710 à 1735, en l'espace d'une génération, l'opéra italien était parvenu à s'imposer et à triompher, mais il était devenu un plaisir de plus en plus coûteux. Sa division en deux troupes rivales, à partir de la saison 1733-1734, marqua à la fois son apogée et le début de son agonie. Londres n'avait pas les moyens de s'offrir deux troupes d'opéra et de multiplier par deux les cachets de chanteurs payés à prix d'or. Après quatre années de rivalité, les deux troupes d'opéra ne pouvaient qu'en sortir exsangues, au bord de la faillite.

A cela s'ajoutait la désaffection du public qui, plus versatile que d'autres publics européens, était prêt à se tourner vers d'autres sources de divertissement. Mrs. Delany l'avait senti dès le mois d'avril 1736 : « Quand j'ai quitté la ville l'automne dernier, la folie à la mode était Farinelli; j'ai l'impression que maintenant c'est devenu *Pasquin*, un drame satirique sur les temps actuels. Il a presque autant de succès que le *Beggar's Opera* [32]. »

Les castrats eux-mêmes, malgré les éloges délirants dont ils avaient été l'objet, n'avaient pu faire l'unanimité auprès du public, et notamment auprès des couches plus populaires ainsi que de ceux, artistes ou écrivains, qui leur servaient de porte-parole. Dès l'arrivée des castrats à Londres, John Dennis s'était élevé contre cette invasion qui déshonorait la dignité anglaise et « la majesté du génie britannique »! « Quand j'affirme, écrivait-il, qu'un opéra selon la mode italienne est monstrueux, je ne pense pas exagérer; j'ajoute même que c'est si prodigieusement non naturel que cela pourrait naître d'aucun autre pays, sauf celui qui est réputé à travers le monde pour préférer de monstrueux et abominables plaisirs à ceux qui sont en accord avec la Nature [33]. » Intéressant plaidoyer protectionniste que venait renforcer l'envolée de ce spectateur anonyme à propos de Nicolino: « Hors d'ici, objet de plaisir et de honte de notre nation! Que la Grande-Bretagne ne soit plus corrompue par des trilles frivoles. Qu'une telle race de chanteurs s'en retourne là où prévalent la luxure et les mœurs dissolues. Que ta voix de châtré résonne là-bas... Hors d'ici ton chant maudit! La Grande-Bretagne veut affirmer sa liberté [34]... »

Les célèbres gravures de Hogarth (comme les dessins de Zanetti en Italie) contribuèrent à colporter cette image caricaturale de castrats trop grands, trop gras, dominant de leur masse peu attirante de frêles cantatrices terrorisées. On crut même reconnaître Farinelli sous les traits de certains chanteurs grotesques, alors que de tels dessins dataient des années 1720, bien avant ses débuts en Italie. Un autre dessin à la plume d'un artiste inconnu montre une représentation théâtrale où tous les chanteurs arborent des têtes d'animaux. Le titre mentionne : « The Opera House, or the Italian Eunuch's Glory » (L'Opéra, ou la Gloire des eunuques italiens). Sur le côté droit figure une liste de cadeaux, tandis qu'on peut lire à gauche : « Une liste de riches présents que Signor Farinelli, votre chanteur italien, condescendit à accepter de vous, Noblesse et Gentry anglaises, un soir de représentation dans l'opéra *Artaxerxès* [35]. »

Farinelli fut, on peut s'en douter, le moins touché de tous les artistes italiens venus depuis le début du siècle. Sa beauté angélique, la sensualité de sa voix, sa courtoisie et sa discrétion dans la société, furent plus une source d'éloges que de raillerie. Son jeu scénique, en revanche, n'échappa pas aux observateurs. Le théâtre anglais, fait de comédies et de masques, misait beaucoup sur le jeu des acteurs. On fut donc très dérouté par cet *opera seria* qui montrait des personnages grandioses dans des actions extraordinaires qui les dépassaient, mais pour lesquelles le talent de tragédien passait bien loin derrière le don vocal : les oreilles d'abord, les yeux ensuite !

Farinelli était conforme à cette tradition italienne, faite de gestes stéréotypés et de positions convenues. Pickering le démontra avec ironie dans ses *Réflexions sur l'expression théâtrale dans la Tragédie*, écrites en 1755 : « Je voudrais, dans mes remarques suivantes, revenir au vieux théâtre italien, quand Farinelli attirait les foules à Haymarket. Quel gosier ! Quelles modulations ! Quelle extase pour l'oreille ! Mais, ciel ! Quelle maladresse ! Quelle stupidité ! Quelle offense pour l'œil ! Lecteur, si tu es de la ville, tu as probablement vu dans les champs d'Islington ou de Mileend – ou si tu es dans les environs de Saint James, tu auras observé dans le parc – avec quelle aisance et agilité une vache, portant un petit veau, s'est levée sur l'ordre de la laitière. Ainsi le Divin Farinelli a sauté de la berge moussue. » Venait ensuite cette savoureuse description de sa gestuelle pendant une représentation : « Ensuite avançant de quelques pas à grandes enjambées, sa main gauche collée contre sa hanche, en une jolie courbe semblable à l'anse d'un vieux bougeoir, sa main droite demeurait immobile traversant sa poitrine virile, jusqu'à ce qu'elle fût si engourdie qu'elle fît appel à sa partenaire pour la remplacer ; alors elle reprenait des forces en se substituant à l'autre anse de bougeoir. » Combien de Français, en voyage dans la Péninsule, n'étaient-ils pas arrivés aux mêmes observations devant le pitoyable jeu scénique des chanteurs italiens !

Porpora, Senesino et la Cuzzoni partis, il fallut reconstituer d'urgence une troupe pour assurer la préparation de la saison suivante. On parvint à recruter d'aussi excellents éléments que le castrat Francesco Tolve ou les cantatrices Antonia Merighi et Élisabeth Duparc (« la Francesina »). Forte de cette nouvelle troupe, la saison s'ouvrit le mardi 23 novembre 1736 avec l'opéra de Hasse *Siroe, re di Persia*, Farinelli incarnant le rôle-titre. Mais une telle équipe, dans le climat de crise que connaissait l'opéra italien, n'obtenait plus le même succès que la précédente. La réplique du parti haendélien ne se fit pas attendre, sous la plume de Mrs. Delany, amie de toujours de Haendel : « Ils ont Farinelli, Merighi, avec aucun son dans sa bouche mais des gestes grandiloquents – une beauté sans aucun talent – et la Clementi, une femme tolérable avec une belle voix, et Montagnana qui rugit comme d'habitude ! Avec cette bande de chanteurs, et de sinistres opéras italiens, qui vous mènent aux portes du sommeil, ils prétendent rivaliser avec Haendel – qui a la Strada, qui chante mieux que jamais ; Gizziello qui a beaucoup progressé depuis l'année dernière ; et Annibali qui a le meilleur des voix de Senesino et de Carestini, avec un goût prodigieux et un bon jeu de scène... Mercredi prochain il y a *Porus*, et Annibali chante le rôle de Senesino. Mr. Haendel a deux nouveaux opéras tout prêts – *Erminius* et *Justino*. Il était chez moi il y a deux ou trois jours et il m'a joué les deux ouvertures, qui sont charmantes [36]. »

En fait, la troupe de Haendel ne se portait pas mieux que sa rivale, ce qui était bien le signe d'une fin de règne. Le castrat Carestini, l'un des grands noms du XVIIIe siècle, était parti en claquant la porte, lassé de jouer devant des salles presque vides. Haendel lui-même était en train de perdre sa santé pour garder la tête haute dans cette folle compétition, rendue chaque jour plus aberrante.

Curieusement, les six derniers mois de l'entreprise allaient être riches en créations. Le 8 janvier 1737, l'Opéra de la Noblesse afficha *Merope*, opéra de Riccardo Broschi, dans lequel son frère Carlo incarnait le rôle d'Épitide. Depuis le 1er janvier, et peut-être par souci de rattraper un public de plus en plus clairsemé, on avait eu l'idée d'intercaler des intermèdes comiques entre les actes de l'*opera seria*, comme cela s'était fait à Naples en 1733 avec *La Serva Padrona (La Servante maîtresse)* de Pergolèse. Ce genre nouveau, bientôt surnommé *opera buffa*, qui laissait monter le petit peuple sur la scène au lieu des héros de la mythologie ou de l'Antiquité, faisait donc son apparition à Londres, tout juste quatre années plus tard, à la plus grande joie du public anglais. Alors que, le 1er janvier, devant la reine Caroline et sa famille, on avait donné *Il Giocatore* d'Orlandini pendant les entractes de *Siroe*, c'était maintenant au tour de *Pourceaugnac e Grilletta*, du même compositeur, de s'intercaler entre les actes de *Merope*. En février, création de *Demetrio* de Pescetti, avec Farinelli dans le rôle d'Alceste, en avril, de *Tito* de Veracini, tous deux faisant également place à ces intermèdes comiques déjà populaires en Italie.

Carlo pâtissait depuis longtemps de la conjoncture défavorable, se trouvant en quelque sorte piégé par le contrat qu'il avait signé : obligé de jouer des rôles affligeants, il voyait peu à peu le public se détourner, les salles se vider. Dès novembre 1735, une lettre de Lord Hervey, qui venait d'entendre l'*Adriano* de Veracini, exprime le mécontentement général : « Je viens de rentrer, après avoir bâillé à côté du roi pendant quatre heures à l'opéra le plus interminable et le plus terne que jamais la noble ignorance de notre actuel gouvernement musical ait affligé à l'ignorance d'un auditoire anglais... Le drame sortait de la plume d'un imbécile anonyme, et la musique de celle de Veracini, un fou qui, pour montrer ses talents de compositeur, a choisi, au milieu d'une demi-douzaine de mauvais rôles, les deux pires pour les confier à Farinelli et à la Cuzzoni [37]. »

Pendant la saison 1736-1737, on arriva à un point de non-retour, attribué par l'écrivain Cibber à la versatilité du public : « Il y a toujours une telle frénésie de nouveauté à l'opéra que durant ces deux dernières années nous avons vu Farinelli chanter devant un auditoire de 35 livres [38] ! » Après tant de triomphes en Italie et en

Autriche, et de si grands espoirs placés dans ce séjour à Londres, Farinelli connaissait là sa première véritable humiliation.

Comme on pouvait s'y attendre, les deux derniers mois furent pitoyables : *Demofoonte*, opéra du Napolitain Duni, ne connut qu'une seule représentation, le 24 mai, et *Sabrina*, ouvrage dans lequel la Marchesini avait pourtant réussi à se tailler un beau succès devant la famille royale, le 31 mai, fut arrêté au bout de quelques soirées car il ne faisait pas recette. Même le prince de Galles semblait se détourner peu à peu de la troupe qu'il avait désirée et lancée, manifestant même une sympathie nouvelle pour Haendel. Lassé de cette lente agonie et des ouvrages médiocres qu'on lui demandait de défendre, Farinelli prétexta une indisposition pour ne pas jouer la dernière représentation prévue le 14 juin, et s'embarqua presque aussitôt pour l'Espagne, via Paris. Comme l'écrivit Burney, « avec si peu d'éclat, ce grand chanteur quitta la scène anglaise, au point que c'est la ville qui semble l'avoir abandonné plutôt que l'inverse [39] ».

Ainsi l'aventure trop ambitieuse de l'Opéra de la Noblesse s'achevait dans une faillite monumentale, laissant de profondes cicatrices. Haendel, de son côté, était lui aussi obligé de mettre fin à son entreprise : démoralisé, à bout de fatigue, et perclus de rhumatismes, il partit pendant l'été prendre les eaux d'Aix-la-Chapelle. Au moins eut-il, quelques mois plus tard, la satisfaction de reprendre sa place dans la vie musicale londonienne et de repartir de plus belle en faisant venir le grand Caffarelli au sein d'une nouvelle compagnie, reformée par l'entrepreneur Heidegger au King's Theatre, sur les ruines des deux autres.

Quand Farinelli reçut-il ce fameux appel au secours de la reine d'Espagne, implorant sa venue pour réconforter la mélancolie de son royal époux ? Nous ne le savons pas, ses lettres n'y faisant pas allusion. Seul son testament nous donne cette explication laconique : « Et finalement, en 1737, séjournant à Londres, je fus appelé par la cour royale d'Espagne pour me rendre auprès des Très Augustes Monarques Philippe V et Élisabeth Farnèse, de glorieuse mémoire, lesquels... eurent la clémence de me désengager de la Direction Royale de Londres [40]... » Il est certain que Carlo avait dû recevoir cette invitation suffisamment tôt, sans doute par le truchement de l'ambassadeur d'Espagne, le comte de Montijo, et qu'il y avait déjà réfléchi au moment de la débâcle de juin 1737 : ceci expliquerait le départ si brutal d'Angleterre. En revanche, Carlo ne considérait pas ce départ comme définitif car il était toujours lié par contrat aux entrepreneurs de l'Opéra de la Noblesse. Cette absence devait donc durer un été, tout au plus jusqu'à la fin de l'année 1737, après quoi il était censé réintégrer le théâtre anglais. Alors qu'il traversait Paris, en cours de route, le *Daily Post* du 7 juillet ne manqua pas d'en informer ses lecteurs : « Signor Farinelli, qui a fait dernièrement un séjour prolongé à Paris, se rend en Espagne, où il compte rester jusqu'à la fin de l'année, pour rentrer ensuite à Londres. » Reste maintenant à savoir si, dans son for intérieur, Carlo avait vraiment envie de retrouver un jour le sol britannique...!

Malgré la désaffection que le public avait montrée à son encontre, de nombreux amateurs ne se remirent jamais du départ de leur idole : poèmes, pamphlets et pièces satiriques évoquèrent, avec plus ou moins d'ironie, la désolation de ce funeste événement. Ainsi une comédie satirique de Carey et Burgess, *The Coffee-House*, dépeignait la vie d'un café, avec ses joueurs de back-gammon et ses conversations politiques. Dans ce brouhaha montait alors la chanson plaintive d'un petit-maître.

Cruelle Espagne, est-ce que rien ne te suffira?
N'y a-t-il rien qui puisse racheter un bien si précieux?
Prends tous nos bateaux, prends tous nos hommes,
Mais laisse-nous jouir de lui à nouveau!

Le premier tiers du XVIIIe siècle avait vu les castrats triompher à Londres, mais il avait aussi montré que l'Angleterre n'était pas l'Italie. L'histoire des sopranistes et contraltistes en terre britannique ne s'acheva pas pour autant en 1737. Un nouveau regain d'intérêt allait se manifester quelques années plus tard lorsque s'instaurerait une nouvelle coopération entre Haendel et le castrat Guadagni, pour qui il écrirait son *Foundling Hospital Anthem* en 1749. Sans compter cette dernière vague de grands castrats qui allaient émouvoir aux larmes l'Angleterre de la fin du siècle : Pacchiarotti, Rauzzini (qui prendrait sa retraite à Bath), ou Tenducci, à qui l'on confierait la mission de diriger les premiers festivals haendéliens à Westminster.

Mais, au-delà des heures de gloire, restait que les castrats allaient jouer un grand rôle dans l'évolution de la musique vocale anglaise. Par la puissance et le caractère héroïque de leur voix, par la trouble émotion qui émanait de leur gosier, les castrats étaient parvenus à éclipser peu à peu les parties de contre-ténors, véritable trésor de la musique vocale anglaise aux XVIe et XVIIe siècles, et principaux artisans des chefs-d'œuvre de Purcell. Haendel se mit à utiliser des cantatrices dans les rôles héroïques masculins, en remplacement des castrats, surtout lors de reprises d'ouvrages. L'Angleterre en vint à oublier peu à peu les voix de falsettistes qu'elle avait façonnées avec délectation pendant deux ou trois siècles : une disparition que le XIXe siècle ne fit qu'entériner.

Il fallut attendre le milieu du XXe siècle et le talent d'Alfred Deller pour voir la musique anglaise, depuis longtemps débarrassée des voix de castrats, retourner à ses origines et se passionner à nouveau pour le charme émouvant et tout intériorisé des voix de contre-ténors.

4. La tabatière de Louis XV

Après avoir quitté l'Angleterre, Farinelli décida de s'arrêter quelque temps à Paris, étape inévitable entre Londres et Madrid. C'était son second séjour en France ; l'année précédente, il avait déjà profité de ses vacances d'été pour faire une brève apparition à Paris et à Versailles, entre deux campagnes d'opéra. Comme nous l'avons vu, il avait vraisemblablement songé à y rester, sans retourner outre-Manche pour la saison 1736-1737, car il se rendait bien compte que les deux compagnies londoniennes couraient à leur perte et que le public fléchissait de mois en mois.

C'est probablement le contexte musical parisien et l'attitude des Français devant les castrats qui ne l'encouragèrent guère à concrétiser ce projet. La France était en effet un pays tout à fait à part en Europe, le seul qui n'avait pas adopté en bloc le répertoire italien et ses plus dignes interprètes, les castrats. Depuis Louis XIV, qui avait souhaité créer un opéra « à la française » (la tragédie lyrique), la France n'avait pas suivi le mouvement européen : on y chantait en français des ouvrages assez différents de ceux de la Péninsule, modelés sur les grandes tragédies parlées et leur déclamation, et l'on y privilégiait, pour les voix hautes, celles des hautes-contre et des femmes, au détriment des « dessus italiens » (les castrats).

Le pire était l'opinion plus que mitigée, voire totalement critique, des Français sur les castrats. Traités au mieux d' « incommodés » et au pire de « chapons » ou d' « estropiés », ils ne connurent jamais à la cour de France une place de premier plan, mais plutôt un rôle de simples choristes à la Chapelle royale ou dans les opéras de Rameau. Même les femmes, si entichées de castrats à travers l'Europe, faisaient en France grise mine à l'approche de ces « messieurs », ne comprenant pas, selon les mots de Sara

Goudar, comment on pouvait préférer « la moitié au tout ». Plus d'un castrat conserva même de son passage en France un souvenir amer. C'est que l'éducation musicale des Français, à commencer par la cour, laissait à désirer, et leur radinerie envers les grands artistes était tout bonnement affligeante. Siface, Balatri ou Caffarelli en surent quelque chose. Sous le règne de Louis XV, la France avait sans doute un demi-siècle de retard sur l'Italie, quant à la formation des chanteurs et à la beauté des voix. Elle ne resta pas pour autant entièrement à l'écart puisque, selon Marcelle Benoît, cinquante-deux castrats se firent tout de même entendre en France au cours des XVIIe et XVIIIe siècles.

Rien de tout cela n'échappa à Farinelli. Son second séjour à Paris et Versailles eut lieu durant la seconde quinzaine de juin et la première de juillet 1737, après le départ définitif d'Angleterre. Carlo fut à nouveau admis à chanter devant Louis XV, dans l'appartement de la reine, et avec un enthousiasme manifeste du roi, pourtant peu friand d'opéra. Farinelli laissa en France un souvenir marquant, si l'on en juge par cet article du *Mercure de France* de janvier 1760, au sujet du castrat Potenza : « Sa voix est douce, flexible et harmonieuse; il sait enfler et éteindre [le fameux *son filé*]... Il possède l'art admirable que Farinelli a porté à un si haut degré de perfection. »

Mais la rétribution fut chiche. Un chanteur de renom, même le plus grand, n'était pour la cour de France qu'un aimable baladin qu'on écoute poliment, à qui l'on adresse quelques mots de remerciements, ce qui constitue déjà un honneur suprême, puis qu'on renvoie. Le duc de Luynes rapporta l'événement en quelques mots : « Il vint à Versailles il y a quelques mois un musicien napolitain, nommé Farinelli, qui a la voix extrêmement légère et qui fut fort admiré. Il chanta devant le Roi, et Sa Majesté lui fit présent d'une tabatière d'or. Il reçut aussi quelques petits présents dans différentes maisons où il chanta pendant son séjour, mais ne trouvant pas apparemment ces présents assez considérables, il jugea à propos d'aller en Espagne chercher un établissement plus avantageux [41]. »

Ce n'était pas l'insignifiance de telles récompenses qui poussa Farinelli à chercher ailleurs. Il avait déjà accepté l'invitation de la reine d'Espagne. Mais ces quelques lignes, émanant d'un homme sans parti pris, dont les mémoires sont d'une scrupuleuse exactitude, reflètent parfaitement l'attitude française face à un castrat aussi populaire que Farinelli. Le seul fait de parler d'« un musicien napolitain, nommé... » montre déjà le peu d'enthousiasme que provoque son arrivée à Versailles. L'Europe entière parle de lui, l'Italie et l'Angleterre le pleurent déjà, mais son nom semble évoquer bien peu de choses pour un aristocrate français qui est l'époux de la dame d'honneur de la reine. S'y ajoute « la voix extrêmement légère », qui est bien le plus faible commentaire et le plus piètre compliment sur la plus belle voix jamais entendue au XVIIIe siècle. Enfin vient la fameuse « tabatière d'or » qui, pour le duc de Luynes, et en toute bonne foi, semble un somptueux cadeau : le seul fait de l'avoir reçu des mains du cardinal de Fleury, de la part du roi de France, suffisait selon lui à s'estimer comblé pour la vie. Le mémorialiste français ne se doutait pas que cette tabatière en or ferait bientôt des gorges chaudes en Espagne et, comme nous le verrons, coûterait cher aux intérêts français.

Alors que Caffarelli, placé dans la même situation en 1753, s'offusquera d'une si piteuse marque d'estime, Farinelli se montra des plus courtois et prit congé en remerciant. A Paris il eut encore l'occasion de chanter en privé chez la princesse de Rohan et chez le prince de Carignano, mais ne put s'attarder trop longtemps, par égard pour la reine d'Espagne. Il adressa, le 15 juillet 1737, une dernière lettre de France au comte Pepoli : « Pour donner une preuve de mon respect à Votre Excellence, je ne manque pas de l'aviser que, d'ici une heure, je me mets en route pour la cour d'Espagne. Nous avons bu à sa santé chez le prince de la Torella, chez qui je suis logé ; et c'est lui qui me donne son courrier pour que je sois plus en sécurité pendant le voyage ; je ne peux donc rien désirer de plus [42]. »

Carlo se mit en route ce même jour, par un des temps les plus épouvantables qu'on pût connaître un mois de juillet. La tempête s'abattait sur différentes régions, les grêlons atteignaient six à sept livres, l'Anjou et la Touraine étaient inondés et le vignoble de Bordeaux subissait des pertes considérables. Pluies incessantes et violents orages l'accompagnèrent à travers la France, ne laissant rien prévoir du torride été madrilène qui l'attendait.

Troisième Partie

L'APOGÉE ESPAGNOL (1737-1759)

1. *Le monstre et l'ange*

Parti de Paris le 15 juillet, Farinelli arriva à Madrid le 7 août, jour de la Saint-Gaétan, pour lequel il avait une dévotion particulière. Quelques jours pour se remettre lui furent accordés, mais il ne put s'installer véritablement car déjà on l'appelait au chevet du roi, en proie à l'une de ses plus terribles crises de mélancolie. Comme chaque été, celui-ci séjournait en son palais de la Granja de San Ildefonso, à vingt lieues de la capitale. Il n'avait pas fallu longtemps pour que le chanteur, tout juste pris en charge par quelques émissaires du palais, fût mis au courant de l'état de santé du souverain; du reste, seule la cour en connaissait vraiment la gravité, le peuple espagnol étant, à ce sujet, soigneusement tenu dans l'ignorance.

Philippe V, petit-fils de Louis XIV et premier Bourbon d'Espagne, en était à sa trente-septième année de règne au moment de sa rencontre avec Farinelli. Son manque de personnalité, sa faiblesse, son caractère velléitaire et surtout les trop courts moments de lucidité que lui laissait son tempérament dépressif, avaient fait de lui, et depuis longtemps, un instrument manipulé par son entourage, et notamment par les femmes. De son arrivée en Espagne jusqu'à la mort de sa première épouse, Marie-Gabrielle de Savoie, Philippe s'était laissé gouverner par une femme assez exceptionnelle, mise en place par Louis XIV pour veiller aux intérêts de son petit-fils : la princesse des Ursins. L'ascendant, parfois salutaire il est vrai, qu'elle avait pris sur le roi était de notoriété publique au point d'avoir largement franchi les frontières : il n'en fallut pas davantage pour légitimer son renvoi, en 1715, à l'arrivée de la seconde épouse du roi, l'autoritaire Italienne Élisabeth Farnèse.

L'avant-veille de Noël, une partie de la suite du roi alla au-devant de la future reine pour l'accueillir à Jadraque, quelques lieues avant Guadalajara. Élisabeth convoqua Madame des Ursins et, sans que l'on connût les termes précis de leur entretien, les cris qui passèrent à travers les portes du palais ne laissèrent aux courtisans aucun doute sur la suite des événements. La princesse française qui, comble de tout, avait été l'artisan du mariage entre Philippe V et Élisabeth Farnèse, imprudemment jugée pieuse et docile, se vit bannie du royaume d'Espagne et priée de le quitter le soir même : abasourdie et humiliée, Madame des Ursins dut partir pour Bayonne, de nuit, en plein hiver et sans vêtements chauds, croyant ne jamais arriver vivante au terme de son voyage. Une femme venait d'en remplacer une autre auprès du roi d'Espagne...

Comme la plupart des Bourbons, Philippe avait deux grandes passions dans la vie : la chasse et le sexe. La première l'occupait des journées entières dans la plupart des sites royaux où il séjournait au long de l'année. La seconde obsédait le plus clair du reste de son temps et, en l'absence de maîtresses, tout à fait inconcevables dans la rigide et très catholique Espagne, le devoir de satisfaire ses besoins revenait donc à ses épouses légitimes, ce qui faisait dire à Saint-Simon que « trop de nourriture et d'exercice conjugal » avait ruiné la santé du roi.

Philippe, abattu par la mort de sa première épouse, Marie-Gabrielle, qui lui avait donné quatre garçons, dont deux seulement avaient survécu, s'était replié quelque temps sur lui-même pour s'occuper de ses enfants, sous l'œil attentif de la princesse des Ursins. Mais très vite cette sexagénaire de choc, qui devançait les pensées du roi, dut se rendre à l'évidence : l'absence de femme dans la couche du roi lui pesait trop ; il était temps de se mettre en quête d'une seconde épouse. Les jours passant, Philippe ne pensait plus qu'à cela, laissant le prince de Monaco s'étonner « de l'impatience du Roi, et de ce qu'il oublie si facilement la femme qu'il a perdue ».

Élisabeth Farnèse arriva la veille du jour de Noël, et cette première rencontre fut à la hauteur du personnage qu'elle venait épouser. A trois heures de l'après-midi, on la présenta au roi (qui ne l'avait jamais vue auparavant) et aux différentes personnalités de la cour. On célébra aussitôt le mariage religieux puis, à six heures, après divers échanges de cadeaux et de compliments, Philippe l'emmena derechef dans son lit, d'où les nouveaux époux ne ressortirent que pour la messe de minuit. Élisabeth comprit très vite que, par ce biais-là, elle tenait le roi en son pouvoir. Son ministre Alberoni, venu d'Italie avec elle, remarqua aussi, sans ménager ses mots, que tout ce dont le roi avait besoin était « un prie-Dieu et les cuisses d'une femme », tant il était vrai que l'exercice physique n'empêchait aucunement l'activité spirituelle. Mais à travers l'anecdote apparaît encore et toujours l'incapacité de Philippe V à prendre des décisions et à régner pleinement, autrement que par la volonté de sa femme et de son confesseur.

Si Marie-Gabrielle de Savoie avait eu le privilège de partager le lit d'un roi encore jeune, fringant et en relative bonne santé (vapeurs et migraines ne l'avaient jamais quitté), Élisabeth allait connaître en revanche les longues années d'une dégradation physique et mentale qui aurait découragé toute autre épouse. Sujet à des crises de mélancolie ou à ce que l'on nommerait aujourd'hui un état maniaco-dépressif, Philippe V sombrait peu à peu, et par des crises plus ou moins rapprochées, dans la démence.

Les premiers symptômes graves avaient fait leur apparition quelques années avant l'arrivée de Farinelli, dès 1729-1730. Lors de ses séjours à l'Alcazar de Séville, le roi commençait à s'enfermer dans sa chambre, fenêtres et portes barricadées, passant la nuit à pousser des cris lugubres. Lorsqu'il se déplaçait, on évitait tant que possible les villes, pour que la population ne remarquât pas sa lente dégradation. Pendant ce temps, la *Gaceta de Madrid* parlait invariablement de sa « parfaite santé ». Dès 1731, l'ambassadeur de France Rottembourg se disait effaré devant l'image que donnait le monarque lors de ses apparitions publiques. Un jour, pour la traditionnelle cérémonie du « baise-main » qu'il donnait à l'occasion de l'anniversaire de la princesse des Asturies, il fit attendre la cour depuis trois heures de l'après-midi jusqu'à huit heures et demie du soir pour se montrer finalement hagard, dans des haillons blancs maculés de taches, ses yeux vifs semblant la seule chose animée sur ce visage de cadavre ambulant. Après avoir donné sa main à baiser à une vingtaine de personnes (sur les quatre cents qui attendaient !), il avait alors regagné ses appartements sans avoir proféré la moindre parole.

Parfois Philippe se croyait mort et demeurait plusieurs jours sans parler. Il ne mangeait plus, flanquait les plats de victuailles à la tête des serviteurs qui les lui apportaient, mettait sa serviette de table dans la bouche et restait ainsi plusieurs heures d'affilée, ou se contentait de fixer le plafond pendant un temps interminable. Croyant mourir pour de bon le 14 janvier 1733, il fit venir son confesseur qui dut constater qu'il ne s'agissait que d'une crise parmi d'autres.

Suivaient alors de grands moments de lucidité qui lui redonnaient partiellement le goût des affaires et lui permettaient de suivre le jeu complexe des alliances européennes dans lequel la reine était si habile. En règle générale, sa seule source de stimulation, ses plus beaux moments de lucidité étaient dus à l'annonce d'une maladie grave du jeune Louis XV, auquel il espérait toujours succéder sur le trône de Saint Louis. Il lui arrivait également de vouloir déjouer les intrigues de sa femme et se débarrasser de ceux qu'il nommait les « quatre évangélistes », c'est-à-dire les quatre éminences grises de la reine : le marquis Scotti, le ministre Patiño, l'archevêque de Amida et le camériste Pellegrina. Mais tout effort était

J. Amigoni :
Carlo Broschi dit Farinelli.
Le poème dit :
« Parthénope le fit naître
Et les Sirènes furent vaincues
par son chant :
La célébrité le guida sur
les scènes britanniques
Et ses noms furent
Prodige et Enchantement. »
(Bologne, Civico Museo Bibliografico Musicale)

C. J. Flipart :
La reine d'Espagne,
Maria Barbara de Bragance,
et derrière elle, dans la tribune,
Farinelli et D. Scarlatti
(au premier plan).
(Madrid, Bibliothèque Nationale)

Les coulisses du théâtre
du Buen Retiro à Madrid :
les consignes aux figurants
et la mise en place des décors.
(*Descripción..., Reale Collegio
de Spagna, Bologne*)

Les coulisses du Buen Retiro :
la confection des toiles peintes
et une soirée de spectacle
(Descripción... Reale Collegio de Spagna, Bologne)

J. Amigoni :
Métastase, Teresa Castellini, Farinelli, le peintre et un petit hussard.
(Melbourne, National Gallery of Victoria)

Deux dessins ayant appartenu au Père Martini qui montrent Farinelli en train de recevoir les insignes de l'ordre de Calatrava, des mains de Ferdinand VI et de Barbara de Bragance.
(Bologne, Civico Museo Bibliografico Musicale)

C. Giaquinto :
Farinelli au sommet de sa gloire, dans le grand habit de l'ordre de Calatrava, devant les portraits de Ferdinand VI et Barbara de Bragance.
(Bologne, Civico Museo Bibliografico Musicale)

Villa di Farinelli.

La villa de Farinelli, près de Bologne, à la fin du XIXᵉ siècle, dessinée par le peintre italien Augusto Sezanne.
(Bologne, Civico Museo Bibliografico Musicale)

Scala esterna della Villa di Farinelli.

La villa de Farinelli, très dégradée, en pleine zone industrielle, juste avant sa démolition en 1949.
(*D.R.*)

vain et, à en croire l'ambassadeur français Louville « le moindre acte de volonté lui causait un épuisement total [1] ».

Le pire, et Farinelli allait le vivre au quotidien, était la déchéance physique causée par cette folie dévorante, à commencer par l'absence d'hygiène que le roi s'imposait plus ou moins consciemment, mais qu'il imposait également à son entourage et à sa femme, toujours priée de partager l'auguste couche. Pendant des jours, des semaines et, dans la pire crise, pendant un an et demi de suite, le roi refusait de se laver, de se couper les cheveux et de changer de vêtements. Lorsque dans les moments les plus pénibles, les médecins préconisaient un bain froid, Philippe trouvait l'énergie de s'y opposer, fuyant l'eau comme la peste.

Élisabeth faisait tout pour protéger son mari afin de demeurer reine d'Espagne le plus longtemps possible : elle mourait de peur que son mari n'abdiquât une seconde fois, comme il l'avait fait en faveur de son fils Louis Ier, mort en 1724 après sept mois de règne; Philippe avait alors repris sa place sur le trône. Depuis cette date, son épouse veillait à ce qu'aucune plume ni aucun encrier ne trainât dans les parages du roi, pour lui ôter toute envie d'abdication en son absence. Elle avait aussi cherché à combattre la neurasthénie royale par toutes sortes de divertissements aptes à égayer ses journées. Après avoir épuisé la solution des bals, en général trop longs et trop officiels, elle avait encouragé les infants à monter de petites pièces de théâtre, jouées devant le roi, dans l'intimité de quelque salon. Ces spectacles sans prétention, mais si naturels et joyeux, revenaient chaque dimanche soir et semblaient être du meilleur effet sur Philippe V.

L'art, sous toutes ses formes, pouvait-il exercer un rôle curatif sur un homme si cruellement atteint? C'est de cette réflexion qu'allait naître, dans l'esprit d'Élisabeth, l'idée de chercher plus loin pour frapper plus fort. La réputation universelle de Farinelli, sa voix quasi surnaturelle et les prodiges qu'on lui attribuait à travers l'Europe, commençaient à obséder peu à peu la reine d'Espagne, déjà acquise à la cause des castrats par son origine italienne. La seule inquiétude demeurait l'aversion naturelle de son mari pour la musique et le peu de cas qu'il faisait de ses musiciens ordinaires : « ... Le roi d'Espagne n'a pas paru jusqu'à présent se soucier de la musique, écrit le duc de Luynes. Ce n'est pas qu'il n'en ait une fort nombreuse, mais il ne la voit jamais ; elle reste toujours à Madrid, et ne suit jamais le Roi ; et lors même que certains jours elle joue à la chapelle, on lui recommande de n'y pas jouer longtemps. C'est de M. le Marquis de la Mina que je sais ce détail [2]. »

Et c'était en effet sur ce « détail » que la reine préférait passer outre pour l'instant, justifiant la fin par les moyens. Voilà pourquoi, le jour où elle reçut de Londres la réponse du chanteur, annonçant son arrivée imminente à la cour d'Espagne, Élisabeth voulut croire un instant en l'incroyable thérapie que cette voix d'ange saurait peut-être exercer.

En franchissant les grilles du palais de la Granja, ce 25 août 1737, Farinelli connaissait à peu près tout de la santé et des habitudes de vie du monarque ; il savait en outre qu'il allait le trouver dans quelques heures au beau milieu d'une de ses crises. La reine, en Italienne rodée à l'art de la mise en scène, décida d'organiser soigneusement cette première soirée qui devait réunir le roi et le chanteur, deux créatures aussi opposées. Rusée, elle évita une rencontre de front que Philippe eût certainement refusée. Elle préféra cacher le *divo assoluto* dans une pièce contiguë pour laisser agir la magie de la musique.

Si, comme nous le verrons, Farinelli ne chanta pas indéfiniment les quatre ou cinq mêmes airs pendant ses dix ans au service du roi, nous pouvons en revanche, grâce à Burney, Sacchi ou d'autres de ses contemporains, avoir une idée de ceux qu'il choisit en cette minute fatidique et qui revinrent le plus souvent par la suite. Il puisa dans son riche passé musical et en tira la quintessence, c'est-à-dire les quelques mélodies qui avaient le plus contribué à mettre sa voix en valeur et lui avaient valu les plus grands triomphes. Venaient tout d'abord deux airs de Johann Adolf Hasse (*Per questo dolce amplesso* et *Pallido il Sole*) tirés de l'*Artaserse* créé en 1730 à Venise ; puis un menuet de Attilio Ariosti (*Fortunate passate mie pene*) qui concluait ce même *Artaserse* ; le fameux air de *Merope* de Geminiano Giacomelli dans lequel Farinelli excellait à imiter l'infinie variété du chant du rossignol (*Quell'usignolo che innamorato*) et qui allait constituer, dit-on, l'air préféré de Philippe V ; enfin l'air de bravoure de son frère Riccardo Broschi (*Son qual nave ch'agitata*) qui avait été ajouté à l'*Artaserse* de Hasse, à Londres, et pour lequel le chanteur avait écrit ses propres ornements et cadences.

Sur ces cinq airs principaux, quatre étaient donc extraits de ce fameux opéra de Hasse. Carlo n'y recherchait pas seulement l'exploit : les notes extrêmes, graves ou aiguës, y étaient rares, alors que les sonorités rondes, chaudes et pathétiques du médium y prévalaient au service d'une virtuosité expressive. Les deux derniers airs, celui de Giacomelli et celui de son frère, figurent dans le recueil de six airs qu'il enverrait le 30 mars 1753 à l'impératrice d'Autriche, avec cette lettre-préface : « Dans ce livre j'ose présenter un petit choix de ces Ariettes qui ont servi, par mon chant, pendant une période ininterrompue de plusieurs années, à soulager ces adorables Souverains mes très généreux Bienfaiteurs [3]... »

Savoir à tout prix quels airs Carlo Broschi chanta ce soir d'août 1737, chez le roi, est finalement de peu d'importance : la magie de sa voix, le pouvoir émotionnel qui l'accompagnait, étaient certes admirablement servis par ces quatre ou cinq mélodies, mais auraient pu l'être tout autant par vingt autres exemples de son répertoire. Seule compte cette minute unique entre toutes où les notes cristallines, veloutées et sensuelles du premier chanteur de la terre parvinrent à irradier de bonheur le visage prostré de Philippe V. Seuls comptent ce sourire retrouvé et cet élan de survie qui parcourut le corps inerte d'un homme diminué par la maladie. Chaque son qui provenait de la pièce à côté, chaque grappe de notes, chaque périlleuse vocalise, semblait ramener à la surface celui qui sombrait depuis plusieurs mois.

Le roi trouva alors la force de réclamer Farinelli, de le toucher, de lui demander de chanter encore, près de son lit cette fois, avant de lui proposer, en guise de remerciement, de satisfaire le moindre de ses désirs. Farinelli répondit que son seul souhait était de voir le roi se lever, faire sa toilette, se raser et reprendre les affaires de l'État. De telles paroles n'étaient bien sûr pas dictées par la modestie et le renoncement (dont il ferait pourtant preuve en mainte occasion). Le chanteur avait été soigneusement préparé à cette rencontre et savait ce que la reine et son entourage attendaient de lui. Pas question de décevoir tous ceux qui avaient placé tant d'espoir en lui, surtout en un moment où le roi semblait disposé à renaître.

L'annonce du prodige réalisé par Farinelli fit très vite le tour des dignitaires de l'État, des ambassadeurs et des cours voisines. Le rétablissement de Philippe V était si soudain et si évident qu'il redonnait vie à tout le palais de la Granja. De Lisbonne, la petite princesse Maria Ana, fille de Philippe et d'Élisabeth, mariée à 14 ans à l'infant du Portugal, écrivait à sa mère dans ce français si touchant : « J'ai entendu dire que le meilleur musicien qu'il ia est à présent là, je vous prie de m'envoier dire coment il vous a pari et s'il est aussi bon qu'on le dit [4]. » Puis un mois plus tard : « Je vous remercie infiniment de ce que vous avez voulu avoir la peine de me donner des nouvelles de Farinelo, par ce que vous me dites je crois que ce doit être une merveille, je suis très aise que vous et mon cher père ayez le plaisir de l'entendre [5]... » A quoi s'ajoutait fréquemment sa nostalgie de se consumer si jeune dans une cour où elle ne se plaisait pas : « J'aurais bien du plaisir à le pouvoir entendre mais il faut prendre patience puisque Dieu le voulut ainsi [6]. »

Subjugué par le talent du castrat, qu'il écoutait désormais chaque soir, Philippe V, ragaillardi, ne voulut pas attendre pour le récompenser à sa juste valeur, tout en le suppliant de ne pas retourner à Londres comme son contrat le prévoyait. Pour l'attacher à son service, le roi ordonna au marquis Scotti que Farinelli fût nommé, dès le 28 août, *Musico de Càmara*, avant de prier, dès le lendemain, le marquis de la Quadra et le marquis de San Juan de corriger ce titre et de le remplacer par celui de *Criado familiar* (serviteur familier), honneur suprême qui faisait de Carlo le chanteur personnel de la famille royale. Le roi prit également des dispositions pour qu'il bénéficiât en Espagne des mêmes largesses que dans les théâtres londoniens, faisant convertir en *reales* les appointements calculés là-bas en guinées.

Cinq jours après avoir entendu Farinelli pour la première fois, le 30 août 1737, Philippe V signait le décret de nomination le concernant : « Pour cela j'ai décidé que Don Carlos Broschi, appelé Farinelo *, reste à mon royal service en qualité de *familiar Criado*, dépendant seulement de moi et de la Reine ma très chère et très aimée épouse, en raison de sa singulière habileté et dextérité dans le chant, en lui concédant le solde de 1 500 guinées, monnaie d'Angleterre, converties en 1 350 *reales de vellon* par an... ; une voiture avec deux mules pour sa personne, tant à Madrid qu'en tout lieu où il me suive, et un attelage de mules pour accompagner les déplacements de la cour ; les voitures nécessaires pour sa famille et son équipage et un logement convenable pour sa personne et sa famille, tant dans les sites royaux qu'en tout autre endroit où il me suive [7]... »

Non contente d'une si haute faveur, la famille royale s'empressa de l'accompagner d'une multitude de cadeaux de la plus haute valeur : Philippe, tel un miraculé s'adressant à son saint protecteur, lui offrit un portrait de lui-

---

* La langue espagnole transforma souvent son nom en « Carlos Brosqui Farinelo », de même qu'on écrivait « Isabel de Farnesio » pour Élisabeth Farnèse ou « Domingo Escarlati » pour Domenico Scarlatti.

même entouré de diamants, la reine joignit à une coquette somme d'argent une boîte en or avec deux grands diamants et l'infant Ferdinand une autre boîte en or accompagnée d'une montre, également en or et garnie de diamants.

La seule ombre au tableau fut la complication des relations avec Londres, quelques semaines après l'installation du chanteur en Espagne. Les directeurs des théâtres londoniens, en effet, se sentaient trahis devant la démission de Farinelli qui avait promis de les rejoindre, et ne voulaient en aucun cas lui verser l'argent qu'ils lui devaient. Furieux, ils firent savoir qu'un contrat devait être respecté et, par l'intermédiaire du directeur Heidegger, ils rappelèrent le 15 septembre la « résolution unanime de Messieurs les directeurs de l'opéra sur une lettre de Monsieur Farinelli du 8 septembre 1737 de s'en tenir à la lettre du contrat par la raison des pertes considérables qu'ils ne pourraient pas manquer de faire par son absence, d'autant plus que tous les opéras pour l'année prochaine sont composés pour lui comme le premier acteur et la saison si fort avancée, qu'il est impossible de suppléer la place [8] ».

Une telle lettre, intéressante sur le rôle qu'exerçaient les castrats dans l'évolution du répertoire, contient une exagération notoire : les théâtres londoniens, et notamment celui de la Noblesse, ne se trouvaient plus, à une telle date, en position de force pour exiger quoi que ce fût de Farinelli. Les salles vides, la désaffection du public envers l'opéra italien et Farinelli lui-même, réduisaient ledit contrat à une lettre morte. De son côté, Carlo n'avait guère envie de prolonger une expérience londonienne, très riche à ses débuts, mais devenue peu à peu désastreuse, pour ne pas dire humiliante.

Sa première lettre espagnole à Pepoli, écrite six mois après son arrivée en Espagne, montre même une sorte de tranquillité d'esprit chez un homme qui, après avoir tant parcouru les routes d'Europe, désire maintenant se fixer pour de bon et connaître une vie plus stable, sous la protection du couple royal : « Mon modeste mérite a inspiré dans le cœur de ces glorieux monarques mille grâces très clémentes. D'où je peux dire maintenant que je suis en paix : *haec est Requies mea* [ici est mon repos]. Je ne pouvais quitter mes engagements avec une plus grande gloire, même si je dois en dire tout le bien possible puisqu'ils m'ont conduit au terme le plus heureux de la vie humaine [9]. » S'il est évident que Carlo ne veut plus regagner l'Angleterre, au point de considérer en si peu de temps l'Espagne comme sa seconde patrie, il n'en demeure pas moins très contrarié de l'attitude procédurière des entrepreneurs londoniens à laquelle s'ajoute une sombre histoire financière qui n'est pas sans importance à ses yeux : « La direction se venge de ne pas m'avoir ; elle a décidé de ne pas me payer la moitié qui m'était due de mes honoraires de l'année dernière. Vengeance indigne pour qui que ce soit, mais encore davantage de la part d'un conseil réunissant une noblesse aussi choisie que celle-là [10]. » Ces quelques lignes, ainsi que toutes les autres allusions de sa correspondance à sa fortune et à ses appointements, font ressortir un aspect non négligeable de son caractère : Carlo est assez intéressé par l'argent ; il semble avoir toujours peur de manquer. Les Londoniens, qui ont été d'une largesse extrême pour lui, lui avaient assuré une rente considérable, non seulement par ses cachets officiels, mais aussi par l'abondance de cadeaux en bijoux et pierres précieuses, monnayables à tout instant. Six mois après son arrivée en Espagne, alors que sa sécurité financière est désormais assurée par la couronne d'Espagne, Carlo ne peut s'empêcher de manifester une certaine aigreur devant les quelques poignées de guinées qui pourraient lui échapper.

Par un ami demeuré en Angleterre, il apprend même qu'en dépit de la volonté du roi d'Espagne de le garder, c'est lui qui est directement accusé de vouloir rester, d'avoir supplié Philippe V de le désengager, par appât du pont d'or que lui faisait la cour d'Espagne. Conscient qu'une partie de cette accusation est vraie, Carlo sera soucieux de ne pas mettre de l'huile sur le feu : il adoptera dès lors une prudence qu'il fera sienne pendant vingt ans et laissera l'affaire se traiter entre ministres, se contentant de répondre qu'il est maintenant en Espagne au service de Sa Majesté Très Catholique qui l'a voulu ainsi « pour son royal plaisir » et qu'il serait insensé, voire choquant, de pouvoir repartir en Angleterre sans la permission de son nouveau maître. Habile manière de calmer le jeu tout en reconnaissant la supériorité de son statut espagnol par rapport à sa situation antérieure.

Une nouvelle vie s'ouvrait donc devant lui, même si, au début tout au moins, il n'était encore que le serviteur d'un maître, payé pour satisfaire son bon plaisir, avec une charge de travail certes réduite mais infiniment astreignante. On a beaucoup glosé, en effet, sur ces quatre mêmes airs chantés chaque soir pendant près de dix ans pour préserver la santé morale du roi : c'est ce qu'avait écrit Burney après son passage chez le chanteur, bien des années plus tard, texte qui a servi de source principale à ce beau récit. Cette version était du reste confirmée par une lettre de l'ambassadeur anglais Keene, écrite le 2 août 1738, soit un peu moins d'un an après l'arrivée de Farinelli : « La nuit, sa distraction consiste à écouter Farinelli chanter les cinq mêmes airs italiens qu'il a chantés devant lui pour la première fois et qu'il a continué à chanter chaque nuit pendant près de douze mois [11]. »

Que Farinelli ait chanté presque tous les jours, du moins au début, ne semble faire aucun doute, tant l'équilibre du roi en dépendait. Qu'il ait indéfiniment chanté les mêmes mélodies sied à une belle légende mais semble peu probable : non seulement il a pu puiser dans l'immense répertoire qu'il apportait dans ses bagages, préférant certainement la variété à l'ennui, mais une lettre inédite à son ami Pepoli montre bien que c'est davantage le caractère astreignant de ces soirées et la fatigue de toujours chanter qui lui pesaient, plutôt que la répétition machinale des mêmes airs : « ... Depuis le premier jour que je suis arrivé, j'ai suivi cette même vie en chantant tous les soirs aux pieds des Souverains et l'on m'écoute comme si c'était le premier jour. Il me faut prier Dieu qu'il me conserve en bonne santé pour continuer cette vie ; je m'enfile tous les soirs huit ou neuf airs dans le corps ; il n'y a jamais de repos [12]. » Ces « huit ou neuf airs » (qui auraient très bien pu être sept ou dix) semblent plutôt une sélection de son répertoire, sans cesse renouvelée mais physiquement épuisante, plutôt qu'une répétition obsédante de quatre airs, que le chanteur n'aurait pas manqué de consigner par écrit.

Très touchante reste en revanche la modestie de Carlo, qui semble toujours s'étonner qu'on l'écoute comme si c'était le premier jour et qu'on veuille toujours de lui après quelques mois : « Cette continuité devrait me rendre orgueilleux, si je considère cette fidélité de l'auditoire... Mais on pourra comprendre qu'ils ne sont pas encore fatigués de mon modeste mérite, qui m'a permis d'être considéré non pas comme Farinelli, mais comme Farinelli Ambassadeur [13]. » Au-delà des honneurs et des compliments sur son art (ce à quoi il est habitué depuis longtemps), les premières lettres de Carlo insistent sur l'affection grandissante qu'il témoigne aux souverains, considérés un peu comme des proches, voire comme des parents qui l'auraient adopté et lui auraient procuré une nouvelle famille : « Je suis regardé comme un Fils, tant par les premiers [le roi et la reine] que par toute la famille royale. Il y a quatre Infants qui jouent une petite saynète chantée et dansée chaque fin de semaine. Monsieur le Comte Sicinio, croyez-moi, je suis resté abasourdi en voyant leur talent et leur grâce [14]. »

Si la fatigue est aussi un thème récurrent de sa correspondance, sous le règne de Philippe V, c'est que très vite il avait dû s'adapter à l'emploi du temps insensé que le roi imposait à son entourage. Dans cette semi-folie qui était la sienne, il s'était volontairement mis en marge du monde qui l'entourait, comme par une sorte de résistance passive contre sa femme, ses ministres et, d'une certaine manière, ce pays qui n'était pas le sien. Peu à peu, et de plus en plus au fur et à mesure qu'il avançait vers le terme de sa vie, Philippe se décalait de la vie normale pour en arriver à vivre tout autant la nuit que le jour, sans presque rien accorder au sommeil. Ses proches devaient respecter son horaire avec le plus grand soin, n'ayant comme seules solutions que de s'adapter ou de mourir d'épuisement. Philippe et Élisabeth se réveillaient à 10 h, prenaient leur petit déjeuner au lit vers 13 h et y restaient encore jusqu'à 16 h pour traiter différentes affaires politiques ou recevoir des invités. Ils ne se levaient que pour assister à la messe, célébrée à 17 h avec une permission spéciale de l'autorité ecclésiastique. Le déjeuner, servi vers 18 h, était suivi d'un goûter à minuit après quoi l'activité des souverains battait son plein jusqu'au dîner qu'on avalait au petit matin. Le roi et la reine se couchaient alors pour trois ou quatre heures. Étant donné la faiblesse psychique du roi, il n'était pas question, pour Farinelli ou tout autre proche, de faire la moindre allusion à ce décalage horaire, comme de mentionner vers minuit que les étoiles brillaient alors que le roi en était à son goûter et demeurait persuadé qu'on était en plein jour.

Élisabeth Farnèse, qui s'accoutumait peu à peu à cette vie déréglée (au point de ne plus pouvoir y renoncer après la mort du roi), connut au début bien des années de torture pour parvenir à trouver son équilibre et garder les idées claires. C'est morte de fatigue qu'elle s'écroulait dans le lit conjugal, au petit matin, avide de profiter des trois ou quatre heures de repos que son mari lui accordait. Comme, en outre, il ne pouvait dormir la fenêtre fermée, elle se trouvait parfois réveillée par le froid cinglant qui pénétrait dans la chambre. De violentes discussions s'ensuivaient, après quoi le roi s'écriait le plus souvent, avec cette logique qui lui était toute personnelle : « Très bien, que l'on ferme une demi-fenêtre pour la reine et qu'on laisse ouverte l'autre moitié pour moi ! »

Farinelli s'adapta donc. Sa bonté naturelle, son désir de servir et ce sentiment qu'il apportait quelque chose de positif au roi, faisaient passer l'intérêt général avant ses propres préoccupations. Philippe, en effet, allait mieux et ne pouvait se passer de ses tête-à-tête avec Farinelli, dont le chant ne constituait pas toujours l'essentiel : le roi trouvait en lui un confident, un homme de cœur, profond, honnête, d'une foi très solide, qui l'aidait à réfléchir, l'apaisait tout en sachant le faire sourire. En plus d'une thérapie par le chant, c'était un ressourcement, loin des intrigues de palais et des alliances politiques. D'où cet ascendant que le chanteur prit peu à peu sur le couple royal, servant de plus en plus de filtre entre ses maîtres et le monde extérieur.

Patiemment, il apprit à apprécier et à comprendre la redoutable personnalité d'Élisabeth Farnèse, sachant se faire aimer d'elle et s'arranger de ses sautes d'humeur et de ses paroles glaçantes. Rarement une reine avait été l'objet de commentaires aussi opposés : « Princesse dont les qualités la rendent de nos jours digne d'admiration et pour la postérité, mémorable » (Francesco Venier). « Après tout, c'est une bonne femme » (duc de Noailles). « La reine était véritablement une folle furieuse, elle a perdu l'Espagne » (marquis d'Argenson).

Plus simplement, la reine italienne était de ces forts tempéraments qui mènent le monde et sont prêts à tout pour défendre leurs intérêts. Partager ses vues, c'était s'assurer la chaleur d'une personne enthousiaste, passionnée, efficace et artiste. Lui barrer le chemin équivalait quasiment à un arrêt de mort. L'une des pires charges écrites contre elle émanait de l'évêque de Rennes, ambassadeur de France entre 1741 et 1749, qui la trouvait sans esprit, sans jugement, avare, fausse, menteuse, sans grâce, jalouse, ingrate, implacable dans la haine, violente, sans courage, aveugle dans ses intérêts... Mais les écrits de l'évêque de Rennes n'ont jamais pu être très crédibles : pour la reine comme pour d'autres personnes, la tendance de cet ambassadeur à charger les traits l'a toujours emporté sur une étude fine et perspicace. Bien d'autres mémorialistes ont su reconnaître à la reine un talent de fin politique et voir en elle une bénédiction pour l'Espagne, en raison de l'inconsistance du roi.

En fait, Élisabeth poursuivait un grand objectif : voir ses enfants monter sur les différents trônes d'Europe et asseoir ainsi la domination des Farnèse par-delà les frontières. Le trône de France était le premier convoité. Comme Philippe, la moindre annonce d'une fièvre pourprée à la cour de France suffisait à la mettre en joie : c'est ainsi qu'elle comptait les marches qui rapprochaient son mari ou l'un de ses fils du royal fauteuil. Lucide mais sans pitié, elle observait avec une froideur effrayante la succession des décès à la cour de Louis XV, s'exclamant même en 1733, après la mort du petit duc d'Anjou décédé à l'âge de 3 ans : « Cela fait deux en six semaines; si cela continue ainsi, je verrai l'un de mes fils roi de France [15]. »

Son vœu ne fut jamais exaucé mais elle parvint tout de même à marier sa fille Marie-Thérèse avec le dauphin de France, qui mourut avant de régner. Son deuxième succès fut de voir sa fille Maria Ana monter sur le trône du Portugal, avant de tirer sa principale source de gloire du double règne de son fils préféré Charles, qui récupéra rien de moins que la Toscane, puis le royaume de Naples, avant de devenir roi d'Espagne à la mort de Ferdinand VI.

L'infant Ferdinand, destiné à succéder à Philippe V, était le fils de celui-ci et de Marie-Gabrielle de Savoie, sa première femme. Élisabeth Farnèse, qui plaçait ses enfants au-dessus de tout et les protégeait comme une poule sa couvée, vouait à ce beau-fils une antipathie qui envenima l'ambiance de la cour jusqu'à la mort de Philippe V. Elle fit tout pour brouiller son fils Charles avec son demi-frère Ferdinand puisque, selon le droit d'aînesse, c'est ce dernier qui devait monter sur le trône d'Espagne. Quant à sa belle-fille Maria Barbara de Bragance, elle ne sut jamais que la rabaisser et lui faire sentir qu'elle dépendait entièrement de son bon plaisir. Dès 1731, Rottembourg écrivait avec beaucoup de justesse à un correspondant parisien : « ... Quoiqu'il n'y ait point une brouillerie et une rupture ouverte entre la Reine et la Princesse, elles ne s'en haïssent pas moins et je ne hasarde rien en vous les donnant pour irréconciliables [16]. »

Farinelli s'employait à garder d'aussi bonnes relations avec la reine qu'avec l'infant Ferdinand et sa femme Maria Barbara. Par son habileté et son sens aigu de la diplomatie, il parvint à se conserver les bonnes grâces et l'admiration d'Élisabeth tout en créant des liens cordiaux avec les princes des Asturies. Mieux ! il sut toujours s'opposer à la jalousie féroce de la souveraine lorsqu'elle tentait de l'éloigner d'eux. Un jour, elle lui envoya un courrier lui intimant l'ordre de ne plus aller chanter chez Ferdinand et Barbara. Sûr de lui et en accord avec sa conscience, Farinelli rétorqua au messager : « Allez et dites à la reine que j'ai les plus grandes obligations envers le prince et la princesse des Asturies, et qu'à moins de recevoir un tel ordre de la bouche même de Sa Majesté, ou de celle du roi, je n'y obéirai jamais ! » Cette fidélité du chanteur envers le prince et la princesse représenta pour eux un soutien considérable, et le fait qu'il acceptait d'aller chanter chez eux, alors que la reine leur interdisait l'entrée de son appartement pour les concerts privés, assura à Farinelli une considération que les futurs souverains ne pourraient jamais oublier.

2. Madrid et l'opéra italien

Si Farinelli reste plusieurs mois sans écrire à ses meilleurs amis, à commencer par le comte Pepoli, c'est que son installation en Espagne a absorbé toute son énergie : il doit parvenir à s'adapter à sa nouvelle charge tout en essayant de comprendre la psychologie complexe de la famille royale et des hommes politiques qui gravitent autour d'elle.

Mais il doit aussi s'habituer aux lieux si différents qui

ponctuent le calendrier annuel de la cour. Selon une tradition fort ancienne, celle-ci est itinérante et change de palais à chaque saison, pour s'adapter aux contraintes du climat et au bon plaisir des souverains. A son arrivée, il a découvert la fraîcheur des fontaines de la Granja, ce palais d'été que Philippe et Élisabeth ont fait construire en pleine sierra de Guadarrama, à plus de 1 100 mètres d'altitude, pour aider à supporter la chaleur de l'été. C'est le parfait petit château de plaisance cher au XVIIIe siècle, construit dans le style franco-italien par un architecte espagnol et deux italiens : il semble évident que Philippe V l'a conçu comme un « contre-Escurial », opposant la grâce riante de ces bâtiments et de ce parc à la grandiose austérité du palais de Philippe II. Mais la grande merveille de cet endroit demeure ses jardins à la française réalisés dans le style versaillais sur un projet de l'architecte paysagiste Marchand : parterres, buissons taillés, bosquets, fontaines et cascades forment, sur ce fond de montagne, un ensemble féerique.

Avec l'automne, de fin octobre à début décembre, vient le temps de l'Escurial, séjour qui répond moins au goût profond des nouveaux monarques qu'à une sorte d'hommage sans cesse renouvelé à l'Espagne de Philippe II et au panthéon des rois et des reines. La période de Noël est fêtée à Madrid avant qu'au mois de janvier, la cour ne reparte dans l'ancienne résidence de chasse du Pardo. On célèbre à nouveau Pâques à Madrid avant de se rendre, pour toute la durée du printemps, au palais d'Aranjuez, véritable oasis sur le Tage, aux confins du désert madrilène. Puis après un rapide passage par la capitale, la cour reprend ses quartiers d'été, de juillet à octobre, à la Granja de San Ildefonso.

Ces voyages incessants, épuisants, entrepris sur des bourbiers en hiver et dans la poussière en été, ne cessent de faire enrager reines et princesses. Mais, comme à la cour de France à toutes les époques, ils permettent de nettoyer à fond ces palais à l'hygiène parfois relative.

Lors de ses premiers mois en Espagne, le plus grand

choc pour Farinelli fut la découverte de Madrid, peut-être la ville la plus désordonnée et la plus sale qu'il lui eût été donné de voir au cours de ses voyages à travers l'Europe. Il faut dire que Madrid était une fausse capitale, informe et sans passé, choisie par Philippe II à la fin du XVIe siècle pour sa situation centrale dans la Péninsule. Barcelone jouissait depuis longtemps du titre de *ciudad* quand Madrid n'était encore qu'une *villa*, constituée pour une grande part de couvents, de jardins et de terrains vagues : pour un chanteur tel que Carlo, qui avait été formé à Naples, troisième ville d'Europe, au rayonnement culturel incomparable, avant de séjourner à Londres, ville la plus peuplée du continent, les 110 000 habitants de Madrid lui faisaient penser à une grosse bourgade, tout au plus.

Les ruelles de Madrid, sans pavage, sales et poussiéreuses, étaient le domaine des porcs et des chèvres. Palais aristocratiques et masures misérables se côtoyaient dans la même rue, selon une tradition commune à beaucoup de villes de l'époque, à cette différence près que les maisons à un seul étage dominaient largement en raison de la taxe qui frappait les étages supérieurs. Seuls le tracé rectiligne des avenues, l'élégance de certaines grandes places comme la Plaza Mayor, et la richesse intérieure des églises (qui pour le reste semblaient si peu de chose aux voyageurs, en comparaison des Invalides de Paris ou de Saint Paul de Londres !) ne manquaient pas d'intéresser les voyageurs de passage.

Selon tous les témoignages des contemporains, le grand problème de Madrid restait l'aspect répugnant de ses rues : « ... Ce n'est partout que saletés, objets dégoûtants et puanteur, écrivait le père Caimo. En quelque endroit que l'on se trouve... partout on est comme dans des latrines. » Ce que confirmait le baron de Gleichen lorsqu'il évoquait cette ville « dont l'infection était si épouvantable, qu'on la sentait à six lieues à la ronde, et qu'on la mâchait pendant six semaines avant de s'en être blasé ». En l'absence de tout système d'égout, l'habitude voulait qu'on jetât les excréments et les eaux usées par les fenêtres, avec pour seul avertissement ce cri rapide : « Agua va ! » (l'eau arrive !), qui laissait à peine le temps au passant de se ranger. Parfois, un système de longues gouttières véhiculait les eaux sales vers le milieu de la rue, à environ trois mètres de hauteur, laissant retomber les matières sur les charrettes ou les carosses qui avaient l'infortune de passer à ce moment-là.

Le plus surprenant pour Farinelli était de constater à quel point les Madrilènes s'étaient accoutumés à cette puanteur généralisée. Il n'était pas rare de voir une noble dame servir le chocolat à ses amies, sur un balcon dominant ce marigot. La population restait en effet persuadée que l'infection continuelle produite par les excréments absorbait, selon une chronique du temps, « toute autre exhalaison corrompue » et qu'elle purifiait en quelque sorte l'atmosphère, servant ainsi la santé publique. Bien des Français s'étaient gaussés de ce blessé espagnol, soigné à Paris car intransportable, que l'on avait pensé sauver en lui faisant respirer « un bassin plein d'odeur de Madrid » : l'homme, comme ressuscité, s'était écrié en reniflant : « Ah, Madrid de mon âme ! »

Madrid présentait aussi cet inconvénient majeur que ses alentours n'offraient guère de compensations aux incommodités de l'intérieur. Le désert où Philippe II avait construit la ville, comme par erreur, expliquait l'empressement de la cour à rechercher des lieux de séjour plus propices. On peut alors comprendre la déception qui se retrouve dans les lettres ou mémoires de tant d'étrangers venus s'installer à Madrid pour quelque temps. La duchesse Louise-Élisabeth de Bourbon, fille de Louis XV, vint y épouser l'infant Philippe. Peu de temps après le mariage, son jeune époux l'emmena faire une promenade en voiture à cheval, afin de lui faire découvrir la campagne madrilène. Au bout de quelques lieues, la jeune princesse fit arrêter l'attelage, se tourna vers son mari et lui dit aimablement que s'il n'avait pas d'autre paysage à lui montrer, elle préférait regagner le palais. Ce qu'elle fit, pour ne quasiment plus jamais en sortir !

Bien lui en prit du reste, car, pour qui avait la chance de vivre à la cour, les palais étaient encore ce que l'on pouvait rêver de plus riant dans la capitale espagnole. Farinelli n'avait jamais connu l'austère Alcazar dans lequel avaient vécu Philippe V et Élisabeth Farnèse, celui-ci ayant presque entièrement brûlé, une nuit de 1734. Depuis cette date, la cour s'était repliée au Buen Retiro, ce palais que Farinelli allait fréquenter pendant vingt-deux ans. Ce magnifique ensemble de jardins et de bâtiments était situé à l'est de la capitale, à l'opposé de l'ancien Alcazar, et légèrement en dehors de la ville pour éviter tout danger de rébellion. Rattaché à l'origine au monastère San Jeronimo par Philippe II, il s'était trouvé peu à peu agrandi et embelli par les souverains espagnols du XVIIe siècle.

La somptuosité des pièces de réception, de la grande salle de bal et du théâtre, n'avait d'égal que le charme du parc, de ses bassins aux eaux limpides, de ses parterres fleuris et de ses petits pavillons ornés d'espaliers et de treilles. Une ménagerie comprenant lions, ours, tigres et aigles, y avait été aménagée au XVIIe siècle. Cependant, malgré l'agrément de ce lieu que ni Philippe V ni Ferdinand VI ne se résolvaient à quitter, Élisabeth Farnèse poussa son époux à envisager, dès l'incendie de l'Alcazar, la construction d'un immense palais qui dépasserait par sa taille et sa magnificence tout ce que possédait l'Espagne d'alors.

Le couple royal fit aussitôt venir de Turin l'architecte Filippo Juvara pour dessiner les plans de ce nouveau siège de la monarchie, destiné à recouvrir l'emplacement laissé par l'Alcazar : l'actuel palais royal de Madrid, sans conteste l'un des plus beaux d'Europe, allait ainsi surgir de terre après vingt-six ans de travaux qui ne permettraient ni à Philippe V ni à son fils d'en profiter. Juvara, qui était mort peu de temps après son arrivée à Madrid, avait laissé un projet que la reine jugeait « trop français ». On appela donc un disciple du maître, Sacchetti, qui imagina ce palais de six ou sept étages (au lieu de deux seulement dans le projet initial), dans un style italien qui n'était pas sans rappeler à Élisabeth Farnèse le palais ducal de Modène.

La construction fut approuvée dès 1738 et donna lieu à un chantier considérable que Farinelli côtoya en permanence et surveilla maintes fois au cours de son séjour : deux cent cinquante Italiens y travaillaient journellement, depuis les grands maîtres spécialisés dans les différents types d'art jusqu'aux simples ouvriers. Beaucoup de mariages unirent ainsi Italiens et Espagnoles. Des confesseurs italiens se tenaient également à la disposition de cette population immigrée. Mais nombreux étaient les conflits et les rixes qui opposaient les deux nationalités, notamment en raison des inégalités de salaires et de conditions de travail qui plaçaient les Italiens en situation d'infériorité. Il ne fait aujourd'hui aucun doute que les décrets de Ferdinand VI imposant justice et égalité entre les deux communautés furent inspirés par Farinelli lui-même.

Les inconvénients du climat et de la vie madrilènes semblent peu de chose en comparaison de l'épanouissement personnel et professionnel de Carlo au cours des premières années en Espagne. Il gagne l'intimité de la famille royale, en partage les joies et les peines. Nombreuses sont ses allusions à la piété, l'humanité et la gentillesse du roi et de la reine, que Farinelli soutient de son mieux dans les moments de réjouissance et dans les épreuves, comme lorsqu'une fièvre maligne manque de faire périr l'infante Maria, « la plus angélique et adorable créature », âgée de 14 ans : « Je vais à la cour pleurer avec tout le monde. Nous sommes tous confondus de douleur devant la cause inexplicable de ce mal [19]. »

Comme musicien, il se considère toujours comme un loyal serviteur qui accomplit une tâche quasi sacrée et s'y emploie avec zèle et reconnaissance : « Ma plus grande gloire est que tous les soirs je n'ai jamais manqué de chanter et, grand Dieu, c'est un dur effort pour moi, et une grande souffrance pour les autres que de m'écouter tous les soirs que Dieu fait. Je suis entré dans ma deuxième année, avec la même force et le même plaisir bienveillant [20]. » Quelles récompenses n'en tire-t-il pas ! « Je constate que ma situation fait plutôt envie à tout le monde. Je suis maître d'entrer et de sortir dans les appartements royaux sans en rendre compte à personne et, mieux encore, à toute heure qui me convienne. Je suis accepté et considéré comme un de leurs enfants [21]. »

Cependant, derrière un apparent bonheur, une impression de bien servir et d'être aimé en retour, perce ce mal de la solitude qui, à toute époque, ronge Farinelli, et ne fera que croître avec l'âge. Discret et pudique en public comme dans ses écrits, Carlo fait part de sa mélancolie profonde par petites touches légères, privilégiant toujours les aspects positifs pour ne pas inquiéter son cher Pepoli. Il est l'une des figures classiques de l'homme seul au milieu de la foule, adulé mais sans véritable famille, envié mais souffrant d'être loin de chez lui et de ses racines : « Je répète que cette grande chance [d'être considéré par le roi comme un fils] me rend très content, autrement j'en crèverais, et encore plus en pensant à ma chère Italie, car Dieu seul sait qu'il n'y a rien de mieux pour passer sa vie. Ici je mène une vie solitaire pour ne donner à personne des motifs de parler de moi ; je poursuis avec plaisir mon devoir et je fais aller tant que Dieu le veut [22]. »

S'y ajoute bien sûr le fait de ne pouvoir connaître la même vie sentimentale que les autres hommes. Carlo a aimé une femme en Italie, nous l'avons vu, mais cette liaison a bien des chances d'être restée toute platonique, comme le sera celle qui l'attachera à son élève préférée, la cantatrice Teresa Castellini. Alors qu'il a vu tant de ses semblables connaître une vie amoureuse et sexuelle bien remplie, Carlo, lui, semble avoir fait passer sa pudeur, sa timidité et son éducation raffinée avant ses propres pulsions. Une lettre de 1739, où Carlo raconte le mariage de l'infant Philippe avec Louise-Élisabeth de France, confirme la pauvreté de sa vie sexuelle : « Le roi, la reine, le prince royal et la princesse accompagnèrent jusqu'à leur lit les deux aimables cœurs. Ainsi mis au lit, ils restèrent dans l'obscurité pour faire ce que tous font la première nuit; seul celui qui vous écrit ne peut connaître de semblables et agréables nuits obscures [23]. »

Devant une telle existence, où les plus grandes victoires côtoient les frustrations et la mélancolie, on peut comprendre le lien, renforcé par le temps, qui le rattache au comte Pepoli (en attendant la longue correspondance avec son « cher jumeau » Métastase). Pepoli est loin, il lui rappelle avec une certaine nostalgie Bologne et l'Italie mais en plus il incarne la protection rassurante et affectueuse de la génération antérieure. Combien de lettres ne commencent-elles pas par déplorer le trop long silence de son interlocuteur, avant de se conclure par d'interminables supplications : « Conservez-moi votre éternelle et incomparable grâce, commandez-moi et vous me trouverez toujours désireux de vous obéir *per omnia secula seculorum* [24]. »

Au fur et à mesure que passeront les années, se développera en lui à la fois ce sens de l'*italianité* et ce besoin de pouvoir compter sur un refuge en terre italienne. D'où cette préoccupation constante, déjà sensible à Londres et poursuivie à Madrid, d'entretenir et de bâtir ce terrain acquis en 1732 près de Bologne, symbole même de la sécurité et de la permanence des choses.

C'est de Madrid, en avril 1739, qu'il demande à Sicinio Pepoli de lui adresser un plan pour commencer à mieux se représenter cette propriété dont il rêve et qui occupera ses pensées pendant vingt ans : « Je prie Votre Excellence de commander qu'on réalise un plan de ma villa et de son nouvel ordonnancement, dans un tableau qui fasse deux bras de long et un demi de hauteur... et que, une fois terminé, on le confie au mari de la marquise [Ridolfi], qui me l'apportera lui-même ici [25]. » En novembre, il ne l'a toujours pas reçu mais pense qu'une solution est proche : « [Le banquier Francesco Ridolfi] sera de retour dans un mois et donc Votre Excellence pourra me faire le plaisir de m'envoyer le tableau de mon petit territoire dans lequel je meurs de désir de connaître le repos, quand Dieu le voudra[26]. » Pour toutes ces demandes, comme pour la gestion de sa fortune, placée entre les mains du comte bolonais, Carlo ne cesse de réitérer les remerciements les plus chaleureux, persuadé « qu'il n'y a pas d'autre Sicinio Pepoli dans le monde[27] ». Des cadeaux partent sans cesse de Madrid en direction de son bienfaiteur et de la comtesse Eleonora (vases espagnols, soieries indiennes, tabac...) qu'il fait porter par l'intermédiaire d'un éminent personnage en déplacement, tel l'abbé Taddei, ambassadeur de Naples à Madrid. En septembre 1740, Carlo est enfin soulagé : « J'ai reçu le plan de ma villa; parfois il me donne des accès de mélancolie, car mon désir est si fort de vouloir y être que je ne sais comment calmer mon impatience... Je ne doute pas que ce soit un bijou, car le plan me laisse deviner un charme plein de grâce[28]. » Carlo vivra ainsi dans la pensée de ce petit coin de paradis (qu'il ne connaîtra pourtant que vingt ans plus tard!) et, de mois en mois, d'année en année, il tirera espoir et réconfort de ce havre de repos qui l'attend.

Depuis son arrivée dans la capitale espagnole, et pendant les quelque neuf ans qui restaient à vivre à Philippe V, Farinelli occupa deux fonctions essentielles. Il était tout d'abord le chanteur personnel et attitré du roi et de la reine, quotidiennement présent dans la chambre royale, sauf les soirs où le souverain se préparait au Saint Sacrement du lendemain. Carlo participait également, en tant que chanteur, à toutes les fêtes solennelles de la famille royale, ce qu'il racontait au détour de ses lettres, comme lors du mariage de l'infant avec la fille de Louis XV : « La cour royale se rendit à Alcalá pour rencontrer l'épouse qui y arriva le 29 de ce mois à 21 heures : elle fut reçue par Leurs Majestés et la famille royale à la porte du salon, avec des larmes de consolation et de joie. Le soir on chanta une belle sérénade dans la chambre privée, avec l'assistance de tous les dieux. J'eus la chance de chanter dans cette sérénade, après quoi il y eut de grandioses feux d'artifice et un somptueux dîner [29]. »

Mais Farinelli avait aussi la tâche d'organiser les spectacles d'opéra italien, avec le marquis Scotti à qui il avait été présenté dès son arrivée en Espagne. Celui-ci était venu à Madrid à l'appel d'Élisabeth Farnèse pour devenir le seul véritable maître des divertissements royaux. L'une des grandes réussites à son actif avait été l'organisation des fêtes en l'honneur du mariage du futur roi de Naples, l'infant Charles, fils chéri de la reine Farnèse, avec Marie-Amélie de Saxe. Scotti avait notamment fait monter l'*Alejandro en las Indias (Alexandre aux Indes)* de Corselli, chanté en espagnol avec un livret distribué au public dans les deux langues.

Comme Farinelli le constata très vite, l'opéra était déjà bien implanté à Madrid, et depuis fort longtemps. On avait donné une première représentation d'opéra, dès 1629, sur un texte espagnol de Lope de Vega et une musique attribuée à Bernardo Clavijo : *La Selva sin amor*. L'Espagne y avait ainsi démontré qu'elle pouvait composer selon le modèle italien, quarante-deux ans avant que la France n'en fît autant [30].

L'arrivée des premiers comédiens italiens, appelés par Philippe V en 1703, et leur établissement au théâtre du Buen Retiro, le Coliseo, marquèrent l'avènement d'une nouvelle époque. Aussitôt gratifiés du titre de « Compagnie italienne de Sa Majesté », ils commencèrent de très belles représentations de *El Pomo de oro*, pour la Saint-Louis 1703, puis de *La Guerra y la Paz entre los elementos*, le 20 septembre. Comme dans ces deux ouvrages était apparu un personnage nommé Trufaldin, on se mit très vite à parler de la *Compania de Trufaldines*. Devant les succès remportés au fil des ans, l'impresario Francesco Bartoli proposa la construction d'un théâtre plus adapté, au lieu dit Caños del Peral : la Ville accepta et finança en

1708 une salle, bien modeste en vérité, située à peu près à cheval sur les emplacements actuels du Théâtre de l'Opéra et de la place Isabel II. Mais les difficultés financières causèrent rapidement la faillite des *Trufaldines.*

Le marquis Scotti, homme de grand talent sur le plan artistique, arriva en 1717 comme ministre plénipotentiaire du duc de Parme. Si sa mission officielle pouvait paraître liée à la musique et aux arts, sa mission officieuse consistait à provoquer la chute du ministre Alberoni, favori de Philippe V, mission qu'il allait mener à bien en trois ans. Son action se révéla aussitôt déterminante pour la reprise des spectacles d'opéra à Madrid : il développa les représentations au Coliseo, engagea de nouvelles compagnies de chanteurs et, tout en faisant découvrir les ouvrages italiens, il stimula le genre de la zarzuela et les ouvrages espagnols dans le style italien.

Fort de ses succès, il sollicita la cour pour obtenir la reconstruction et l'agrandissement du théâtre des Caños del Peral, ce que Philippe V accorda par décret en mai 1737, trois mois avant l'arrivée de Farinelli. Si le roi fut d'abord guidé dans ce choix, il s'en trouva convaincu lors de ces mémorables journées d'août où il entendit Carlo Broschi pour la première fois. Imaginait-il quels triomphes le castrat pourrait remporter dans ce théâtre ? Ou bien, déjà décidé à ne le garder que pour lui-même, comprit-il quel fabuleux impresario cet artiste hors pair pourrait devenir ? Et quelle concurrence il saurait opposer au théâtre San Carlo de Naples ?

Toujours est-il que Farinelli se vit aussitôt associé à Scotti et que tous deux rivalisèrent de génie pour réussir la représentation inaugurale, donnée pendant le Carnaval de 1738. Déjà l'empreinte de Farinelli marquait ce spectacle, ne fût-ce que par le choix de l'ouvrage proposé : un livret de son ami de jeunesse Métastase, *Demetrio*, et les récitatifs de son « cher Saxon », Hasse. Seuls les airs, selon la mode répandue du *pasticcio*, provenaient de différents compositeurs. Le plus grand chanteur de l'univers venait de réussir son examen de passage en tant que directeur de spectacle : son ascension dans ce rôle n'allait plus connaître de limites, grâce à la confiance de deux rois successifs.

La nouvelle salle des Caños del Peral, en revanche, n'avait pas convaincu. On découvrit rapidement ses limites et l'on se prit à regretter de l'avoir restaurée. Très vite, Farinelli reconnut les avantages du théâtre du Buen Retiro, où il fit donner l'*Alessandro nelle Indie* de Corselli par la troupe des Caños. Le Coliseo offrait en effet une salle élégante, à trois rangées de huit loges encadrant, à chaque étage, une loge centrale. Celle du deuxième, appelée la *luneta*, était réservée à Leurs Majestés. Le principal inconvénient de ce théâtre venait de sa taille de moins en moins adaptée à la passion grandissante de la cour pour l'opéra. Le caprice du prince et le plaisir de la précipitation dans la conduite d'un grand projet étant les marques de tout divertissement baroque, on décida, dès juillet 1738, de restaurer et d'agrandir le Coliseo. On surmonta le théâtre de deux étages supplémentaires pour le porter ainsi à un total de soixante-quatre loges. Farinelli surveilla de près ces travaux et les mena si bien à leur terme qu'au bout de quelques semaines on put redonner le même *Alessandro* dans la nouvelle salle. C'est à partir de ce moment que commença la longue série des plus grands ouvrages italiens, presque tous sur des livrets de Métastase, en un choix qui montre le rôle du castrat : *Farnace, Artaserse, La Clemenza di Tito, Siroe*... Madrid pouvait se hisser désormais au rang des toutes premières scènes européennes.

Les choix de Farinelli et de Scotti se portèrent d'emblée sur les premiers artistes italiens. Dès 1740, lors des cérémonies pour le mariage de l'infant Philippe, une sérénade réunit le castrat Caffarelli, son plus illustre contemporain, le grand ténor Annibalino (Annibale Pio Fabbri, à ne pas confondre avec Domenico Annibali), élève de Pistocchi à Bologne et principal rival d'Anton Raaff, et les cantatrices Franchinelli, et Anna Peruzzi (surnommée « la Coiffeuse » en raison de la profession de sa mère). Carlo regretta que Caffarelli, pourtant si stupéfiant, ne fût pas plus remarqué, mais il ne put que se réjouir du plaisir que procura ce concert à ses « très glorieux et très cléments patrons ».

Le clou des cérémonies fut l'opéra *Farnace*, sur une musique de Corselli, qu'on donna le 4 novembre avec une brochette de chanteurs prestigieux, parmi lesquels la Tesi (Berenice), la Peruzzi (Tamiri), la Mancini (Selinda), Caffarelli (Farnace), Saletti (Gilade), Annibalino (Pompeo). On déploya pour la mise en scène et les décors une magnificence encore jamais vue par Farinelli et qui constitua une importante source d'inspiration pour la longue série d'ouvrages qu'il allait monter quelques années plus tard, sous le règne de Ferdinand et Barbara : « Les décorations ont surpris les Italiens, les Français, et abasourdi les Espagnols : voir par exemple quarante chevaux, montés pour moitié de cavaliers et pour moitié d'hommes en cuirasse, tous vêtus avec le plus grand goût et la plus grande richesse, dans des scènes qualifiées ici de superbes. Mais je pense qu'avec tant d'argent dépensé, on aurait pu faire mieux. Hélas tout coûte cher ici, il ne faut donc pas s'en étonner [31]. »

S'ensuivait une longue description des chanteurs, dans laquelle Carlo ne ménageait pas ses compliments à ceux qui avaient été ses partenaires sur les scènes italiennes : « Notre Tesi [Vittoria Tesi] a su, par son esprit pétillant, se distinguer de tous les membres de la Compagnie ; elle a obtenu le sort que les dieux de l'Autel Suprême ont déclaré pour elle, car sa façon de jouer et son beau visage ont placé tous les autres au rang de serviteurs (comme on dit ici) ; Caffarelli, à mon avis, se comporta le mieux de tous pour le chant et fit tout ce qu'il fallut pour en sortir avec les honneurs ; la Parucchiera [Anna Peruzzi] chanta tellement que je n'ai pu la distinguer et je n'ai pas remarqué au théâtre ce succès qu'elle avait eu dans la sérénade. Elle chanta un air accompagné au violon par le célèbre Maurino [Mauro de Alai, venu d'Italie avec elle], celui-ci, grâce à son archet, a dépassé tous les autres, car, depuis le premier soir où il eut l'honneur de jouer devant Leurs Majestés, jusqu'à ce jour, il joue tous les soirs avec la plus grande approbation; en guise de récompense, il a reçu de cette généreuse reine une superbe boîte en or avec deux cents doublons d'or dedans (boîte loin d'être petite) et, de mes mains, il a obtenu l'autre soir une montre à répétition en or, au nom de cette royale princesse, avec une chaîne à maillons dont l'un est en saphir. Ces distinctions feront comprendre le mérite de ce virtuose à ceux qui ne l'ont pas entendu. On dit beaucoup qu'il pourrait rester ici à leur service, mais je ne sais pas s'il voudra en raison de la charge de famille qui le retient à Parme [en fait Maurino restera à la cour jusqu'en 1747] [32]. »

Comme il apparaît clairement à travers ces lignes, Farinelli semble bien s'être déjà habitué à l'idée de ne plus chanter sur une scène publique, se réservant pour l'intimité des concerts privés. Aucune nostalgie, aucune rancœur ne transparaît dans ses écrits, et c'est le plus souvent avec amitié et admiration qu'il salue les prestations de ses conationaux.

Ses seuls motifs d'emportement et de courroux concernent les prétentions exorbitantes de ses anciens partenaires, ainsi que leurs caprices légendaires, auxquels il semble avoir du mal à s'habituer, maintenant qu'il est passé dans le cercle des impresarios. La plus visée de toutes est Anna Peruzzi, autre protégée de Sicinio Pepoli, qui chante encore avec ce style très orné, et un peu démodé, de l'école de Bernacchi. Carlo n'hésite pas à se moquer de son « talent de gallinacé », pris par cette nation pour un « mérite sublime ». La diatribe se poursuit ainsi : « Le mal vient du fait que ces bienheureuses Dames Chanteuses veulent toujours faire des caprices, infectant tout climat (à leur bénéfice) avec leurs sempiternels ragots; elles peuvent pourtant remercier Dieu d'avoir eu à cette occasion un gentilhomme comme moi qui a montré toute la complaisance voulue envers chacun afin de procurer avec largesse une maison, un carrosse, des frais de nourriture, bien que cette nation soit peu portée sur les petites finesses... Seule cette sotte de Peruzzi, mal conseillée ou par son peu de jugeote, réclame 600 doublons d'or, plus 200 pour son voyage, alors que c'était là une occasion qui n'arrive qu'une fois par siècle ; et pourtant on a fait en sorte qu'elle ait maison, carrosse, frais de repas et qu'elle soit bien servie. Voilà les mille stupidités qui courent la ville de Madrid ; il faudrait les traiter avec un bon nerf de bœuf en raison du préjudice qu'elles portent à la Nation italienne et à la profession... Si Votre Excellence pouvait entendre leurs conciliabules, lors des répétitions, elle en crèverait de rire, car la moindre de leurs pensées est de se mettre dans la poche tous les royaumes d'Europe ; de leur moindre filet de voix jaillissent les provinces et les empires. On dit que Madame Peruzzi a payé un doublon pour se faire mettre dans la Gazette [33]. » Dans ces prétentions imbéciles et cette naïve suffisance, Carlo ne semble plus se reconnaître (s'y est-il même jamais reconnu ?), et cela suffirait à expliquer qu'il n'éprouve aucun regret d'être passé de l'autre côté de la barrière : « J'ai été bien avisé de ne plus rien avoir à faire avec la classe des chanteurs. »

Des paroles aussi dures, rares sous la plume de Farinelli, qui pour le reste fait preuve de modération et d'un humour fin, montrent tout d'abord son sens aigu de l'« italianité ». Il souffre de voir mettre à mal la réputation de ses concitoyens. De plus, on peut remarquer la distinction qu'il semble faire entre la fortune professionnelle et le prestige de servir un monarque.

Il pourrait même paraître hypocrite lorsqu'il raille les prétentions financières des cantatrices, lui à qui l'on a réservé des ponts d'or en Italie et en Angleterre. Mais, outre le fait que ses cachets exorbitants n'ont jamais été accompagnés d'une attitude capricieuse et cancanière, il semble persuadé que les appointements accordés par un directeur de théâtre ne peuvent se comparer à l'honneur personnel, tellement plus gratifiant, de chanter pour une famille royale et d'en recevoir des compensations de tous ordres. Ce raisonnement, que ne partagent pas tous ses semblables, est renforcé par l'affection et l'estime qu'il porte à la famille de Philippe V. De toute évidence, Carlo a joui en Espagne de beaucoup de privilèges, d'un confort matériel absolu et d'avantages en nature (instruments de musique, tableaux, meubles...) de grande valeur. Mais ses émoluments ne semblent jamais avoir atteint les sommes colossales obtenues jadis des théâtres. D'où ces remarques fugitives au détour de quelque lettre : « Ici tout coûte cher », ou encore : « De l'argent d'Espagne, je n'en ai pas un brin ; des honneurs, de la grandeur et des soucis, j'en ai beaucoup [34]. » Renoncement financier mais réussite sociale. De plus, Carlo pense qu'en matière de spectacle, rien de plus magnifique, sur le plan des décors comme des costumes, ne peut être mis à la disposition des interprètes à Madrid, si bien que « le premier virtuose qui joue en Italie devrait s'estimer heureux de porter ici les vêtements du dernier figurant [35] ».

3. Ferdinand et Maria Barbara

Par l'attachement que lui manifestait la reine Élisabeth, par le lien si fort et en même temps si troublant – si déstabilisant aussi –, qui l'unissait au roi malade, Farinelli pouvait être satisfait de la place conquise à la cour d'Espagne. Mais plusieurs passages de sa correspondance, insistant sur le caractère astreignant, voire épuisant, de son travail, permettent de se demander s'il serait resté à Madrid, sans l'affection grandissante et l'admiration qui le rattachaient aux futurs souverains, les princes des Asturies, Ferdinand et Maria Barbara de Bragance. Farinelli se montra d'emblée touché par leur gentillesse sans calcul, leur simplicité, leur foi profonde et peut-être surtout par leur situation d'exclus, tant la reine Élisabeth ne manquait aucune occasion de les rabaisser. Ferdinand était le fils de son mari et de Marie-Gabrielle de Savoie, non le sien, et le roi était bien trop faible, trop inconsistant, pour pouvoir imposer à sa femme de le respecter selon son rang. Le célèbre tableau de Van Loo montrant Philippe V et sa famille est du reste révélateur de la position quasi subalterne qui semble réservée au couple des Asturies. La princesse, notamment, semble regarder vers l'extérieur comme si elle implorait d'échapper au plus vite à cette corvée.

Élisabeth n'avait épargné à son beau-fils aucune humiliation : il avait ordre de ne pas quitter ses appartements, de ne se montrer en présence de la famille royale que lors de grandes cérémonies officielles, et quiconque lui rendait visite était quasiment proscrit. Les mauvaises langues racontaient même que les chirurgiens de sa marâtre l'avaient un jour si mal opéré que cet incident l'avait rendu stérile. On ne put jamais savoir qui de Ferdinand ou de Barbara était responsable, mais il est certain que cette malédiction de ne pouvoir donner d'héritier à la couronne fit le bonheur d'Élisabeth Farnèse. L'ambassadeur de France La Marck prétendit que Ferdinand était né sans testicules, mais cette affirmation, peu vraisemblable, ne fut corroborée par personne : « ... Il lui manquait naturellement ce qu'on ôte par artifice en Italie à ceux qu'on veut faire entrer dans la musique, en sorte que ce Prince avait beaucoup de feux mais qui ne produisaient aucunes flammes ni aucunes suites propres à la génération [36]. »

A force de n'être jamais associés à la vie de la cour, Ferdinand et Barbara s'étaient organisé une vie parallèle, plus simple dans son déroulement quotidien, plus sincère dans ses amitiés, et surtout exempte de rancœur ou de jalousie envers le roi et la reine. Cette bonté, cette sincérité, cette joie de vivre, et surtout leur sens artistique développé, avaient ému Farinelli dès les premières années de son séjour, et c'est à ce titre qu'il avait subtilement mais fermement bravé l'interdit qui pesait sur tous les amis du couple princier.

Maria Barbara, fille de Jean V du Portugal et petite-fille

par sa mère de Léopold Ier d'Autriche, n'était guère d'un physique séduisant. « Extrêmement gâtée de la petite vérole », selon Rottembourg et d'un embonpoint qu'on ne pouvait regarder « sans éprouver un sentiment pénible », selon le duc de Noailles, Barbara affichait sur tous ses portraits un triple menton et des lèvres lippues que les peintres avaient pourtant dû chercher à atténuer. Mais qu'importait la beauté quand toute la personne rayonnait de douceur, de noblesse et d'esprit ! Barbara était vive, s'exprimait avec grâce, parlait six langues et vouait une passion à la musique : autant de qualités propres à séduire Carlo. Il lui voua une sorte de culte, jusque dans sa lointaine retraite bolonaise.

En épousant Ferdinand et en passant de Lisbonne à Madrid, Maria Barbara avait amené en dot le compositeur qui l'avait formée à la musique, sous les lambris de la somptueuse cour du Portugal : Domenico Scarlatti. On peut imaginer les retrouvailles de ce compositeur de génie avec le plus grand chanteur d'Europe et le plaisir que tous deux trouvèrent à fréquenter les soirées musicales des princes des Asturies. Mais alors que le castrat prenait peu à peu une place de premier plan à la cour, l'auteur des sonates pour clavecin demeurait dans l'ombre, faisant peu parler de lui, au point que ses traces demeurent bien ténues (à titre d'exemple, pas une seule fois son nom n'est mentionné dans les cinq cent douze pages imprimées que compte la correspondance d'Espagne de l'ambassadeur anglais Keene !). Sans pratiquement aucun contact avec Philippe V et Élisabeth Farnèse, Scarlatti consacra sa vie à Ferdinand et Barbara, vouant également à cette dernière une admiration sans bornes. N'était-il pas troublant, du reste, que Scarlatti eût épousé à 43 ans une jeune fille italienne du même âge que la princesse des Asturies (16 ans) avant de donner, lors de son second mariage, le prénom de Maria Barbara à sa première fille ?

L'influence d'un professeur aussi exceptionnel que Domenico faisait de la princesse portugaise une musicienne accomplie : virtuose du clavecin, excellent compositeur, elle pouvait également chanter à la perfection, mêlant sa voix, dans l'intimité de ses appartements, à celle du « divin Farinello », tandis que Scarlatti les accompagnait au clavier : moments de grâce que les deux virtuoses italiens n'oublièrent jamais et qui les unirent dans l'affection de leur bienfaitrice. Elle-même, reconnaissante et généreuse, commença par récompenser Scarlatti avant de pouvoir placer Farinelli au sommet, lors de son accession au trône. Comprenant que Domenico n'obtiendrait jamais de faveurs de la jalouse reine Élisabeth, elle pria son père, le roi Jean V du Portugal, d'accorder au compositeur le titre de chevalier de l'ordre de Santiago, en avril 1738.

Bien que la correspondance de Farinelli soit rarement prolixe de confidences sur ses relations intimes, il est certain que l'amitié qui reliait Carlo à Domenico fut des plus solides, s'affermissant peu à peu pour ne s'éteindre qu'avec la mort de ce dernier, en 1757 à Madrid. Les deux hommes, qui s'étaient connus à Rome dans leur jeunesse, se retrouvaient maintenant au service d'une même princesse, tels des exilés pouvant partager un passé musical d'une rare richesse. A l'accession au trône de Barbara, en 1746, Scarlatti avait 61 ans et Farinelli 41. Celui-ci acquit alors une position que Scarlatti n'avait jamais obtenue, et fit tout pour que la souveraine aidât le musicien et sa famille. Bien des fois elle paya les énormes dettes de jeu de son ancien maître de musique avant de verser, au moment de sa mort, une pension de 4 000 couronnes à sa veuve et à ses trois filles, afin de leur éviter de vivre dans le besoin.

Partagé entre le cocon protecteur du palais des Asturies et la vie plus officielle qu'il menait à la cour, Farinelli ne faillit jamais à sa mission pendant les neuf dernières années du règne de Philippe V, choisissant comme ligne de conduite une discrétion de bon aloi qui lui permettait d'éviter ragots et cabales. Fidèle à ce roi déséquilibré mais attachant, respectueux de cette reine italienne qui avait cru en lui et l'avait placé, avec Scotti, aux commandes du

Coliseo, Carlo s'était peu à peu résolu à ne plus recevoir cet hommage si réconfortant que lui avaient témoigné tant de spectateurs italiens, autrichiens ou anglais : il avait bel et bien décidé de réserver son talent à quelques personnes de sang royal. Sa place était désormais à la cour et chaque jour le confortait dans cette résolution de ne pas manquer à la parole donnée un soir d'août 1737.

Carlo continuait de chanter pour son souverain mais il assistait, impuissant, à son long calvaire. Les moments d'esprit et de lucidité se raréfiaient, les crises se rapprochaient, chacune avec son cortège de hurlements et de visions cauchemardesques. Tantôt Philippe croyait que les personnages de la tapisserie venaient l'attaquer, tantôt il restait prostré pendant des jours entiers, sans rien avaler, prenant peu à peu une apparence fantomatique. Par pudeur autant que par respect, jamais Carlo n'évoqua ce long calvaire dans sa correspondance.

Alors que l'agonie de Philippe s'était étirée sur plus de vingt ans, sa mort survint en sept minutes, le 9 juillet 1746. Sentant son heure arriver, il appela la reine, qui crut tout d'abord à une crise parmi d'autres. On alla cependant quérir l'infant Ferdinand, qui n'eut que le temps d'accourir pour recevoir le dernier souffle de son père. Un règne de quarante-six ans, l'un des plus longs de l'histoire de l'Espagne, prenait fin.

Son bilan n'était du reste pas aussi catastrophique que l'image déchue de son monarque pouvait laisser paraître : Philippe avait redonné une place à l'Espagne sur l'échiquier politique international, préparant ainsi le règne du futur « despote éclairé » Charles III. Réformateur de la justice, il était aussi le fondateur des Académies d'histoire, de médecine et des beaux-arts, et le créateur des manufactures de Madrid et de la Granja. Mais il est vrai aussi que Philippe avait eu beaucoup de mal à s'imposer à une nation qui le considérait à juste titre comme un étranger. Cette hostilité plus ou moins latente des plus humbles était aussi celle des aristocrates. Un jour qu'un gentilhomme de Pampelune passait un contrat chez le notaire, il le parapha de cette signature : « Don E., noble comme le roi, et encore un peu plus. » Sommé d'expliquer une telle offense, l'homme se contenta de préciser que le roi était français, lui espagnol, et que pour cette raison il se jugeait d'une extraction supérieure. Ce fait divers (qui valut tout de même à l'impudent cinq années de cul-de-basse-fosse!) montrait à lui seul quelle résistance nationale avait pu entraver le règne du premier Bourbon d'Espagne.

La mort du roi fut interprétée de diverses manières par les Français, à la fois soulagés de voir disparaître un malade et inquiets de perdre un allié, de par sa filiation. Le marquis de Noailles n'hésita pas à parler de perte pour la France et décida de maintenir des liens avec la reine douairière. Mais le marquis d'Argenson, d'un autre avis, brossa en quelques lignes la vie et la mort du roi : « Philippe V mourut de chagrin et d'un appesantissement de corps qu'il avait contracté en donnant trop à ses appétits plus réguliers que modérés. Il était laborieux sans rien faire d'utile; jamais homme n'a montré plus que lui l'abus du mariage, se laissant gouverner par sa femme qui le gouvernait mal. Il gémissait quelquefois de son esclavage, mais la religion et la nature l'y retenaient violemment. La reine l'avait contraint à ruiner l'Espagne d'hommes et d'argent pour lui conquérir des domaines en Italie, et Dieu avait décrété qu'elle n'en jouirait jamais. Le traité de Turin de décembre 1745 avait excité sa colère mais, quand Philippe V vit le désastre de ses armées, les regrets de n'avoir pas accepté le traité à temps le mirent au tombeau [37]. »

Louis XV fut l'un des premiers informés de la mort de cet oncle qu'il n'avait jamais vu, et il n'en montra pas une affliction particulière. Il demanda même à d'Argenson de lui préparer un brouillon à adresser au nouveau roi Ferdinand, qu'il recopia presque textuellement : « Dieu qui vous ôte un père vous réserve pour être celui de vos peuples. Ma tendresse pour vous, qui ne se démentira jamais, est ranimée, s'il est possible, dans une occasion si funeste. Les liens du sang, les intérêts de nos couronnes, vos sentiments et les miens me font espérer que notre amitié et notre intelligence contribueront à la félicité des nations que Dieu a commises à votre gouvernement [38]. »

Avec la mort de Philippe disparaissait également de la scène politique celle qu'on nommait déjà « la reine veuve ». Selon la tradition, il ne lui restait plus qu'à se retirer, sans s'ingérer dans la vie politique. Les nouveaux souverains, Ferdinand et Maria Barbara, voulaient pardonner et oublier le mal qu'elle leur avait toujours fait : ils choisirent donc de l'entourer de leur affection, de lui rendre visite deux fois par jour et de lui permettre de s'établir à Madrid, dans le palais de Liria. « Le nouveau roi, écrit le marquis d'Argenson, commença par la conduite la plus courageuse et la plus évangélique en rendant le bien pour le mal à la reine douairière [39]. » Mais leur bonté n'avait d'égale que la rancœur et la mauvaise foi d'Élisabeth Farnèse. Aveuglée et jalouse, jamais elle ne crut en la sincérité de leurs paroles, avouant à Vauréal « ne prendre qu'une médiocre confiance en leurs démonstrations ». Lors de la passation de pouvoirs entre les deux reines, elle s'étonna même « qu'on ne lui eût jamais marqué tant de tendresse que dans cette visite [40] ».

Mais le plus grave était qu'à peine eut-elle conduit son mari dans la tombe, Élisabeth ne put s'empêcher de commencer à comploter contre ses successeurs, menant de son palais une guerre sourde et patiente que le nouveau couple royal découvrait par bribes, au gré des conversations. Elle qui ne manquait de rien, grâce à la générosité de Ferdinand, commençait à jouer les martyrs, osant écrire à Louis XV en juillet 1747 : « Je ne doute point que Votre Majesté n'ait compassion d'une femme qui reste sans secours hors Elle [41]. » Pour comble de tout, elle fit courir le bruit que la nouvelle reine Barbara était amoureuse de Farinelli, calomnie d'autant plus facile à répandre que le chanteur jouissait déjà d'un certain nombre de privautés exceptionnelles de la part des nouveaux souverains.

Cette situation aussi insensée que dangereuse pour le roi et la reine dura un an. Ils n'allaient pas la supporter davantage. On leur apprit qu'un proche de la reine veuve avait répété à qui voulait l'entendre cette phrase de sa maîtresse : « Otro dia reinarà otro sol » (Un autre jour régnera un autre soleil), allusion non déguisée à son fils Charles qui régnerait un jour si Ferdinand n'avait pas d'enfant. Par une lettre du 3 juillet 1747, Ferdinand écrivit à sa belle-mère : « J'ai permis que vous restiez à Madrid sans en préciser la durée... pendant que Votre Majesté se remettait d'un coup aussi dur ; une année est passée mais maintenant aucune prolongation n'est possible [42]. » Le roi la priait seulement de lui dire si elle entendait rester à la Granja ou dans toute autre ville, « comme il est indispensable et nécessaire pour tous ». En clair, Élisabeth Farnèse était sommée de ne plus reparaître à Madrid. Probablement surprise, elle chercha aussitôt à apitoyer le roi qui rétorqua, le 6 juillet : « J'ai bien réfléchi avant de prendre cette décision, et ayant tout soupesé, j'ai résolu : ce que je détermine dans mes royaumes n'admet de commentaires de personne avant d'être exécuté et obéi [43]... » Jamais Ferdinand ne s'était exprimé ainsi du temps de Philippe V. C'était pour lui l'un de ses premiers actes de monarque : il restait sans appel.

La nuit du 24 juillet, à quatre heures du matin, la reine veuve, accompagnée de ses plus jeunes enfants, quitta Madrid pour le palais de la Granja, où reposait le corps de son mari : elle n'allait plus le quitter pendant les douze années du règne de Ferdinand VI. De ce jour, la cour décida de ne plus passer l'été dans ce cadre rafraîchissant et préféra prolonger le séjour à Aranjuez.

Farinelli, on s'en doute, s'était trouvé au centre de toute cette polémique car, dès la mort de Philippe V, tous les observateurs étrangers avaient compris que le nouveau règne serait aussi celui du castrat italien. L'ambassadeur de France s'empressait d'écrire à Paris : « Il n'y a ici d'Italiens qui méritent l'attention que deux musiciens, l'un joueur de clavecin nommé Scarlatti, l'autre chanteur nommé Farinello. Je crois vous avoir déjà dit quelque part que le premier était favori du prince des Asturies et le second de la princesse, lequel depuis le changement a pris le dessus sur son camarade [44]. »

Afin d'éradiquer l'influence de Carlo sur les nouveaux rois, Élisabeth Farnèse usa de toute sa force de persuasion pour l'entraîner avec elle dans sa retraite de la Granja, en compagnie de l'inévitable marquis Scotti. Mais Carlo ne l'entendait pas ainsi : non seulement il était déjà trop attaché à Maria Barbara, mais en plus il n'avait pas l'intention, lui qui pendant neuf ans avait veillé le lit d'un roi malade, de passer le reste de ses jours à garder son tombeau. La reine veuve crut en mourir de dépit : dès ce jour elle commença à comploter contre son ancien protégé et, la vengeance étant un plat qui se mange froid, elle pria Dieu de la laisser vivre assez longtemps pour assister un jour à sa destitution. Certains documents peuvent même laisser penser qu'elle chercha à se débarrasser de « ce drôle ».

Dans tous les cas, elle tenta de persuader les ambassadeurs étrangers de la mauvaise tournure prise par le nouveau régime : « Le roi est bonasse, confia-t-elle à Vauréal, mais la reine hait les Français ; il n'y en aura plus ici que pour les Portugais... et pour les musiciens [45]. » Cette dernière pique montrait assez quelle crainte elle avait de l'influence du chanteur sur la nouvelle reine. Alors que pour Philippe V et Élisabeth, Farinelli était resté un serviteur dévoué et indispensable, aimé comme un proche, mais sans influence personnelle ou politique, tout semblait annoncer le contraire, à l'aube de l'ère nouvelle.

4. Farinelli, directeur des spectacles royaux

Grande fut la popularité des nouveaux souverains espagnols à leur accession au trône. Ferdinand était en effet le premier Bourbon totalement espagnol, en pleine force de l'âge (il avait 34 ans) et doté d'une gentillesse, d'une générosité et d'un sens de l'économie qui semblaient de bon augure. De plus il ne pouvait que satisfaire les hommes politiques espagnols dans sa volonté très ferme de ne jamais passer pour une sorte de vice-roi de France à Madrid, ce en quoi il allait parfaitement réussir. On ne tarda pas à le surnommer Ferdinand « le Sage ». Maria Barbara elle-même était vue comme une femme moins obstinément ambitieuse qu'Élisabeth Farnèse et plus en affinité avec la péninsule ibérique de par son origine portugaise.

Comme dans la plupart des monarchies européennes, le début d'un règne devait être consacré par une entrée solennelle dans la capitale. Cela représentait en quelque sorte un premier contact festif avec la population et un moyen de lui offrir les divertissements qu'elle attendait. L'entrée de Ferdinand et Barbara à Madrid, le 10 octobre 1746, fut accompagnée par une foule en liesse tout au long des rues que parcourut le couple royal, dans un somptueux carrosse doré, tapissé de velours bleu bordé d'or et tiré par huit chevaux blancs. Du Buen Retiro à la Plaza Mayor, de la Puerta del Sol au monastère des Descalzas Reales, un concert d'ovations accompagnait les nouveaux souverains. Le 12 octobre fut marqué par un feu d'artifice d'une somptuosité et d'une durée inégalées, comme seule l'époque baroque savait en produire. Le 13 fut le jour des courses de taureaux sur la Plaza Mayor : celles du matin offertes au grand public et celles de l'après-midi données en présence de la famille royale qui assista à la mise à mort de dix-neuf taureaux. La soirée resta de glorieuse mémoire pour ceux qui parvinrent à voir les illuminations de la place et l'apparition des souverains au balcon.

Le règne le plus pacifique du XVIIIe siècle espagnol commençait ainsi dans l'allégresse. On dut cependant vite constater que le roi naguère acclamé avait lui aussi ses défauts et que sa faiblesse de caractère n'allait pas manquer de laisser le pouvoir de décision à sa femme et à son entourage. Ne disait-on pas avec une certaine ironie que ce n'était pas Ferdinand qui succédait à son père mais bien Maria Barbara qui prenait la place d'Élisabeth ? Le roi, malgré sa bonté, sa douceur et son désir d'apporter la paix à l'Espagne, ne réussissait guère à imposer une ligne politique, tant ses scrupules, ses tergiversations, sa timidité et son incapacité à décider étaient grands.

Sa timidité, comme il advient souvent, s'accompagnait de crises de violence aussitôt suivies de moments d'abattement pendant lesquels il perdait toute confiance en lui, avouant un jour à un ministre qui le complimentait sur ses talents de chasseur : « Il serait étonnant que je ne fisse pas bien quelque chose [46]. » De ces moments de mélancolie à de plus graves crises, rappelant par trop la maladie de son père, il n'y avait qu'un pas.

Devant, par la force des choses, se reposer sur d'autres, Ferdinand VI en vint à dépendre, dans son intimité, de trois personnes essentielles : sa femme, son confesseur et Farinelli. Maria Barbara comprit très vite qu'elle allait jouer un rôle capital aux côtés de son mari, mais elle essaya toujours de comprendre quels étaient les intérêts du roi et de l'Espagne avant les siens propres, de sorte que, comme nous le verrons, ce roi fut sans cesse entouré de ministres compétents et d'un environnement politique efficace : « Ferdinand n'est pas moins *uxorius* [que son père], écrit d'Argenson : également gouverné, il l'est mieux par sa Portugaise, laide mais bien faite, douce et spirituelle ; c'est l'honneur même que ces deux époux ; la religion préside à leurs actions, et l'amour de leurs peuples fait le sujet de leurs entretiens ordinaires, leur félicité serait de les rendre heureux [47]. »

Le confesseur joua également un rôle non négligeable. Dès 1747, Ferdinand nomma à ce poste un père jésuite, Francisco Ravago, originaire de Santander. Il prêchait la neutralité politique à son souverain afin de préserver la paix. La volonté espagnole de n'entrer dans aucun camp était en partie l'œuvre du jésuite. Mais pour cette seule raison il ne manqua pas de se faire beaucoup d'ennemis, furieux et jaloux de voir une telle ascendance sur le roi. L'ambassadeur anglais Keene, particulièrement vexé de voir qu'un confesseur pouvait être un obstacle à sa politique, mit tout en œuvre pour perdre l'homme d'Église. Soutenu en cela par l'ambassadeur du Portugal qui voulait renforcer l'amitié entre les deux royaumes, Keene exhiba des papiers qui, mal interprétés, pouvaient compromettre le père Ravago, après ses interventions auprès du Portugal dans l'affaire des colonies. Sa destitution, devenue inévitable, fut signée par le roi en octobre 1755.

Farinelli venait en troisième position. Sa mission consista à diriger à lui seul (et non plus sous la houlette de Scotti) les spectacles d'opéra donnés dans les différents sites royaux, ainsi que toutes les fêtes royales qui émaillaient les années d'un règne. Tous les moyens financiers étaient mis à sa disposition pour réaliser des merveilles et combattre la mélancolie du roi, tout en satisfaisant les goûts musicaux si exigeants de la reine.

C'est à partir du printemps 1747 que Carlo prit en main la destinée de l'opéra royal. L'un de ses premiers gestes fut de renouer des liens épistolaires avec son ami Métastase, à Vienne. Madrid avait le plus grand besoin de lui car il était impossible de monter des spectacles sans de bons livrets d'opéra, et les meilleurs livrets, selon Farinelli, ne pouvaient être que ceux du « poète impérial ». Métastase commença donc par lui envoyer des livrets déjà anciens, donnés dans d'autres pays que l'Espagne, avant de lui adresser systématiquement les nouveaux textes qu'il écrivait. Si Farinelli ne désirait pas reprendre une musique déjà composée en Italie, il avait toute liberté pour confier ces livrets aux compositeurs officiels de la cour d'Espagne, tous Italiens d'origine, qui en donnaient une version personnelle.

Mais au-delà de la musique, cette correspondance recréait entre les deux hommes des liens d'affection que plus rien désormais ne pourrait entamer. Farinelli retrouvait un frère, un « jumeau » spirituel, qui allait partager ses joies et ses peines, les plus grandes émotions musicales et les petits riens de la vie. Près de cent cinquante lettres de Métastase à Farinelli se suivront entre 1747 et 1782, sans compter toutes celles qui sont perdues pour la postérité. Hélas aucune lettre de Farinelli à Métastase ne nous est parvenue, guigne supplémentaire qui s'est abattue sur le souvenir du castrat.

Lire les lettres de Métastase est pour l'historien un régal, tant on reste sous le charme de son humour, de son éternelle jeunesse de caractère et de sa joie de vivre apparente, en dépit de ses fréquents accès d'hypocondrie. Le poète en donne, dès 1747, un merveilleux exemple, au moment où Farinelli l'a prié de lui envoyer son portrait à Madrid, afin de le sentir encore plus proche de lui : « Oh, quelle douleur ! La patience de servir de modèle à l'indiscrétion d'un peintre est pour moi la vertu la plus difficile à accorder : jusqu'à maintenant il n'y a d'autres portraits de moi que ceux que les imprimeurs ont apposés sur la couverture de mes livres ; et ils me remuent la bile à chaque fois qu'il m'en tombe involontairement un sous les yeux. Mais qui peut résister aux instances de mon jumeau tant aimé ? Au retour de la campagne j'ordonnerai, comme pénitence de mes péchés, l'exécution de votre envie de femme enceinte, afin que vous ne fassiez pas quelque fausse couche. Ne vous étonnez pas du reste si j'ai sur la toile une physionomie hypocondriaque, car j'aurai bien de la peine à montrer un visage souriant au peintre [48]. » Dès le début d'octobre 1747, le portrait tant décrié quitta Vienne pour Madrid dans les bagages du prince Trivulzi, qui avait bien voulu s'en charger.

En cet été 1747, Carlo tourna son attention vers le théâtre du Buen Retiro, bien décidé à en faire une scène d'exception, terre d'accueil des principaux chanteurs italiens de l'époque. Pour cela une réorganisation s'imposait : de nouveaux travaux furent entrepris sous sa direction ainsi qu'un réaménagement total des accès à la scène et des décors. Les superbes gravures que Farinelli nous a laissées dans sa *Description de l'état actuel du Théâtre royal du Buen Retiro* nous montrent un maître d'œuvre (peut-être lui-même) surveillant les moindres détails des préparatifs, depuis la pose d'un pan de décor jusqu'à la peinture d'une toile en trompe-l'œil.

Ce livre, gardé de nos jours dans les coffres de la Bibliothèque du Palais royal, à Madrid, est une mine d'informations sur ce théâtre que Farinelli porta à son apogée entre 1747 et 1759. Plus que sur le bâtiment lui-même, son action se concentra sur le choix et le bien-être des artistes, tant il est vrai que la réussite d'un spectacle dépend beaucoup des conditions matérielles et humaines qui sont réservées à ses acteurs. Les chanteurs qu'il faisait venir d'Italie se trouvaient pris en charge par la direction du théâtre, dès leur arrivée et pendant huit jours (alors que toutes les autres scènes d'Europe ne s'occupaient d'eux que pendant deux jours) tant pour le logement que pour les repas. Passé ce délai, une somme leur était allouée pour leurs dépenses. On leur attribuait un logement bien meublé et une somme pour le « vestiaire » qui tenait compte des dépenses occasionnées par les toilettes des dames. Quand à la très belle vaisselle accordée à chacun, elle était répartie en fonction du rang tenu par le chanteur dans l'opéra. Alors que la première « virtuose » recevait par exemple vingt-quatre plats à découper, la seconde virtuose et le premier virtuose n'en avaient que dix-huit.

Pendant les spectacles, le régisseur devait veiller à ce que boissons chaudes ou rafraîchissements fussent tenus à la disposition des interprètes tout au long de la soirée. Pour les déplacements à Aranjuez, un équipage était fourni à chacun, afin de pouvoir se transporter avec ses meubles et objets personnels. Rien n'étant prévu pour les déplacements dans Madrid, hormis la location d'une charrette tirée par des mules, Farinelli obtint du roi que, en raison de la rigueur de l'hiver madrilène, chaque chanteur pût obtenir un carrosse pour aller à la messe du dimanche, rendre des visites à des amis ou se promener à la Casa de Campo. Farinelli intervint auprès du personnel de la Cavalerie royale, pour que toutes les cantatrices fussent traitées, « pour l'amour de Dieu », sur un pied d'égalité, craignant « foudres » et « tempêtes » lorsque l'une d'elles recevait de fringants coursiers et l'autre un couple de vieilles rosses.

C'est en soignant ses invités que Carlo entendait s'attacher les plus grands noms de l'Europe, puisque lui revenait la mission de les recruter et de signer leur contrat, avec l'intention de les faire séjourner à Madrid plusieurs saisons. Il n'en était pas à son coup d'essai puisque, dès 1740, il avait réussi à faire venir, comme nous l'avons vu, quelques grands chanteurs pour les fêtes du mariage de l'infant Philippe avec Louise-Élisabeth de France, fille de Louis XV.

La réussite de cette entreprise avait contribué au rayonnement de l'opéra italien à Madrid : pas une seule *señorita* bien née, pas un hidalgo de province n'aurait manqué de chanter de mémoire *Misero pargoletto* ou *Son regina*! De savoureux commentaires de Farinelli traversent parfois sa correspondance au sujet des chanteuses qu'il côtoie à Madrid ou à Aranjuez : « Hier, sur la fraîche et verte herbette, j'ai rencontré, après des mois, les sœurs " Coiffeuses " [Anna et Vittoria Peruzzi]. Mon Dieu comme elles sont devenues maigrichonnes; elles sont bien payées, elles s'amusent et ne se fatiguent que deux ou trois fois par an, et pourtant elles sont toutes maigres. Qu'est-ce que cela veut dire? Il doit bien y avoir une raison [49]. » Tout porte à croire que Farinelli était obsédé par la taille de ces dames puisque, dans une autre lettre, après avoir formulé des vœux pour l'opéra monté à Bologne avec Regina Turcotti, il demande à son protecteur : « Mais dites-moi un peu; la Turcotti a-t-elle maigri ou reste-t-elle démesurément grassouillette? En tout cas je lui souhaite tout le bien possible, car ses manières sont différentes de celles des autres femmes [50]. »

Quelques années plus tard, sa nouvelle responsabilité le poussa à doter l'opéra de Madrid d'une troupe unique en Europe. Tous ceux que Farinelli avait admirés et aimés en Italie ou à Londres y étaient conviés, célèbres castrats et *prime donne*. Sans compter de jeunes cantatrices qu'il préférait former à l'art théâtral, évitant de ne recourir qu'à des « gloires » déjà établies, souvent coquettes et vaniteuses.

S'il en est une qui compta plus que toutes les autres, c'est bien Teresa Castellini qui arriva à Madrid le 2 août 1748 et y demeura dix ans, avec une interruption d'une année, en 1754-1755, pour aller se refaire une santé en Italie. La « pudeur virginale » de Farinelli (selon les mots mêmes de Métastase) ne nous permettra peut-être jamais de connaître quels liens d'affection l'unirent à cette jeune cantatrice milanaise qu'il forma personnellement. C'est peu dire qu'elle occupa une place à part dans son cœur. Après les liaisons italiennes sans lendemain (dont la petite ballerine de Lucques), Teresa fut sans doute le seul amour de sa vie, et le plus durable. La liaison fut-elle plus platonique que charnelle, comme tout porte à le croire ? En tout cas, la présence de la jeune femme à ses côtés dans un célèbre tableau d'Amigoni, tableau qu'il affectionnait le plus dans sa retraite bolonaise, et la fréquence de son nom dans la correspondance de Métastase, semblent ne faire aucun doute sur ses sentiments : « Après les descriptions lubriques que vous m'avez faites d'une aussi aimable personne, écrit le poète, la violente tentation de recevoir une lettre d'elle pourrait me pousser à vous faire quelque infidélité mentale, ce dont je serais ensuite inconsolable. Dites-lui par ailleurs que, en tant que jumeau, je ne peux pas ne pas ressentir par ricochet tous les mouvements de votre cœur : quand j'entends son nom, il me prend un certain fourmillement qui n'arrête pas de m'incommoder, mais que je ne souhaite pas voir finir ; si le Manzanares n'était pas si distant du Danube, je serais venu voir si elle me recevrait à bras ouverts comme elle accueille mes salutations ; et dites-lui... Non Monsieur. Ne lui dites rien. La route est trop glissante, il est plus facile de ne pas y entrer que d'y marcher sans tomber [51]. »

Beaucoup de lettres perdues de Farinelli devaient évoquer le charme et le talent de sa protégée. Voilà pourquoi Métastase s'amusa de cette insistance et taquinait son jumeau, à la moindre occasion : « Dans mes précédentes lettres, je vous ai toujours prié de lui dire et de lui faire mille choses tendres en mon nom. Mais vous ne me donnez pas le moindre signe d'avoir exécuté mes commissions. Seriez-vous par hasard jaloux ? Oh, quelle vilaine infirmité ! Cher jumeau, je vous plains beaucoup, surtout en pensant qu'on ne guérit pas de ce mal en Espagne. Nous autres braves gens allemands, nous ne connaissons pas les violences de cette maladie, sinon à un degré très modéré qui sert de piquant à l'amour. Vous autres peuples méridionaux privés d'amour du prochain, vous voudriez tout pour vous, sans en donner la moindre part à quiconque [52]... »

Teresa, en tout cas, fit une carrière exceptionnelle à Madrid. On la surnomma vite « la Milanese » et elle fut (comme par hasard ?) l'une des cantatrices les mieux payées, et celle qui reçut le plus de cadeaux royaux : montres et chaînes en or, brillants et rubis. Lorsqu'elle quitta définitivement la capitale espagnole, Farinelli lui obtint la coquette somme de 12 000 *reales* pour son voyage de retour et une pension à vie de 100 doublons d'or.

La fidélité envers Farinelli et, à travers lui, envers la cour d'Espagne semble du reste avoir été le dénominateur commun de la plupart des grands chanteurs invités. Il est vrai que leur traitement avait de quoi les persuader de rester ! Anna Peruzzi, par exemple, séjourna quatorze ans à ses côtés ; arrivée de Naples à la cour de Philippe V pour interpréter *Farnace*, le 4 novembre 1739, elle ne repartit en Italie qu'en 1753, après avoir fait scandale : en pleine représentation, elle s'écria qu'elle ne voulait plus chanter la partie de Créüse, dès lors que sa rivale Castellini avait obtenu le premier rôle ! Même longévité pour Isabella Uttini qui fut engagée en 1740 et qui demeura à Madrid, jusqu'à sa mort, en 1754.

Carlo s'entoura aussi de Maddalena Pariggi ou de Manuela Trombetta, surnommée « la Trombettina » (la petite trompette), qui débuta dans *Achille in Sciro* (*Achille à Scyros*) aux côtés de Maria de las Heras. Regina Mingotti ne demeura que deux ans à Madrid mais on peut croire qu'elle se rappela longtemps sa visite. Farinelli la fit venir avec le castrat Gizziello et lui imposa un rythme d'enfer, allant jusqu'à lui interdire de chanter ailleurs qu'à l'Opéra, ou même de répéter près d'une fenêtre donnant sur la rue. Toute invitation dans les palais aristocratiques lui était prohibée, ce qui donna lieu à une affaire qui remonta jusqu'au roi. Les envies d'une femme enceinte étant particulièrement sacrées dans l'Espagne d'alors, un noble invita un jour chez lui la Mingotti car sa femme, qui attendait un bébé, ne pouvait se rendre au théâtre. Farinelli s'y opposa farouchement. Le mari dépité clama sur les toits que si la cantatrice ne venait pas elle tuerait la femme et l'enfant, et en appela finalement au roi qui, pour cette fois, dut donner tort à son protégé.

Du côté masculin, le grand Anton Raaff, futur Idoménée de Mozart, compta parmi les principaux chanteurs invités, à son retour de Lisbonne où il venait de passer trois ans. Une solide amitié se noua entre lui et Carlo au point qu'il ne voulut plus quitter Madrid tant que le castrat s'y trouvait. Seul le renvoi de Farinelli en Italie, à l'arrivée de Charles III, l'incita à rentrer avec lui et à l'accompagner pendant tout le voyage de retour.

Anton Raaff faisait partie de cette troupe prestigieuse que le tremblement de terre de 1755 avait chassée de Lisbonne. Jadis le roi Jean V avait entretenu une cour somptueuse que l'opéra, et la musique en général, contribuaient beaucoup à faire rayonner. Son fils Joseph Ier avait continué cette politique de prestige, en l'accompagnant de solides réformes, menées par l'efficace marquis de Pombal. Comme les femmes étaient interdites sur les scènes portugaises (à l'instar des États pontificaux), tous les rôles y étaient tenus par des castrats ou des ténors. C'est ainsi que pendant une courte mais fabuleuse période (1752-1755), presque tous les grands castrats se retrouvèrent à Lisbonne. Pour l'anniversaire de la reine Maria Ana (la fille de Philippe et Élisabeth), le 31 mars 1755, se côtoyèrent le ténor Raaff et les castrats Caffarelli, Gizziello, Manzuoli, Balbi..., tout ce que l'Europe comptait de voix angéliques en plus de Farinelli. Caffarelli avait même obtenu du roi Joseph l'emploi de « Cantor de Cámara » avec des appointements annuels considérables.

Le tremblement de terre du 1er novembre 1755, qui détruisit la ville et fit quarante mille victimes, mit fin aux contrats des chanteurs résidents : l'heure n'était plus aux sérénades. Caffarelli, ce jour-là, avait eu la bonne idée de partir visiter Santarém : en action de grâces, il fit à Dieu la promesse de se retirer en Italie et de ne plus jamais chanter sur une scène.

La nouvelle de la catastrophe plongea la cour d'Espagne dans la consternation, d'autant que la reine savait toute sa famille en danger. Jour après jour, de malheureuses familles, qui avaient tout perdu, affluaient vers Madrid pour y refaire leur vie. De nombreux artistes italiens faisaient partie du voyage, cherchant à recommencer une carrière en Espagne. « Vos musiciens nous tombent dessus, sans un vêtement, tous les jours », constatait l'ambassadeur anglais. Farinelli s'employait à les secourir financièrement et à leur procurer un emploi, dans la mesure du possible.

Dans ce flux hétéroclite, en plus du ténor Raaff, se trouvaient également les castrats Manzuoli et Gizziello. Le premier se réinstalla pour quatre ans, après être passé une première fois entre 1750 et 1752. Il en repartit couvert de diamants et d'autres cadeaux mirifiques : le seul fait d'avoir un jour bissé un duo avec Teresa Castellini lui avait valu une boîte en or et le privilège de se voir félicité, avec sa compagne, par le roi et la reine en pleine scène. Le second, l'« aimable » Gizziello, devint la coqueluche de la cour, chantant fréquemment dans les appartements du roi et de la reine. Mais lorsque ceux-ci voulurent se l'attacher par un contrat sans précédent, le virtuose préféra regagner son Italie natale.

Il est difficile de savoir comment ce règne des castrats sur l'Espagne musicale était perçu par les Espagnols eux-mêmes, tant l'engouement de la cour suffisait à justifier leur présence. Mais comme en Angleterre, un courant de protestation était parti d'un groupe d'intellectuels, de poètes notamment, qui tentaient de s'opposer au chant « dénaturé » des « chapons », préjudiciable au talent des cantatrices espagnoles. L'une d'elles, Francisca de Castro, avait suscité un enthousiasme prodigieux dans les années 1730 au point d'être comparée à Orphée ou à Amphion. Ses partisans en profitèrent pour fourbir leurs armes contre les castrats :

O vos, que apostatàis de los barbones;
vos, maridos de anillo, hombres sisados;
llaves sin guardas, machos degradados,
que no sois màs que dueñas con calzones!
Suspended, renegados de varones,
vuestros tonos blandujos, machucados :
cante la Castro, *callen los* castrados;
vayan a la cazuela los capones[53].

(« Ô vous, qui avez renoncé à être barbus / vous, maris de pacotille, hommes rabiotés / clés sans gardes, mâles dégradés / qui n'êtes rien d'autre que des duègnes en culottes ! / Arrêtez, renégats du sexe masculin, / vos airs mollassons, meurtris : / que chante la Castro et se taisent les castrats; les chapons à la casserole. »)

Farinelli lui-même ne put échapper à quelques libelles, toutefois ceux-ci restaient très rares et visaient surtout l'influence personnelle qu'il exerçait à la cour beaucoup plus que son état de castrat et de chanteur. On donna en 1749 une pasquinade nommée : *Comedia Nueva : el capon màs venturoso y operas del Retiro : Farinelli (Comédie nouvelle : le chapon le plus heureux et les opéras du Retiro : Farinelli).*

Un libelle politique circula également à la même époque :

Desterraron a Ordenada
y asimismo a don Zenon,
mañana saldrà el Capon
cantando la Tirirana.

(« Ils ont exilé Ordenada / ainsi que don Zenon [Ensenada] / demain sautera le Chapon / en chantant la Tirirana. »)

Les chanteurs n'étaient que la partie la plus visible de l'énorme machine que constituait le Coliseo du Retiro. Il y avait aussi l'équipe de compositeurs et de peintres-décorateurs. En général, Carlo choisissait un livret de son *alter ego*, le poète Métastase, et le passait à l'un des quatre compositeurs officiels de la cour : Francesco Corradini, arrivé à Madrid en 1731, Giovanni Battista Mele, venu en 1736, Francesco Corselli, nommé *primo maestro* en 1738, et enfin Domenico Conforto qui ne prendrait ses fonctions qu'en 1755. Tous quatre étaient italiens et s'appliquaient à donner le meilleur d'eux-mêmes pour mettre en valeur les textes du grand poète. Le Parmesan Courcelle, que l'italianisme ambiant avait surnommé Corselli, était le plus célèbre de tous : il s'imposa comme maître de musique des enfants royaux et sa réputation dépassa de loin celle de Scarlatti, surtout parce que le claveciniste ne s'intéressait pas à la musique d'opéra. Farinelli utilisait parfois les partitions des premiers compositeurs européens comme Hasse, Jommelli ou Galuppi, mais il se devait avant tout de faire travailler les personnes attachées au roi d'Espagne. Un opéra comme *La Clemenza di Tito*, premier ouvrage de Métastase donné pour le Carnaval de 1747, comprenait un premier acte de Corselli, un deuxième acte de Corradini et un troisième de Mele. Chacun recevait alors une rétribution identique pour l'acte qu'il avait composé.

Métastase suivit toujours de près l'évolution du Coliseo et l'action de Farinelli, avec un intérêt que décuplèrent l'éloignement de Vienne et la fuite du temps. Farinelli montait les œuvres de son ami et sollicitait ses conseils, ou lui demandait même de raccourcir de trop longs ouvrages, moins facilement jouables dans leur forme originale. Cela commença par la *Semiramide*, en 1752, que le poète « arrangea », non sans une certaine satisfaction : « Ce métier de savetier ne peut se faire que pour mon incomparable jumeau. Par ailleurs je vous suis obligé de m'avoir, pour ainsi dire, violenté pour le faire : car cet opéra, dont je n'étais pas pleinement content, est devenu maintenant le plus cher à mes yeux... Il a acquis une certaine continuité de flamme qui, resserrée en moins d'espace, devrait faire un éclat accru [54]. » *Sémiramis* sera donné en 1754, sur une musique de Jommelli, avec un succès aussi grand à Madrid qu'à Vienne.

Farinelli réitéra la même demande, en 1753, pour l'*Adriano in Siria* ainsi que pour l'*Alessandro nelle Indie* qui avait déjà été donné à Madrid quinze ans plus tôt (et qui, en fait, ne sera jamais remonté). Carlo reçut de Vienne cette savoureuse explication : « J'ai circoncis le premier acte de l'*Alexandre*. Oh quelle boucherie ! J'ai enlevé deux cent soixante-six vers et trois airs. Cher Jumeau : cette tâche très ingrate ne peut se faire que pour vous. Devenir eunuque de sa propre main est un sacrifice qui connaît peu d'exemples. Mais on le fait quand même, avec l'espoir que le spectacle n'y trouvera que des avantages [55] ! » Le nouveau livret quitta Vienne en février 1754 avec cette simple mention : « Je vous envoie donc par la poste mon *Alexandre aux Indes* circoncis, et peigné à votre goût, et au mien [56]. »

Les opéras que monta Farinelli à Madrid, presque tous sur des livrets de son ami, demeurent au centre de cette correspondance. Le poète suit pas à pas les répétitions et les représentations, donne des conseils, critique ou admire, montrant bien quel degré de réputation atteint Madrid en Europe : « Tous vos feuillets sont remplis de la magnificence royale avec laquelle vous avez produit mon *Demofoonte*. En somme Madrid, grâce à vos soins, a occupé la première place parmi tous les théâtres d'Europe. Cela arrive quand les princes ont un bon flair pour renifler les pastèques, et ne commandent pas aux cordonniers de faire des perruques, ni aux perruquiers de faire des bottes. Parmi tous les théâtres, la première place à laquelle a accédé le Manzanares est donc votre œuvre [57]. » Outre les livrets d'opéra, Métastase envoie parfois de simples airs que Maria Barbara ne manque pas d'interpréter dans le salon de musique, après la promenade : « Ma chansonnette a donc obtenu l'approbation de la divinité du Manzanares ? Le nom du pauvre Métastase a donc la gloire de se retrouver sur les lèvres royales [58] ? » Une quinzaine d'opéras, ainsi que des sérénades et des intermèdes, vont ainsi voir le jour sous le règne de Ferdinand VI, de 1747 à la mort de Maria Barbara (voir liste en annexe).

A l'inverse, c'est parfois Farinelli qui met en musique telle scène ou tels vers de son *alter ego*, avant de les lui envoyer à Vienne. En juillet 1747, il lui adresse la musique de son poème *Nice* à laquelle Métastase répond par de chaleureux éloges, le 26 août suivant : « *Nice* est digne de vous. Son mérite commence par le choix du son affectueux de la flûte et il poursuit avec la noble nature qui convient à cette sorte de composition. Je cède sans retenue : et même je suis fier d'être dépassé par vous ; et qui pourrait avoir honte d'être dépassé en musique par mon incomparable Farinello ?... Vous ne vous contentez pas de m'assurer que ma *Nice* se chante souvent sur les rives du royal Manzanares ; vous me laissez entendre PAR QUI, et comment, et en quel lieu sublime, et parmi quelle illustre et heureuse compagnie... Vous me faites une respectueuse mais exacte énumération des qualités plus qu'humaines de cette Déesse [la reine Barbara] qui rend ce climat si heureux par sa présence [59]... »

En juin 1749, le poète répond à l'envoi d'un air que Farinelli a mis en musique : « Oh quelle superbe ariette vous m'avez envoyée ! Si vous ne m'aviez pas confié le nom de l'auteur, je l'aurais reconnu par ces ports de voix qui aujourd'hui ne sont plus à la mode parmi nos gâte-métier. Nous l'avons goûtée plusieurs fois à la maison

Althann, assez bien exécutée, mais... avec l'impossible espoir de l'entendre une fois à la perfection dans la bouche du maître des maîtres[60]. »

A leur réception, Métastase s'empresse de faire connaître ces joyaux à son entourage autrichien, trop heureux qu'il est de mentionner à tout moment le nom de « l'aimable jumeau ». Un jour qu'une marche et un menuet, de la plume de Carlo, déchaînent les applaudissement des Viennois, Métastase s'empresse de raconter : « Alors je rendis grâce, d'un air modeste, à l'honneur que les dames et les chevaliers faisaient à cette bagatelle. – Donc (crièrent certains) cette musique est vôtre ? – Non (repris-je), mais elle est comme la mienne, étant de mon jumeau. – Ici il me fallut expliquer notre gémellité, et l'on décida par acclamation qu'il n'y a qu'un Farinello. On joua beaucoup de symphonies ; mais les gens ne voulaient pas rentrer chez eux sans réentendre la marche. Alors, cher jumeau, juqu'aux applaudissements j'ai aimé être en société avec vous[61]... »

Ces témoignages d'affection sans cesse renouvelés, ces coquetteries aussi, se transforment parfois en d'importants services demandés à l'un ou à l'autre. Métastase souhaite recommander à Farinelli tel chanteur hors pair, persuadé qu'il pourra faire quelque chose pour lui à Madrid. C'est le cas de la « nymphe » Colomba Mattei, admirée de tous, y compris de l' « incomparable africaine Tesi », du « capricieux Caffariello » et du ténor Raaff « qui chante comme un séraphin ». Beaucoup plus contraignante sera la requête de Farinelli au poète lorsque vers la fin de 1749, il lui demandera de lui trouver douze à quatorze chevaux Lippizan et de les expédier de Vienne à Madrid. Ce service embarrasse fort le poète, plus habile à manier les vers qu'à se faire négociant en chevaux. Celui-ci trouve tous les prétextes pour échapper à la corvée : les chevaux ne peuvent être ni attachés ni montés, un homme ne peut en conduire que deux à la main, il faudra donc sept personnes, des couvertures, des manteaux, des fers, quarante jours de voyage entre Vienne et Milan, puis faire route pour Gênes, trouver un bateau juqu'à Barcelone... Mais c'est sans compter sur l'obstination du castrat qui, avec amabilité et diplomatie, refuse de céder et de déplaire à ceux qui l'ont chargé de cette mission. Après mille tracas et complications, seize chevaux pur-sang de race Liechtenstein quitteront Vienne en mai 1750 et voyageront par voie terrestre jusqu'à Madrid, l'acheminement en bateau se révélant trop risqué pour eux!

Dans tous les autres cas, leur amitié soulèverait les montagnes. Chaque lettre, chaque paragraphe est une preuve réitérée de leur affection, une forme sans cesse renouvelée de gratitude : « Mon adorable petit Charles n'est pas seulement le patriarche de toutes les hiérarchies de chanteurs, mais le roi des honnêtes hommes et un exemple d'ami véritable [62]. » Tel un couple de jeunes amants, Métastase et Farinelli se font des scènes de ménage si l'un ou l'autre oublie de se manifester pendant quelque temps : « Vos caractères sont donc si précieux qu'on ne peut aspirer à les obtenir sans les avoir soupirés d'abord pendant quelques olympiades? Ah barbare! ah ingrat! ah tigre hyrcanien! aspic sourd! guépard! tarentule des Pouilles! En tant de mois, il ne vous est pas venu à l'esprit de me faire savoir si vous êtes vivant [63]! » Mais quel que soit le contenu de la missive, celle-ci ne peut s'achever que par le même type de déclaration : « Adieu, cher jumeau. Aimez-moi comme je vous aime; vous comblerez ainsi l'infinie avidité que j'ai de votre amour, et vous rendrez justice à la tendre sollicitude avec laquelle je suis et serai toujours votre ami et vrai serviteur [64]. »

5. *Aranjuez ou le séjour enchanté*

En avril 1750, eut lieu le mariage de l'infante Maria Antonia, fille de Philippe V et d'Élisabeth, avec le prince de Piémont Amédée III de Savoie. Quelques semaines avant le mariage, Farinelli proposa à la cour une représentation de *L'Asilo d'Amore* de Métastase et Corselli, dans le *Salon de Reinos* du Buen Retiro. Plus que sur les chanteurs, il misa sur le décor, exigeant des ouvriers et des artistes un travail considérable : le salon fut entièrement recomposé à partir de colonnes, de pilastres, de chapiteaux et de tribunes qui imitaient le marbre africain ou l'albâtre veiné. Les rideaux brodés au fil d'or scintillaient sous les lustres de cristal aménagés pour l'occasion. Devant tant de richesses, Leurs Majestés eurent le souffle coupé en pénétrant dans la salle tandis que l'ambassadeur d'Angleterre se crut tout bonnement « au paradis ».

Quatre jours plus tard, le 12 avril, la cour assista au mariage de Leurs Altesses, célébré à sept heures du soir dans la grande salle de bal du *Casón*. On convia ensuite les invités au spectacle : il s'agissait de l'*Armida placata* que Métastase avait envoyée à Farinelli à la fin de 1748 et qui avait été mise en musique par Mele, avec des décors du peintre Amigoni. Carlo s'était ouvert depuis longtemps de ce projet à son ami poète et, depuis le début de 1749, avait commencé à recueillir ses conseils. Comment concevoir le temple du Soleil à la fin ? Doit-on finir sur cette scène ou revenir au bois obscur pour le baisser de rideau ? Peut-on transposer l'action et faire en sorte qu'Apollon, au lieu d'évoquer les folies de Renaud et Armide, chante les louanges des dieux du Manzanares ? Autant de questions pour lesquelles Métastase proposait parfois plusieurs solutions.

Le jour dit, les invités trouvèrent le Coliseo éclairé de plus de 200 lustres de cristal comprenant 8, 12, 16, 24 ou 36 lampes chacun. Pour monter d'un cran dans le luxe des représentations, Farinelli avait demandé à la manufacture de la Granja de confectionner un gigantesque soleil en cristal, digne du temple d'Armide. Il avait beau s'y être pris avec des mois d'avance, le projet semblait compromis car le soleil se cassait à chaque fois qu'il sortait des moules. Peu de temps avant le mariage princier, on obtint enfin un soleil parfait que Farinelli fit transporter dans un emballage à toute épreuve et qu'il accompagna de la Granja à Madrid sur une charrette tirée par des mules. En plus de ce soleil, Carlo avait commandé une infinité de petites pièces de cristal de toutes les couleurs afin de placer sur la scène 1 200 colonnes et 200 lustres confectionnés avec ces petits morceaux scintillants. Huit fontaines complétaient le tableau, dont les deux du milieu faisaient monter leur jet d'eau jusqu'aux lustres, à 18 mètres de hauteur. Des perroquets multicolores achevaient d'illustrer le caractère bucolique de l'ensemble et mêlaient parfois leur voix aux sons de la musique. Les musiciens de l'orchestre avaient reçu des uniformes brodés de galons d'argent, plus conformes à la solennité du jour, et destinés à être portés dorénavant lors de toute soirée de gala. Jamais aucune cour d'Europe n'avait encore connu pareil enchantement.

La *Gaceta de Madrid* du 21 avril rendit compte de ces soirées sans précédent : « Une si singulière exécution est due au célèbre Carlos Broschi Farinelli qui a imaginé et dirigé cette fête ; on retiendra surtout, au sujet du Coliseo, qu'en hommage aux multiples preuves du zèle [de Farinelli], de son goût raffiné et de ses réussites accomplies, le Roi lui a permis d'agir à sa guise, selon la magnificence royale. »

La récompense ne se fit pas attendre. Avant même d'être ébloui par tout ce faste, Ferdinand et Barbara avaient déjà songé à gratifier leur protégé de la plus haute dignité accordée par les souverains espagnols : l'ordre de Calatrava. Le mariage de Maria Antonia les confirma dans cette résolution et tous les documents furent préparés. Cet ordre étant réservé à la noblesse, Carlo dut produire toutes les preuves de sa noble extraction napolitaine et faire venir d'Italie son certificat de baptême ainsi que les actes de baptême, de mariage et de décès de ses parents, grands-parents et arrière-grands-parents. Devaient s'y ajouter les recommandations de six témoins qui attestaient de l'honorabilité et de la « pureté de race » de Farinelli et de sa famille. Parmi eux le peintre Amigoni et le compositeur Mele reconnaissaient avoir connu la famille du castrat, constituée de « parfaits catholiques, jamais entachés ».

Un livret de soixante-huit pages, rédigé par don Gomez de la Vega (et conservé aux Archives nationales espagnoles), rassemblait tous les documents et concluait favorablement sur l'origine de Farinelli, sa pureté de sang et de noblesse, et les qualités de « vieux chrétiens » de ses ascendants. Une mention, bien caractéristique de l'Espagne de l'Inquisition, les déclarait « propres de toute mauvaise race de Juifs, Maures ou nouvellement convertis à notre Sacrée Religion [65]. »

Le 3 septembre 1750, Ferdinand signa le décret de promulgation : « Ayant concédé la grâce de porter l'habit de l'ordre de Calatrava à don Carlos Brosco, et en lui accordant en même temps le singulier honneur de lui donner l'uniforme et la croix de cet ordre [66]... » Comme en témoignent deux dessins retrouvés dans les manuscrits du Père Martini à Bologne, la cérémonie se passa dans l'un des grands salons du Buen Retiro, devant les deux trônes des souverains, sur l'un desquels reposait la couronne royale : Farinelli, tout d'abord debout, y reçoit le collier de l'ordre des mains du roi, tandis que l'épée est posée sur un fauteuil; puis, revêtu du grand manteau de l'ordre, il s'agenouille devant le souverain qui lui remet la croix de Calatrava à son côté gauche. Maria Barbara, émue sur le premier dessin, rayonnante sur l'autre, étend son bras derrière Farinelli, d'un geste protecteur, presque maternel.

Si ces dessins demeurent relativement sommaires quant à la précision des traits, tous les portraits du chanteur réalisés sous le règne de Ferdinand VI nous le montrent à l'apogée de sa maturité et de sa beauté. La rondeur un peu poupine du visage dans les tableaux londoniens a désormais disparu au profit d'une finesse de traits et d'une distinction vraiment fascinantes. Corrado Giaquinto nous a livré le portrait le plus célèbre du castrat, le plus officiel aussi, où on le voit poser tel un ministre ou un Grand d'Espagne, sous les bustes de ses royaux protecteurs. C'est probablement dès son arrivée à Madrid que Giaquinto exécuta ce portrait, en hommage à son puissant protecteur. La profusion décorative typiquement rococo, la profondeur des couleurs du manteau mais surtout la grande taille du tableau (275,5 × 185,5 cm), nous restituent le personnage presque grandeur nature, avec ce port droit, ce maintien aristocratique, que rehaussent la croix et la cape de l'ordre de Calatrava. C'est ici le Farinelli officiel, parvenu au sommet de sa carrière, dont le visage doux, lisse et sans âge respire la noblesse et la grandeur d'âme.

Très émouvant aussi, et peut-être le plus beau de tous, est le portrait de Jacopo Amigoni, aujourd'hui à la Staatsgalerie de Stuttgart. Outre le superbe bleu intense du manteau et la touchante présence d'un petit chien typiquement bolonais, le « carlino », la grande beauté de ce portrait réside dans l'angélique visage de Farinelli, ces yeux d'un noir de jais qui tranchent sur la peau blanche, ces sourcils et cette bouche bien dessinés et surtout ce regard d'une bonté et d'une douceur confondantes.

Enfin vient l'autre tableau d'Amigoni, l'un de ses derniers, exposé aujourd'hui aux antipodes, à la National Gallery de Melbourne. Toute raideur, toute solennité en est bannie : il s'agit ici d'une atmosphère plus familiale et détendue où Farinelli est représenté avec les êtres qui lui ont été les plus chers. Métastase est à gauche, assis, une plume à la main et un peu en retrait, pour symboliser son éloignement géographique; son portrait est sans doute repris du tableau que le poète avait envoyé à son « jumeau », en 1748. Au centre, également assis, se tient le couple Carlo-Teresa; le castrat ressemble comme deux gouttes d'eau au portrait de Stuttgart, preuve d'une grande constance dans le regard que porte sur lui Amigoni; la cantatrice, quant à elle, paraît très jeune, timide, vulnérable. Par le plus beau et le plus pudique des symboles, Amigoni ne les fait pas se toucher, mais les relie l'un à l'autre par une feuille de musique qu'ils tiennent conjointement : merveilleuse façon d'évoquer la poésie d'une complicité amoureuse qui fut toute musicale et spirituelle. A droite du groupe central se tient le peintre Amigoni lui-même, qui s'est représenté debout, quelques pinceaux dans la main, posant affectueusement la main droite sur l'épaule de son ami Farinelli. Un petit hussard lui tient la palette des couleurs. C'est ici le tableau de l'amitié et de l'affection, celui pour lequel Carlo éprouvera la plus grande tendresse, au cours de ses années de retraite.

L'année 1750 avait commencé dans les fêtes et s'était poursuivie par la plus généreuse des récompenses royales. Elle allait s'achever dans le deuil. Vers la fin du mois de novembre, on remit à Farinelli la lettre qu'il craignait de recevoir un jour : on lui apprenait la mort de Sicinio Pepoli, le 11 de ce même mois. Avec ce décès s'achevaient une correspondance de dix-huit ans et une affection réciproque qui ne s'était jamais altérée. C'était, après la mort de sa mère, le deuxième grand choc émotionnel qui frappait le chanteur, puisque le comte bolonais avait exercé à la fois les fonctions de protecteur, de mécène, d'impresario et surtout de père spirituel. Sicinio lui avait apporté des conseils, des relations, des contrats, mais aussi une bienveillance toute paternelle, une solidité à travers les aléas d'une carrière et une honnêteté irréprochable dans la gestion de sa fortune. Le plus troublant était que Carlo avait eu une sorte de pressentiment de cette fin prochaine lorsque, dans sa dernière lettre à Pepoli, il s'était épanché, d'une manière inhabituelle pour lui : « Dieu sait si j'aurais envie de vous embrasser avant de mourir ! Pour le moment, veuillez vous contenter de ma bonne volonté ; si cela m'est impossible... ce n'est pas ma faute [67]. » L'amitié de Carlo pour Sicinio Pepoli se reporta dès lors sur toute sa famille, à commencer par sa veuve, la comtesse Eleonora, sa fille Teresa, épouse du marquis Muzio Spada, et surtout son fils Odoardo qu'il ne manqua pas de voir régulièrement, après son retour à Bologne.

Mais en cette fin de 1750, Carlo n'avait guère le loisir de ressasser sa peine, tant la multiplicité de ses tâches suffisait à l'occuper.

Outre les manifestations exceptionnelles, il avait à régler dans les moindres détails les spectacles et les bals de la cour, qui se succédaient à une vive cadence. Une soirée ordinaire se déroulait de la manière suivante. Vers 6 heures (mais parfois dès 4 h 30!) commençait l'opéra dans le Coliseo. Comme on peut l'imaginer, personne ne payait de billet d'entrée puisqu'il s'agissait d'un spectacle réservé à la noblesse. Les invités avaient reçu, peu de temps avant, des cartes leur signifiant qu'ils y étaient conviés. Pour entrer il leur suffisait d'exhiber une sorte de médaille de métal qui servait de billet. Comme il n'y avait jamais assez de place, Farinelli supervisait l'organisation afin que personne ne fût lésé. Seuls les proches de la famille royale pouvaient assister à tout. Si pour une raison ou une autre, le théâtre n'était pas plein, Ferdinand VI envoyait ses gardes dans la rue pour y recruter les Madrilènes du peuple et les faire asseoir aux places vides : le roi, en effet, ne supportait pas qu'on pût lever le rideau si le Coliseo n'était pas comble. C'était ainsi l'un des rares moyens, pour le peuple, d'accéder au Coliseo. Seules autres occasions : les fêtes exceptionnelles telles que mariages royaux ou entrées de souverains ; dans ce cas le même ouvrage était donné trois fois : une fois pour le roi et la cour, une deuxième pour la ville et une troisième pour le peuple.

Pendant toute la durée de la représentation, Farinelli était partout à la fois. Dans les coulisses il supervisait les entrées des chanteurs, le bon fonctionnement des machines et la discipline des nombreux figurants, que l'on recrutait parmi les ouvriers chargés de construire le nouveau palais royal. Dans la salle, surtout au début de la soirée et durant les entractes, il devait faire le lien entre la famille royale et les invités. Échanger quelques mots avec lui ou recevoir quelque chose de sa main, constituait un insigne honneur : « La nuit suivante, écrit Benjamin

Keene, je n'étais pas sitôt assis à l'opéra que Leurs Majestés Catholiques m'envoient le livret des mains mêmes de Farinelli. Jugez comment mes confrères dans la loge ont observé cette marque de distinction [68] ! » Keene adorait l'opéra car, comme il l'écrivait à Lord Huntington, il n'aimait pas le jeu et ne faisait pas l'amour. Mais beaucoup de nobles et d'ambassadeurs trouvaient ces soirées un peu trop rapprochées, et ils jubilaient intérieurement quand un spectacle était reporté au lendemain par indisposition du roi.

L'opéra était écouté dans le plus grand silence et s'achevait vers neuf heures. Personne n'applaudissait avant les souverains. Les spectateurs quittaient ensuite la salle et se rendaient au souper, qui était servi dans le *Salón de Reinos*, puis ils se déversaient dans la grande salle du *Casón*, où le bal commençait aussitôt pour ne s'achever qu'entre trois et quatre heures du matin. Le roi dansait lui-même à en fatiguer toutes les dames du palais ; il restait frais et dispos, même après avoir dansé la « tracassière », cette danse française qui épuisait les plus vaillants.

La décennie qui s'ouvrait allait être aussi la grande période des séjours à Aranjuez, résidence favorite du couple royal, pendant le printemps et l'été depuis que la reine veuve s'était installée à la Granja. Carlo serait ici la clé de voûte d'un gigantesque projet de restauration et d'embellissement du château et du village attenant. Le palais royal avait partiellement brûlé le 16 juillet 1748 et, sans tarder, Ferdinand avait ordonné sa reconstruction, toujours soucieux de combler sa femme lorsqu'un lieu était aussi favorable à sa santé. Farinelli fut notamment chargé d'aménager dans le palais une petite salle d'opéra permettant au moins la représentation de « sérénades », sortes de mini-opéras moins ambitieux que les grands ouvrages du Buen Retiro de Madrid. Le Teatro Nuevo ouvrit ses portes en 1754 avec *L'Isola deserta*, sur une musique de Bonno et un poème de Métastase écrit exprès pour la cour espagnole.

Très vite le palais retrouva son charme d'antan tandis que le village devint une petite ville, élégante, bien tracée, élargie pour pouvoir contenir une population de courtisans et une domesticité toujours plus abondantes. Des fontaines furent placées un peu partout tandis que châtaigniers, frênes, chênes, peupliers et tilleuls bordaient les avenues et agrémentaient ce parc dont Maria Barbara allait faire un second salon de musique. Le roi autorisa même Farinelli à construire sa propre maison, non loin du palais, et lui proposa l'architecte Bonavera.

A Aranjuez tout portait à la sérénité, à la beauté et à l'art : la fraîcheur des ombrages et des fontaines qui faisait oublier la fournaise madrilène, le murmure apaisant du Tage qui incitait à la rêverie et aux promenades en barque, enfin la présence des plus beaux instruments de musique de la cour. Par le truchement de Domenico Scarlatti, qui avait bien connu Cristofori, l'inventeur du pianoforte, la reine possédait une collection assez unique, composée de douze instruments à clavier, répartis entre le Buen Retiro, Aranjuez et l'Escurial : cinq d'entre eux étaient florentins et les sept autres de factures diverses. Le clavecin le plus perfectionné, en noyer, possédait cinq registres et quatre rangs de cordes, avec cinquante-six touches en ébène et en nacre. A en croire Kirkpatrick, il possédait un seize-pieds, rarissime dans un instrument du XVIIIe siècle. Aranjuez et l'Escurial possédaient chacun un pianoforte, que Farinelli choisissait pour se faire accompagner, ayant une prédilection pour ce nouveau type d'instrument.

Clavecins et pianofortes offraient ainsi au chanteur, à Scarlatti et à Maria Barbara ces instants de bonheur extrême qui leur permettaient de communier dans la musique. En début de soirée, lorsque les fenêtres grandes ouvertes laissaient pénétrer la petite brise qui montait de la rivière, Domenico se mettait au clavecin pour interpréter une sonate récemment dédiée à sa protectrice, et l'accompagner ensuite, seule ou en duo avec Farinelli. Les lettres du chanteur au poète devaient être remplies de ces souvenirs rayonnants et ne pas manquer d'allusions à la bonté, à la grandeur et au charme de la reine, pour que Métastase osât sans cesse faire référence à la « Déesse » du Manzanares : « Oh Seigneur! La clémence, la générosité, la grandeur peuvent-elles aller plus loin ?... Ces quelques paroles que vous m'avez rapportées forment le grand caractère de cette déesse [69]. » Ou encore cette envolée : « Oh comme je suis plein de la lumineuse grandeur de la Déesse du Manzanares! Et pourquoi ne suis-je pas Homère! Soyez heureux, vous qui êtes les témoins oculaires de vertus si sublimes [70]! » Plus que l'humiliation causée par son renvoi, à l'arrivée de Charles III, la mort de cette femme et la disparition de moments si privilégiés pèseront sur la santé morale du castrat, lors de sa longue retraite.

Durant ces années 1750 l'heure était encore à la fête et Carlo se souciait avant tout de divertir Leurs Majestés. Devant la boulimie d'opéras qui marquait cette cour, il ne cessait de presser Métastase de lui envoyer de nouveaux poèmes, afin de toujours varier le répertoire et, selon une tradition de l'ère baroque, ne jamais proposer deux fois la même œuvre aux monarques. « Jumeau barbare! Vous voudriez me voir enceinte une autre fois! Après tant d'accouchements vous croyez qu'on ne perd pas l'envie d'accoucher? Vous comptez pour rien les douleurs, les nausées de la grossesse, la peur de faire quelque malheureuse fausse couche [71] ? » Devant cette (apparente) sècheresse d'inspiration, Farinelli faisait parfois des propositions, lançait des idées de sujets, de personnages, de situations, qu'il aurait aimé mettre en scène. Il lui proposa un jour un drame où l'on verrait une forteresse prise d'assaut, puis une foire remplie de baraques illuminées. A quoi Métastase répondit par ce commentaire fort précieux sur la conception de l'opéra au XVIIIe siècle, par rapport à celui du siècle précédent : « Comment nos spectateurs la supporteraient-ils [cette foire]? Stampiglia en introduisit une dans son Drame intitulé l'*Appio Claudio* : mais c'était au siècle passé, quand les bouffons étaient des personnages intéressants dans l'opéra ; et l'opéra était un genre bâtard entre tragédie et comédie, que l'on a dû corriger peu à peu. On pourrait bien faire une place fastueusement illuminée la nuit, et au lieu de ce fond de baraques, illuminer des arcades, des vestibules de temples ou d'autres édifices publics [72]. »

Là était bien la révolution métastasienne qui avait porté l'*opera seria* à son point de perfection, tout en l'éloignant du *dramma per musica* du XVIIe siècle. Alors que les livrets de Monteverdi ou Cavalli ménageait de fréquents contrastes entre scènes tragiques et comiques, nobles et triviales, les nouveaux opéras de Zeno ou de Métastase séparent les genres : toute tentation comique est désormais écartée du drame, pour laisser la place aux actions extraordinaires d'un Achille ou d'un Alexandre le Grand. Révélatrice est donc cette lettre du poète, où il avoue même, quelques lignes plus loin, qu'il se sent incapable d'écrire dans les changements de scène les mots « foire » ou « baraque ».

A côté des opéras, les concerts, sérénades et intermèdes dans le parc formaient le menu quotidien des séjours au bord du Tage, auxquels s'ajoutaient ces fameuses illuminations qui allaient alimenter tous les mémoires et correspondances du XVIIIe siècle. Parmi les moments exceptionnels figura cette soirée donnée pour la Saint-Ferdinand. Carlo et la reine, dont la complicité se renforçait jour après jour, s'étaient mis d'accord pour en faire la surprise au roi : tout fut donc préparé dans le plus grand secret. Le jour dit, le roi fut amené par son épouse et Carlo dans un lieu stratégique du parc d'où il put voir tous les arbres, les allées, les rives du Tage et les embarcations, illuminés de soixante mille lumières de couleurs différentes ; après quoi l'on tira de somptueux feux d'artifice pour clore cette soirée.

Le plus beau cadeau que Farinelli offrit à ses souverains fut la flotte d'embarcations à rames et à voiles qu'il ordonna de construire et dont il surveilla patiemment les travaux jusqu'à la mise à l'eau des premières barques, au printemps 1752, l'autre partie n'étant achevée que pour le printemps 1754. Quinze frégates furent ainsi présentées au roi et à la reine, dont la plus grande, la *Royale*, ne mesurait pas moins de 18 mètres sur 5 ! Entièrement dorée avec, pour la partie couverte, un superbe décor peint à la chinoise, elle pouvait contenir cinquante-sept personnes : outre le roi, la reine et Carlo, prenaient place quelques officiers et gentilshommes ainsi que quatre violons, deux trompettes et deux hautbois.

Les marins, tous recrutés pour leurs compétences au port de Carthagène, étaient déjà à leur place quand le couple royal arrivait, à six heures et demie du soir : la voiture à cheval s'arrêtait en haut de l'embarcadère, près du pavillon de jardin, et Leurs Majestés pouvaient alors descendre vers le fleuve par une élégante volée de marches en pierre blanche (parfaitement conservée aujourd'hui). Une salve d'artillerie et les cris de « Vive le roi ! » marquaient la montée de Ferdinand et Barbara sur le plateau. Malgré le poids d'une telle embarcation et le nombre de personnes qu'elle contenait, la *Royale* ne s'enfonçait que d'à peine un mètre dans l'eau, évitant d'effleurer le lit peu profond du Tage à cet endroit. Lorsqu'au retour le courant était trop fort, deux lourdes barques étaient accrochées à la poupe du bateau pour en freiner la course.

Alors que les souverains glissaient ainsi sur les eaux de la rivière, plusieurs autres embarcations suivaient leur sillage : ainsi la frégate dite de *Ferdinand et Barbara* embarquait les dames d'honneur de la reine, l'*Orpheo* était réservé aux caméristes et aux duègnes tandis que le *Tage* transportait les majordomes, les personnalités officielles et quelques aristocrates. La délicate *Falua de Respeto*, qui ne prenait aucun voyageur, n'avait d'autre utilité que de passer et repasser devant la barque royale afin qu'on pût en admirer la grâce et la légèreté.

L'un des buts de ces promenades fluviales était la

chasse, cette grande passion de Ferdinand comme de presque tous les Bourbons, pratiquée ici de manière ni glorieuse ni sportive : des filets, tendus dans la forêt, obligeaient les animaux rabattus par les chiens à refluer vers les rives du fleuve ; les souverains et les princes n'avaient plus qu'à les abattre à coups de fusil, depuis leur embarcation. Barbara répugnait à pratiquer ce genre de tuerie organisée, mais elle s'y soumettait pour l'amour de Ferdinand, sachant que la musique serait sa récompense sur le chemin du retour.

En fait, plus qu'une exhibition de luxe ou une promenade pour gens désœuvrés, la flotte du Tage semblait le remède le plus juste à la neurasthénie du roi et à la santé toujours précaire de la reine. Dans le silence du soir, alors que les rameurs avaient posé leurs avirons pour laisser agir la brise dans la voilure, Barbara se mettait au clavecin et Carlo pouvait enfin confier à la nuit d'Aranjuez ses plaintes les plus mélancoliques, ses vocalises les plus triomphantes.

Vers neuf heures, tous avaient regagné l'embarcadère, somptueusement illuminé. Dix à quinze promenades de ce type avaient lieu chaque année, jusqu'à ce que la santé de Maria Barbara se dégradât, en 1757. Grâce aux récits détaillés de Farinelli, Métastase ne perdait pas une miette de ces heures inoubliables vécues au bord du Tage : « J'étais présent à Aranjuez tout le temps que je lisais votre lettre... Je voyais le théâtre, les bateaux, l'embarquement, le palais enchanté ; j'entendais les trilles de mon incomparable jumeau, et je vénérais l'incarnation royale de ses divinités. Cette affectueuse attention à me faire l'hôte, autant que possible à une telle distance, de cette délicieuse magnificence ibérique, en vous donnant tant de mal, éveille de tendres réflexions sur la constance de cette amitié et vous lie à mon cœur avec une assurance plus forte que jamais [73]. »

6. Un rôle politique

Entre les opéras et les sérénades, les divertissements sur le Tage et les grandes fêtes royales, les grands travaux et les réceptions de personnalités étrangères, Farinelli devait supporter une tâche harassante. Comme il n'était pas homme à se plaindre, on peut croire dans les quelques lettres où il revient sur sa fatigue, sur l'importante besogne à accomplir et surtout sur cette sorte de pression qui pesait sur lui en permanence, puisqu'on attendait tout de lui et qu'on voulait être satisfait. Il s'était toujours montré perfectionniste, comme chanteur ou comme directeur des spectacles, et il craignait par-dessus tout de mal s'acquitter de sa mission. Combien de fois ses amis le supplièrent-ils d'en faire moins et de penser un peu à lui et à sa santé, avant de penser à servir les autres ! Ce que ne manqua pas de résumer Métastase en ces termes : « [Mes relations] me disent que l'impatience de votre zèle, quand il s'agit de servir par des actes les grâces dont vous comblent vos souverains, vous fait vous oublier vous-même : vous n'avez de paix ni de corps, ni d'esprit, ni le jour, ni la nuit. Ce tempérament est digne de vous ! Mais il serait aussi digne de vous de réfléchir une bonne fois que quand vous vous serez tué vous ne pourrez plus les servir. Et que le premier de vos devoirs est de conserver à des Maîtres aussi généreux un serviteur dont la perte leur serait aussi sensible qu'irréparable [74]. »

En fait, Carlo ne s'accorda pas une trêve, pas une seule période de vacances en vingt-deux ans, et ne quitta jamais le sol espagnol pendant toute cette durée, pas même pour faire un saut au Portugal. La cour étant toujours en mouvement, et toujours aussi active, ses diverses missions l'accaparaient là où les souverains se trouvaient. Sa santé s'en trouva plus d'une fois malmenée, notamment sur deux points faibles : les douleurs à l'estomac, son « éternel persécuteur », et les maux de gorge, sur lesquels Métastase ironisait en affirmant qu'il était puni par où il avait péché : « Dieu sait à combien et combien de péchés, votre gorge ensorceleuse a donné naissance : un petit châtiment ne vous fait donc pas de mal [75]. » A ces tourments habituels s'ajoutaient, ici où là, l'épaule démise lors d'une chute, la jambe contusionnée ou les maux de tête, que son médecin français et son physicien lombard s'ingéniaient à soulager.

En plus de ces fatigues physiques, le rôle politique que Carlo Broschi joua à la cour ou, dans la plupart des cas, celui qu'on voulut lui faire jouer, le soumit à une forte pression psychologique. Si un simple chanteur suscita l'envie des ambassadeurs des plus grands États européens, l'exemple d'une telle influence n'était pas nouveau. Le XVIIe siècle avait déjà compris l'intérêt de castrats cultivés et itinérants, capables de récolter de précieuses informations auprès de princes étrangers. Francesco da Castris, par exemple, avait été sollicité pour plusieurs missions, en raison de sa double qualité de *virtuoso* et de favori de Ferdinand de Toscane, fils de Côme III de Médicis. Les castrats Atto et Bartolomeo Melani s'étaient illustrés comme agents diplomatiques du cardinal Mazarin, tandis que Domenico Cecchi, dit « Cortona », avait accompli diverses missions secrètes pour les empereurs Léopold Ier et Joseph Ier.

A son arrivée en Espagne, Farinelli n'était bien sûr chargé d'aucune mission. Non seulement il ne pensait y rester que quelques semaines, mais il n'y était mandaté que par lui-même, répondant de son plein gré à l'invitation d'Élisabeth Farnèse : aucune autorité anglaise ne l'y avait envoyé, bien au contraire. Cela ne l'empêcha pas de rejoindre Madrid avec ses propres idées politiques.

Comme nous l'avons vu, Carlo demeura toute sa vie très attaché à l'empereur d'Autriche et, par voie de conséquence, à la politique impériale dans les différents États qu'il traversa. Rien de plus naturel de la part d'un homme favorisé par la générosité impériale à travers son maître Porpora ou son protecteur Pepoli, et marqué par la gentillesse et la prodigalité de la cour de Vienne, durant le printemps 1732. Cette partialité explique ses connivences avec Élisabeth Farnèse et Maria Barbara de Bragance, toutes deux parentes de l'empereur. La présence d'un « parti impérial » à Madrid était du reste corroborée par l'ambassadeur de France Noailles qui jugeait la reine Barbara et l'ambassadeur du Portugal « autrichiens à qui mieux mieux ».

S'ajoutait à cela sa longue complicité avec le poète Métastase ; bien que romain d'origine, celui-ci s'était installé à Vienne pour la vie, à partir de 1730. Il en épousa donc les coutumes, les idées et la politique, au point de s'identifier à ce peuple et d'écrire dans l'une de ses lettres : « nous autres braves gens allemands ». Cette quasi-naturalisation autrichienne ne l'empêchait pas de conserver et d'utiliser la langue italienne, langue des arts et de la musique en Europe, au même titre que le français l'était pour la diplomatie. Sans faire aucun prosélytisme pour la cause impériale, Métastase ne pouvait s'empêcher, à travers sa correspondance, de vanter à Farinelli les mérites et la grande bonté de la cour impériale. De plus, il ne manquait jamais de redire à Carlo l'impression très forte qu'il avait laissée à Vienne et les solides amitiés qu'il s'y était conservées : « Cela vous ferait plaisir de voir (comme cela m'a grandement touché) quel souvenir de vous vit ici depuis si longtemps, dans un climat dominé par l'oubli [76]. » Parmi les admiratrices de Carlo se trouvaient la comtesse Fuchs, gouvernante de l'archiduchesse Marie-Thérèse, et surtout la comtesse d'Althann, aristocrate napolitaine, née Pignatelli, qui avait épousé un comte autrichien. Jamais cette dame ne manquait de se rappeler au bon souvenir de Farinelli lorsque Métastase lui écrivait, lui assurant « une barque de salutations » et lui redisant à chaque fois sa vénération pour le chanteur : « En matière de musique, écrivait le poète, pour autant qu'elle en ait entendu, Farinelli est toujours son héros [77]. » Une année que le neveu de la comtesse se rendit à Madrid auprès du chanteur, elle envia jusqu'à leurs retrouvailles gastronomiques : « En bonne Napolitaine, elle n'a pu entendre parler avec indifférence de ces beaux gueuletons de macaronis que vous faites ensemble. Ce sont des tentations trop fortes pour les esprits sublimes [78]. » Lorsque Carlo apprit le décès de la comtesse d'Althann, le 1er mars 1755, il en conçut une sincère tristesse, tant une partie de son cœur était restée à Vienne.

A l'inverse, jamais il ne montra de symphatie envers la France ni envers l'Angleterre (même s'il tenta toujours officiellement de prouver le contraire). Dans le cas de cette dernière, une lettre de 1741 à Pepoli annonçait tout aussi clairement son soutien à la cause espagnole que son mépris pour Albion : « Les affaires de l'Inde ont réussi en faveur de cette Couronne [espagnole], ayant eu une victoire complète sur le *Rost Bif*[79]. » Il est vrai que les circonstances de son départ et les manœuvres procédurières des lords directeurs après son départ pour l'Espagne n'avaient pas contribué à le réconcilier avec la grande nation du nord. Quant à la France, et malgré l'infime vanité dont il faisait preuve en comparaison de ses semblables, Carlo se considérait toujours comme humilié par la condescendance des Français envers l'art des castrats et par l'attitude du roi de France qui n'avait su le remercier de son travail que par une misérable tabatière en or... A peine une aumône ! A toutes les époques, les castrats ne cessèrent du reste de railler la pingrerie de la France, si éloignée de la prodigalité de ces pays que nous qualifions aujourd'hui de « baroques ».

A ces petits règlements de compte personnels s'ajoutait le profond attachement qui le reliait aux deux couples royaux espagnols et sa volonté de les servir au mieux de leurs intérêts. C'est bien ce qu'avait détecté le gouvernement français alors que Ferdinand et Barbara n'étaient encore que princes des Asturies. Louis XV, par l'entremise de Louis Amelot, avait fait savoir à l'évêque de Rennes, Vauréal, « qu'il n'y a pas de cour où la prudence dans les démarches de tous les moments soit plus nécessaire à un ambassadeur qu'à celle dc Madrid. Il y aura surtout besoin de toute sa sagesse [celle de l'ambassadeur-évêque] pour diriger sa conduite à l'égard du prince des Asturies et des personnes qui lui sont attachées [80]... »

Fort de ces instructions, mais dépourvu de tact et de finesse, l'évêque chaussa ses plus gros sabots pour entreprendre Farinelli : il essuya tout naturellement un refus, que la France ne parviendrait jamais plus à rattraper. De toute façon, tant que Philippe V vécut, les pressions sur le chanteur furent infiniment moins importantes que sous le règne de ses successeurs, preuve que les relations avec le roi et Élisabeth n'atteignaient pas le même degré d'intimité qu'avec Ferdinand et son épouse.

Carlo brillait par son sens de la diplomatie, comprenant qu'il était de son intérêt de préserver de bonnes relations avec tous les courants qui s'exprimaient à la cour. Par son habileté et son affabilité naturelle, il parvenait à trouver un équilibre permanent, et notamment à rester l'ami du marquis de la Ensenada, chef du parti français, comme du marquis de Carvajal y Lancaster, tenant de l'alliance avec l'Angleterre. Les deux hommes politiques espagnols se respectaient du reste et Carlo prenait bien soin de ne jamais envenimer leurs relations.

A l'avènement de Ferdinand VI, l'intérêt que les puissances étrangères portaient à Farinelli devint proportionnel à l'emprise grandissante qu'il exerçait sur le couple royal. La France, qui voulait obtenir l'appui de l'Espagne dans la guerre et qui craignait une alliance hispano-autrichienne, décida de monter à l'assaut de la puissante éminence grise, en mai 1748. Vauréal écrivit le 10 avril : « Le crédit de Farinelli augmente. On a introduit l'usage des verrous jusqu'à présent inconnus dans la chambre des Reines d'Espagne, et on les a fait approuver sous prétexte des vents coulés, qui sont mortels pour les rhumes. Les discours sont affreux. Le Roi est absolument nul. M. de la Ensenada monte et M. de Carvajal baisse [81]. »

Le problème est que Vauréal manquait de moyens

convaincants et ne savait comment s'y prendre pour obtenir l'appui de Farinelli : « J'ai été près de faire quelques tentatives auprès du musicien, mais j'ai eu peur et je n'ai rien fait. Je crois que les Anglais ne seront pas longtemps à nous souffler cette conquête. [82] » Le ministre d'État français proposa donc de mettre 100 000 francs à la disposition de Vauréal « pour les employer dans la personne en question ». Les *Notes sur l'Espagne* de Bussy témoignent du pouvoir que l'on prêtait au castrat et de l'opinion que l'on avait de lui : « La Reine gouverne le Roi. Farinelli la gouverne despotiquement : ce dernier n'aime point la France et les Français. Le cardinal de Fleury y a contribué par sa lézinerie en ne lui faisant donner de la part du Roy qu'une simple tabatière d'or dont il a fait des plaisanteries en Espagne [83]. » A quoi l'ambassadeur ajoutait en note : « Farinelli a en effet beaucoup de crédit sur la Reine. Il est très éloigné de la France et de tous les Français et l'on ne doute pas que la lézinerie du cardinal n'y ait grande part. Il est sensible aux distinctions et se pique de générosité, en sorte qu'il faut s'y prendre avec adresse pour lui faire recevoir des présents. L'évêque de Rennes l'a voulu gagner, mais il s'y est pris trop maladroitement. Il se pique aussi de reconnaissance. Ainsi il faudrait que le marquis de la Ensenada le poussât à bout pour qu'il lui manquât [84]. »

Louis XV accepta et fit savoir le 26 mai, par l'intermédiaire de Puycieulx, que cette somme pouvait lui permettre de faire usage de son influence pour seconder ses vues qui n'avaient « d'autre objet que le repos et le bonheur de l'Espagne ». Si l'on ne sait exactement comment se passa la « tractation » finale, il est clair que tout effort fut vain. Jamais Farinelli ne se laissa soudoyer, même si cela pouvait servir les intérêts de son roi et la paix en Espagne. Néanmoins, pressions et pots-de-vin se multiplièrent au point que plus d'une ambassade enragea devant son incorruptibilité et son sens du devoir.

Le jeu complexe des alliances au sein de la cour favorisa cette fidélité et cette gratitude dont parlent les Français. Le ministre Ensenada et Farinelli s'étaient liés d'amitié du vivant de Philippe V, au point que le chanteur n'oublia jamais, sous Ferdinand VI, les services que le ministre lui avait rendus sous le règne précédent : par trois fois il l'empêcha de tomber, même s'il était loin de partager ses vues quant à la question française. Il semble évident, à la lecture de plusieurs rapports, que Farinelli bénéficia d'une position nettement supérieure à celle du ministre : « Farinelli sera toujours le maître quand il le voudra, de faire déplacer Ensenada [85] », écrivait l'ambassadeur français.

Dans ces conditions, il est normal que l'ambassadeur anglais Keene ait voulu tenter sa chance, espérant d'autant plus faire fléchir le chanteur du côté du roi d'Angleterre qu'il se faisait des illusions sur son anglophilie. La description de ses manœuvres et du double langage parlé par le castrat nous apparaît dans une lettre du 25 février 1749, adressée à Andrew Stone : « Farinelli est de mes meilleurs amis, et il jure qu'il aime la nation et qu'il me servira. Il a le mérite de savoir se faire le subordonné de l'*homme* qui dépend entièrement de lui [le ministre Ensenada]... Je lui ai fait miroiter l'état florissant de l'Angleterre, la force et la tranquillité du ministère, la considération personnelle que le roi, même pendant la guerre, avait manifestée envers Leurs Majestés Catholiques, et que la reine d'Espagne connaît les sentiments du roi [d'Angleterre] pour elle en particulier [86]... »

Conservée soigneusement par le ministre anglais pendant trois ans, cette lettre trouva tout son sens au moment où Newcastle eut besoin de gagner la reine d'Espagne à sa cause ; reprenant les arguments de Keene, il le pria de se servir de Farinelli et d'utiliser tous les moyens détournés permettant d'approcher la reine. Le fiasco de l'entreprise n'eut d'égal que celui des Français, et Keene fut éconduit à chaque tentative d'approche, avec une exquise courtoisie et le plus beau sourire de Carlo Broschi.

Persuadée que Farinelli aidait toutes les autres puissances sauf elle, la France commença à se faire une raison et tenta d'entretenir avec lui des rapports cordiaux. Deux documents méritent d'être rapportés tant ils sont riches d'indications sur le rôle du castrat et l'opinion que les Français avaient de lui. Le premier est rédigé le 23 septembre 1752 par Vaulgrenant pour le nouvel ambassadeur de France en Espagne, le marquis de Duras : « Depuis trop longtemps négligé de la France et n'ayant point oublié qu'une simple boîte d'or lui fut donnée comme un prix proportionné à son talent, nous ne pouvons plus espérer le faire revenir de ses préventions. Nous le pouvons d'autant moins qu'ayant voulu tenter de le gagner depuis, on eut lieu de connaître qu'il était déjà trop tard, et on s'y prit de plus très maladroitement. Nous devons donc compter avoir en lui, dans le plus haut degré de faveur, sinon un ennemi qui cherchera toujours à nous nuire, du moins un indifférent à notre égard, qui ne consentira jamais à se prêter à rien qui puisse nous être agréable. Les cours de Vienne, de Londres et de Turin, qui ont pensé et agi différemment, trouvent en lui un appui qui ne leur est pas inutile et M. Migozzi [futur ministre plénipotentiaire d'Autriche à Madrid], tel qu'on l'annonce, en saura tirer bon parti. Il est vrai qu'il n'y a pas de démarches humiliantes, même indécentes auxquelles les ministres de ces trois cours ne se prêtent pour lui plaire, comme de se faire prier à dîner chez lui et de ne manquer aucune occasion d'aller se faire écrire à sa porte, en un mot de lui rendre des devoirs dont lui-même, quoiqu'en étant très flatté, ne peut pas se refuser d'en faire des plaisanteries ainsi que le public. Quant à moi, je crois devoir me borner à son égard aux attentions que me paraissent exiger les bontés dont LL. MM. CC. l'honorent. Elles se bornent à lui faire politesse, à m'arrêter à lui et à lui parler. Je n'ai que lieu de me louer de la façon dont il y répond [87]... »

Le second document, rédigé en 1757 à Versailles, devait servir d'intruction au marquis d'Aubeterre, nouvel ambassadeur envoyé par Louis XV à Madrid pour démontrer que les intérêts franco-espagnols étaient liés : « Le Sieur Farinelli a été pendant longtemps un personnage fort accrédité à la cour de Madrid par les bontés singulières dont le Roi et la Reine d'Espagne daignaient l'honorer. On ignore quel est précisément le degré de faveur dont il jouit actuellement. C'est ce que l'ambassadeur du Roi sera peut-être à portée de démêler. L'évêque de Rennes et le comte de Vaulgrenant avaient été autorisés à offrir à ce musicien une pension de dix mille écus ou même plus considérable. Mais, soit par un motif de désintéressement de sa part, soit par le principe de l'attachement qu'on lui connaît pour la maison d'Autriche, il ne s'est jamais prêté aux insinuations qu'on a pu lui faire pour le gagner à la France, tandis que cette couronne a été dans un système d'intérêts et de vues différent de celui de la cour de Vienne. Il serait peut-être plus facile aujourd'hui de lui faire accepter des marques effectives de la générosité du Roi, mais il faut laisser au ministre impérial [le comte de Rosemberg Orsini] le soin de cultiver les dispositions de cette espèce de favori, et le Sieur marquis d'Aubeterre doit se contenter de le traiter avec une attention convenable lorsqu'il en trouvera des occasions naturelles [88]. »

Lorsqu'on lit la correspondance de Farinelli à Pepoli, on demeure étonné de ce rôle de pivot des ambitions internationales que les ambassadeurs semblent lui faire jouer, alors que le castrat ne fait allusion à rien, sinon à son intérêt pour la situation militaire espagnole durant les conflits. Mépris des avances qui lui sont faites ou pudeur de celui qui a toujours œuvré dans l'ombre ? Nul ne le sait vraiment. Il semble certain, cependant, que Farinelli a avant tout fait preuve de loyauté envers ses maîtres et que, s'il y a eu connivence avec tel ou tel, elle n'a jamais eu d'autre objectif que de servir la couronne d'Espagne et ses souverains. Mais il est clair aussi que son influence sur Ferdinand et Maria Barbara a été plus grande encore qu'on ne l'a dit, tant son nom revient souvent dans les correspondances et dossiers d'ambassadeurs. Même la grande Marie-Thérèse s'était vue contrainte d'entrer dans la ronde des solliciteurs puisqu'un jour que Kaunitz se justifiait de l'avoir poussée à écrire à Madame de Pompadour, elle s'était écriée, fataliste : « N'ai-je pas flatté Farinelli ? »

En 1752, par exemple, il usa de son pouvoir pour pousser Charles de Bourbon, roi de Naples, à accepter le traité d'Aranjuez, entre l'Espagne, l'Empire et la Sardaigne. N'y étant pas parvenu, il poussa Ferdinand VI à soutenir la politique francophile du ministre Zenon de Somodevilla, marquis de la Ensenada, qu'il sauva par trois fois des cabales menées par le parti anglais du duc de Huescar. Mais on accusa le ministre d'acheter ceux qu'il côtoyait, à commencer par le favori de la reine : Ensenada, en effet, accueillait dans son palais les répétitions d'opéra conduites par Farinelli. Brisé par le parti anglais et sentant sa carrière menacée, le marquis implora le chanteur de l'aider, mais celui-ci ne put lui être d'aucun secours, pas plus que ses autres amis, le Père Ravago et l'ambassadeur du Portugal. La reine s'était résolue depuis quelque temps à renoncer à Ensenada et rien ne pouvait plus fléchir la décision du roi. Pour cette fois, le clan farinellien ne put rien faire.

C'est dans ces cas beaucoup moins graves, pour des charges et des recommandations, que l'action de Farinelli se révéla plus assurée et franche. Nombreuses furent les pressions qu'il exerça sur Philippe V et Ferdinand VI pour obtenir, de la cour de Naples, des titres et pensions en faveur de son frère Riccardo et de son beau-frère Giovan Domenico Pisani : autant de démarches qui lui vaudraient le ressentiment de Charles de Bourbon, lors de son accession au trône d'Espagne. Toute personne nouvelle à la cour comprit également que son intérêt était de courtiser Farinelli en premier. Le nouveau ministre Alonso Perez Delgado citait ainsi, parmi les premières personnes à qui il avait rendu visite, le prince de Maserano, Carlo Broschi, les duchesses de Medinaceli et de Solferino. Bien des contemporains du chanteur lui rendirent grâce pour son aide. Lorsque Facundo Magrovejo fit le bilan de sa vie politique, il expliqua à Richard Wall qu'il n'avait jamais profité de ses amitiés à la cour, ajoutant cependant : « En onze ans... j'ai seulement demandé une petite pension sur l'évêché de Barcelone, et c'est D. Carlos Brosqui qui m'encouragea à la solliciter et qui me protégea pour l'obtenir [89]. »

Tout au long de sa vie, Carlo se recommanda toujours de deux patries, sans pencher véritablement pour l'une ou l'autre. Par la naissance, par ses études et par ses débuts musicaux, il appartenait au royaume de Naples. Sa sympathie et cette fidélité envers cette terre natale ne furent jamais remises en question : « Je suis napolitain, écrivait-il à Pepoli en septembre 1740, et le duc d'Andria m'a tenu sur les fonts baptismaux [90]. » Carlo ne ménagea jamais ses efforts envers ses concitoyens, à commencer par Pignatelli qui lui dut l'ambassade de Naples à Madrid.

Mais à d'autres moments, son cœur se serrait en pensant à Bologne, la ville qui l'avait comblé et dans laquelle il espérait connaître une quiète retraite. S'y ajoutait la figure de l'omniprésent Sicinio Pepoli, à qui il devait beaucoup. D'où ce sentiment d' « être bolonais » dont il se flattait aussi dans la même lettre : « Dieu sait le plaisir que j'ai eu en apprenant que le cardinal Lambertini était élu pape. Je suis bolonais, toutes les satisfactions m'arrivent donc de raison, et dire que je suis exclu des réjouissances dont ont pu profiter les habitants d'une si digne ville [91] ! »

L'Europe entière connaissait la relation qu'il entretenait avec les souverains espagnols. On savait que l'aide du chanteur pouvait être capitale dans l'obtention d'une faveur, soit en Espagne, soit dans les régions sous domination espagnole. Ce qui obligeait souvent Métastase à servir de truchement, au nom de leur « gémellité » : « Notre tendresse réciproque est si connue dans tous les coins d'Europe que, de Naples, de Rome, de Venise, de Milan, et de cent autres parties de l'Italie ou de l'Allemagne, je suis assidûment embêté pour implorer votre protection en faveur de celui-ci ou celui-là [92]... » Rude besogne et pesante amitié, en vérité!

A entendre les commentaires de ses contemporains, on ne comptait plus les peintres, les musiciens ou les chanteurs qui disaient avoir obtenu son secours dans la recherche d'un emploi ou lors d'une conjoncture financière difficile. Son affabilité envers les plus humbles était saluée par tous les observateurs, et l'anecdote du petit tailleur servit même de trame à un opéra-comique d'Auber, au XIXe siècle : un jour que le castrat se faisait livrer des vêtements, il demanda au jeune artisan tailleur ce qu'il lui devait pour solde de tout compte. Bouleversé de se trouver en présence du plus grand virtuose de l'Europe musicale, l'homme répondit qu'il préférait entendre un air, un air seulement, et que cela le paierait au centuple. Après quelques hésitations d'usage, Farinelli entama l'une des plus belles mélodies de son répertoire et déploya pour le petit tailleur tous les dons qu'il réservait quotidiennement à la famille royale. Après quoi Farinelli raccompagna son hôte et glissa dans sa poche une bourse contenant le double de la somme due.

7. La fin d'un rêve

Farinelli savait que les années de grandeur, de faste, de puissance aussi, ne pouvaient durer éternellement. Il savait depuis quelque temps déjà, comme tous ceux qui côtoyaient la famille royale, que la santé de la reine Maria Barbara déclinait et que rien ni personne ne parviendrait à la guérir.

Depuis des années la reine tentait de surmonter les crises d'asthme, les fluxions de poitrine et des quintes de toux qui l'épuisaient : elle ne participait que très peu aux chasses de son époux, voyageait seulement en voiture fermée, ne pouvait dormir qu'assise et devait parfois se résoudre à suivre un opéra dans une sorte de chaise à porteurs qui la protégeait des courants d'air. La poussière des routes, l'air trop chaud ou trop froid, la faisaient atrocement tousser et lui imposaient de ne pas voyager pendant plus de trois heures à la suite. Farinelli admirait le courage de cette femme qui jamais ne se plaignait, préférant s'intéresser à ceux qui l'entouraient, à la vie officielle de son mari et bien sûr à la musique. Le dernier spectacle donné de son vivant eut lieu à Aranjuez le 30 mai 1758 : il s'agissait de la sérénade intitulée *La Forza del Genio* de Bonecchi et Conforto, avec le ténor Anton Raaff et le castrat Giuseppe Aprile.

Ferdinand qui, sans elle, était comme vidé de sa substance, ne pouvait imaginer un instant être veuf le premier. Avec une détermination qui touchait son entourage, il écrivait des dizaines de lettres aux plus grands médecins de Salamanque et de Naples pour leur expliquer les symptômes de cette hydropisie de poitrine et les prier d'y trouver remède, en une volumineuse correspondance conservée aujourd'hui aux Archives du Palais royal [93]. Les réponses, on s'en doute, étaient affligeantes, allant du quinquina au bouillon de poule, ce qui ne risquait pas de sauver la reine.

La dernière joie de Maria Barbara avait été de pouvoir inaugurer le monastère des Salesas Reales à Madrid. C'est elle qui avait voulu créer et financer, dès 1750, un couvent de visitandines, désireuse d'y adjoindre un grand appartement dans lequel elle pourrait se retirer en cas de décès du roi. L'église devait également leur servir de lieu de sépulture. Farinelli, une fois de plus, avait été chargé de surveiller la bonne marche des travaux et d'informer la reine des éventuels problèmes qui surgiraient. Les plaintes n'avaient pas manqué de s'élever, dans la population, au sujet du coût d'une telle entreprise. Avec ses 775 000 pieds carrés, le monastère avait coûté des sommes astronomiques, ce que résuma ce pamphlet qui jouait sur le double sens du nom « Barbara » :

Bárbaro edificio
bárbara renta
bárbaro gasto
Bárbara Reina [94]

(« Barbare édifice / barbare dette / barbare dépense / Barbare Reine »)

Plusieurs fois Carlo avait entendu la reine lui dire : « Je ne voudrais pas mourir sans faire l'ouverture du couvent. » Cette grâce lui fut accordée et, après sept ans de travaux, le roi et la reine procédèrent à l'inauguration le 29 septembre 1757. Maria Barbara tendit solennellement les clés à Ferdinand qui ouvrit les portes, puis elle les remit à la mère supérieure. Les traditionnels feux d'artifice et illuminations du bâtiment terminèrent la journée.

Moins d'un an après, le 27 août 1758, Maria Barbara s'éteignait en son palais d'Aranjuez, ce lieu de séjour qu'elle avait toujours préféré à tout autre. La toux continuelle, l'absence de nourriture, avaient fait de cette femme obèse un squelette sans voix qui ne parvenait pratiquement plus à respirer pendant les derniers jours. De grandioses funérailles conduisirent sa dépouille mortelle aux Salesas Reales où son tombeau n'était pas encore achevé, onze mois seulement après que le couvent avait ouvert ses portes.

Farinelli qui, jusqu'au bout, avait entretenu la reine des projets d'opéras à venir, fut appelé par Ferdinand : celui-ci lui ordonna de ne plus faire représenter aucun opéra pendant la saison suivante, au grand mécontentement des chanteurs qui voyaient leur contrat rompu. C'est ainsi que la talentueuse Caterina Gabrielli, engagée depuis Vienne avec un très beau contrat, n'eut même pas à faire le voyage pour l'Espagne. Carlo, quant à lui, avait trop de peine pour ne pas comprendre le désir du roi. Il fut même bouleversé en prenant connaissance du testament de Maria Barbara. Celle-ci lui laissait ses trois meilleurs clavecins et tous les recueils de sonates de Domenico Scarlatti, en souvenir de ces moments de bonheur pur qu'un claveciniste, un chanteur et une reine d'Espagne avaient vécus ensemble, à Aranjuez notamment.

Au moment où sa protectrice venait de disparaître, Carlo se prenait à craindre pour le roi lui-même, sans oser imaginer que tout pût aller si vite. Avant même la mort de sa femme, les crises d'angoisse et de paranoïa assaillaient Ferdinand de plus en plus souvent mais la voix de Farinelli et la patience de Barbara parvenaient encore à l'apaiser. Les attentats commis (en vain) contre Louis XV et contre le roi du Portugal achevèrent de le déstabiliser. On avait grand peine à l'extirper de dessous le lit de la reine, où il se cachait en disant : « Un coup de stylet ici, un coup de pistolet là, et moi au milieu, hélas ! »

Ferdinand était désormais inconsolable : il commençait à perdre la raison et à ne plus vouloir autre chose que la mort. Une pénible agonie de plus de six mois débuta, ponctuée de crises de plus en plus violentes pendant lesquelles il se tapait la tête contre les murs, mordait ceux qui l'approchaient ou implorait pour qu'on le délivrât avec une arme ou du poison.

Enfermé dans son palais de Villaviciosa, près de la Granja, il pleurait toute la journée et demeurait parfaitement conscient de son état, répétant à son entourage qu'on ne pouvait rien faire pour lui. Même Farinelli, qui avait apaisé tant de souffrances de Philippe V et accompagné jusqu'au bout Maria Barbara, ne pouvait plus l'approcher.

En mars, Carlo reçut de Métastase des nouvelles alarmantes de son maître Porpora, qui croupissait à Naples dans le pire dénuement, à l'âge déjà respectable de 73 ans : « C'est à en pleurer, cher jumeau, de voir un homme de ce mérite dans sa profession, réduit positivement au manque de pain quotidien... » Le poète suppliait son ami de lui obtenir une petite pension de ses généreux souverains, pour qu'on n'assistât plus « au naufrage d'un homme que nous avons commencé à estimer dès notre plus tendre jeunesse [95] ». En fait, ce n'était pas la première fois que Farinelli secourait son premier professeur. Il l'avait aidé à Londres, puis lui avait envoyé quelques subsides lorsqu'il séjournait à Vienne. On ne sait ce qu'il fit exactement en ce mois de mars 1759, mais il est évident qu'il ne parvint pas à lui obtenir la pension désirée. On reprocha beaucoup à Farinelli d'avoir abandonné son vieux *maestro*, mais il est vraisemblable qu'il l'aida dès son retour en Italie, sans doute avec la plus grande discrétion. Porpora ne s'éteignit qu'en 1768, dans sa ville natale.

La fin de Ferdinand VI fut particulièrement pénible car il refusait de se nourrir pendant une semaine et s'empêchait d'aller à la selle en restant des heures entières assis sur le pommeau pointu des chaises de sa chambre. Passant ainsi d'anorexie en boulimie puis en constipation, sa fin fut très rapide : lui aussi devenu squelettique, il rendit l'âme le 9 août 1759, moins d'un an après le décès de sa femme, et la veille du treizième anniversaire de son accession au trône.

En accompagnant Ferdinand à sa dernière demeure et en gravissant pour la seconde fois en moins d'un an la grande volée de marches de l'église des Salesas Reales, Farinelli ne se faisait plus aucune illusion sur son sort à la cour d'Espagne *. Il avait très vite compris que le malheur des uns faisait le bonheur des autres et que ces deux décès successifs rajeunissaient de vingt ans la vieille Élisabeth Farnèse, du fond de sa retraite de la Granja. Après douze ans d'attente, elle tenait enfin sa revanche. Sa première réaction, à l'annonce du décès de Ferdinand, ne fut-elle pas d'écrire à son fils Charles, roi de Naples, pour le complimenter de son accession au trône d'Espagne ? Il ne lui restait plus qu'à réfléchir tranquillement au moyen d'écraser Farinelli.

La reine veuve n'avait plus quitté San Ildefonso pendant toutes ces années. Devenue impotente et presque aveugle, elle consacrait son temps à aider les œuvres de

* La Ville de Madrid n'a pas voulu séparer Ferdinand et Maria Barbara : leurs deux rues se trouvent aujourd'hui dans le prolongement l'une de l'autre, de part et d'autre du monastère des Salesas Reales.

charité et les plus démunis, au point qu'elle n'avait jamais été aussi populaire que depuis qu'elle ne régnait plus. Depuis le décès de Philippe V, jamais elle n'avait pu se réhabituer à un rythme de vie normal ; au contraire, elle s'était décalée davantage, se levant à une ou deux heures de l'après-midi, déjeunant à huit heures du soir pour dîner à cinq heures du matin et se coucher à sept heures.

Tout le monde pensait que cette femme qui passait de son fauteuil à son lit ne réagirait pas en apprenant le décès du roi régnant. Dès qu'elle sut que son fils l'avait nommée régente, elle sauta dans un carrosse, parcourut les quatorze lieues qui la séparaient de Madrid et s'installa au Buen Retiro pour attendre Charles III. Celui-ci débarqua à Barcelone et chemina lentement vers Madrid, via Saragosse et Guadalajara, avant d'arriver le 9 décembre 1759 au Retiro, où il s'empressa d'aller embrasser sa mère qu'il n'avait pas revue depuis vingt-huit ans !

Pendant son long séjour hors d'Espagne, Charles avait su conquérir les Napolitains par ses réformes et ses idées neuves : il venait de rendre à Naples son ancienne splendeur et c'est sous les acclamations qu'il s'était embarqué avec la reine Marie-Amélie et ses enfants. Poursuivant son œuvre, il voulait être pour l'Espagne ce « despote éclairé » dont elle avait tant besoin. Intelligent, efficace, simple dans ses goûts et sa manière de vivre, il arrivait avec une multitude de projets de réformes.

Madrid elle-même allait faire peau neuve, passant de l'état de porcherie à celui d'une cité accueillante, pavée, éclairée la nuit et rendue propre par des égouts, des canalisations et des latrines dans les maisons. Des artisans napolitains avaient été chargés de cette purification.

Lui qu'on surnommait « le plus grand Nemrod » de son temps était, comme tous ses ancêtres, un passionné de chasse, au détriment de tout autre intérêt plus culturel. « D'une laideur parfaite, de la tête aux pieds, écrit Gleichen, mais sans aucune difformité... on s'accoutumait facilement à cette laideur par l'air de bonté et les manières simples et naturelles dont elle était accompagnée, et qui lui tenaient lieu de grâces [96]. » Avec ses culottes de peau, ses bas de laine roulés et ses poches profondes comme des havresacs, il ne montrait aucun goût pour le faste et les dorures, et maudissait les festivités de son entrée solennelle dans Madrid, en juillet 1760, car elles le privaient de tirer le gibier pendant quatre jours.

Ce qui le séparait surtout de ses prédécesseurs était son aversion pour les arts et notamment pour la musique. Pas question pour lui de maintenir ce climat de fête permanente qui avait caractérisé l'ancienne cour et cette domination italienne dans l'art qu'on surnommait « farinellisme ». Tout divertissement en dehors de la chasse était pour lui perte de temps et obstacle au progrès de la nation. Et cet homme qui avait été le bâtisseur du plus beau théâtre du monde, le San Carlo de Naples, allait ainsi mettre fin à de glorieuses années de spectacles lyriques, concluant froidement : « Ni maintenant, ni jamais ! »

L'ère baroque était bel et bien terminée, en Espagne comme dans le reste de l'Europe !

S'il eut l'habileté de maintenir en place tous les anciens ministres, il s'attaqua aux proches des anciens souverains, car il savait que le pouvoir véritable était là. On pouvait compter sur Élisabeth Farnèse pour lui rafraîchir les idées et sur son ministre napolitain Tanucci pour lui prouver le danger de confidents trop puissants : « Il n'y a rien qui démoralise davantage les honorables ministres d'un souverain que ces personnages inférieurs qui, n'étant pas obligés de répondre de la conduite du gouvernement, parlent clandestinement de gouvernement et d'affaires. Ils guident le souverain et le ministre ne peut s'opposer à eux [97]. »

N'ayant aucun goût pour le chant des « chapons » qui, selon lui, n'étaient « bons qu'à être mangés », il convoqua Farinelli au Retiro, lui expliqua qu'il ne pourrait le conserver à son service mais qu'il lui accordait sa pension à vie. Comme l'entourage du roi s'étonnait de cette faveur, Charles, qui refusait d'être revanchard, ajouta : « Je le fais d'autant plus volontiers que Farinelli n'abusa jamais de la bienveillance et de la générosité de mes prédécesseurs. » La décision du roi concernait aussi Baltazar de Enao, Cayetano Obreguy et Pedro Morentes, tous familiers de Ferdinand VI, renvoyés courtoisement avec de très bonnes compensations financières.

Carlo ne s'était pas attendu à être congédié si brusquement et sommé de quitter l'Espagne au plus vite. Si tous avaient pu prévoir cette mesure, aucun ne s'en réjouissait vraiment, tant Farinelli s'était fait aimer par sa droiture et sa générosité. Le comte Esterházy le traitait de « héros » et pouvait parler des heures à son sujet lorsqu'il rentra à Vienne auprès de Métastase : « Il dit que vous êtes l'amour de tous les hommes bons, que votre cœur correspond à votre fortune ; il m'a raconté plusieurs de vos admirables, généreux et gracieux agissements : entre autres, la manière avec laquelle vous avez traité un prétendant indien qui vous offrait une éclatante récompense pour être confirmé dans un gouvernement ou pour l'obtenir [98]. » Le cardinal Migozzi parlait de son héroïque conduite et disait qu'il ne voyait aucune difficulté à le canoniser. Même les Français, qui avaient eu du fil à retordre avec lui, admiraient le tact avec lequel il avait traversé vingt-deux années de vie de cour : « ... Il n'a jamais fait qu'un bon usage de son crédit et s'est tenu modestement à sa place, tant qu'il a pu, évitant respectueusement les grands, et vivant avec les gens de sa sorte et de son pays [99]. »

Le regret fut encore plus grand chez ceux qui avaient vécu à ses côtés : les familiers du couple royal, la colonie italienne de Madrid et le personnel qui était à son service. « Tous regrettèrent son départ, écrit le comte de Fernán-Nuñez, et rendaient justice à sa probité. Cette gratitude dura jusqu'à sa mort dans sa retraite à Bologne [100]. » Par sa volonté de mettre fin à plus de vingt ans de « farinellisme », Charles III s'attaqua à tout ce qui pouvait subsister du « chapon ». Un décret du 4 mars 1760 mit en vente la jolie maison que Ferdinand VI lui avait fait construire à Aranjuez. Mais il fallut beaucoup plus de temps pour détruire toutes les traces de son long séjour, tant les palais royaux en regorgeaient : « Je suis arrivé à Madrid peu de temps après son départ, assure le diplomate français Gleichen ; on n'avait pas encore achevé d'effacer tous ses portraits, qu'on avait placés, sculptés et incrustés dans toutes les maisons royales : mais on ne touchait point à sa mémoire, que j'ai vue respectée et honorée presque universellement [101]. »

Depuis quelque temps, Farinelli avait prévenu ses amis bolonais de son retour imminent. Il rassembla donc ses affaires, clavecins, tableaux de maîtres, partitions, bijoux et autres présents offerts par les précédents rois anglais et espagnols, puis, la mort dans l'âme, à peine réconforté par la présence à ses côtés de son ami Anton Raaff, il s'embarqua pour l'Italie dans le port de Barcelone.

Quatrième Partie

BOLOGNE OU L'HOMME SEUL
(1759-1782)

1. A la recherche de ses racines

Avec la traversée de la Méditerranée et les premiers pas sur le sol italien, jamais foulé depuis vingt-six ans, sonnait pour Carlo l'heure du bilan. Il avait maintenant 55 ans, venait de parcourir les grandes villes d'Europe, jouissait d'un prestige sans commune mesure avec aucun autre castrat passé ou présent, mais se trouvait sans contact avec le grand public depuis vingt-deux ans et prisonnier de sa solitude. Jamais il ne lui vint l'idée de remonter sur une scène et de se retrouver confronté au public. Car il avait trop le sens de l'honneur et du travail bien fait pour ne pas risquer de décevoir les spectateurs après toutes ces années écoulées. Du reste, la cinquantaine était l'âge où la plupart des grands castrats songeaient à leur retraite, même si la limpidité et la fraîcheur de leur voix pouvait aller bien au-delà. Ne disait-on pas que lorsque Matteo Sassano (Matteuccio) chantait à 80 ans dans les églises de Naples et qu'on ne le voyait pas, on avait l'impression d'entendre un jeune homme?

Farinelli, comme le montreront des témoignages plus tardifs, possédait, à 55 ans, une voix encore très pure et émouvante, mais il se préoccupait désormais de sa villa bolonaise et de sa famille : la tristesse d'avoir perdu en si peu de temps Ferdinand et Barbara, l'armertume de ce départ peu glorieux d'Espagne, et l'anxiété de devoir recommencer une nouvelle vie le détournèrent de la musique.

Les retrouvailles avec Bologne eurent lieu en juin 1760. Dès le 26, Farinelli s'empressa de rassurer le comte de Bejar, à Madrid, lui redisant son amitié et son respect : « [J'espère] mériter de Votre Excellence la continuation de son inégalable grâce dont il avait fait preuve pendant mon séjour dans cette Cour Royale. » Le 3 juillet 1760, un chroniqueur rapportait l'événement causé par le retour du castrat dans sa patrie : « Carlo Broschi dit Farinelli, chevalier de Calatrava, vient de rentrer à Bologne où il avait été admis à la citoyenneté en l'an 1732; ce célèbre *musico* qui était à la cour du feu roi d'Espagne, alla à sa villa hors [de la porte] delle Lame. Le lendemain il reçut la visite du sénateur comte Francesco Caprara, en habit, avec la Toison provenant de l'Empereur. A huit heures il alla rendre visite au comte Odoardo Pepoli [le fils de Sicinio] et dimanche à dix heures l'Académie des Filarmonici en bon ordre alla l'inviter à la fête de Saint-Antoine qui, selon l'habitude de cette Académie, eut lieu à midi à San Giovanni in Monte[1]. »

Bologne se mettait en frais pour recevoir, sinon un chef d'État, du moins une personnalité de tout premier plan à laquelle les plus hautes sommités de la ville tenaient à rendre hommage. Auréolé d'un passé prestigieux, Farinelli devenait l'un des premiers citoyens d'une ville partagée entre l'affection et l'admiration. Son ami le Père Martini, qui présidait l'Académie des Filarmonici et que Léopold Mozart qualifiait d'« idole des Italiens », fut l'une des premières personnes qu'il retrouva et l'une de celles avec qui il allait entretenir les relations intellectuelles les plus suivies pendant de longues années.

Nous savons moins à quel stade de la construction se trouvait son petit manoir au moment où Carlo regagna Bologne. La chronique citée plus haut semble montrer qu'il s'y rendit dès son retour. Mais pouvait-il y résider vraiment ou devait-il se contenter d'une partie habitable, voire d'une annexe? Les importants travaux qui commencèrent en 1761 indiqueraient que l'essentiel de la construction restait à faire, du moins toute la finition et la décoration intérieure. D'après une ligne de son testament, il semble que seuls les communs et la petite chapelle furent restaurés pendant les années espagnoles. N'est-ce pas aussi cette difficulté de s'installer immédiatement qui le poussa à repartir aussitôt pour Naples, où se trouvaient sa sœur et la famille de celle-ci ?

Lors de son long séjour en Espagne, Carlo avait appris le décès de sa mère et assisté aux derniers jours de son frère. Riccardo, après avoir brigué en vain une charge de maître de chapelle à Naples, avait rejoint Carlo pendant la saison 1748-1749, comme le laisse entendre une lettre de l'infante Maria Antonia à sa mère (2 janvier 1749). Sans cesse dans l'ombre de son frère, il s'était éteint dans la capitale espagnole en 1756. La seule famille du castrat était donc sa sœur, Dorotea Pisani Broschi, qui était veuve et vivait à Naples. Malgré la retenue dont fait preuve Carlo dans ses écrits ainsi que dans son testament, ces retrouvailles furent très agréables à cet homme longtemps exilé, solitaire, comptant alors peu de vrais amis et aucune descendance. En arrivant chez sa sœur, Carlo découvrit une famille dont il n'avait suivi l'évolution que par correspondance.

Dorotea lui présenta ses deux garçons et ses quatre filles : Angelo Antonio, Matteo, Anna Maria, Rosaria, Fortunata et Irene. Seule Rosaria était mariée et mère de deux enfants, Giovan Battista et Onofrio. Farinelli, devenu d'un coup oncle et grand-oncle, eut même la joie d'assister, pendant son séjour, à la naissance du troisième enfant de Rosaria, qu'il tint sur les fonts baptismaux et auquel on donna bien sûr le prénom de son illustre grand-oncle : Carlo !

Six mois se passèrent ainsi à Naples. Alors que la population l'accueillait en héros, la cour du roi Ferdinand (fils de Charles III) le reçut avec froideur. Il alla aussi rendre hommage aux grandes familles napolitaines avec lesquelles il s'était lié, tel le prince de Belmonte, Antonio Pignatelli, frère de sa protectrice à Vienne, la comtesse d'Althann. Il est aussi probable qu'il eut à cœur de revoir son maître Porpora, même si Métastase n'en fait pas état dans sa correspondance. Le reste du temps fut partagé entre les longues conversations avec sa sœur et les mille riens qui font la vie quotidienne d'une famille. S'attacha-t-il plus particulièrement à son neveu Matteo, qui allait bientôt partager la fin de sa vie?

L'achèvement de sa maison le préoccupait surtout: « s'établir », « se stabiliser », tels sont les mots qui reviennent le plus souvent sous sa plume lorsque, dans son testament, Carlo tente de résumer cette période de sa vie et évoque cette villa « que la providence divine m'a conservé parmi tant de vicissitudes et où j'ai commencé un autre *da capo* de ma vie [2] ».

Les travaux s'échelonnèrent sur plusieurs années, lui permettant de s'y installer peu à peu, avec toujours plus de confort et dans un décor de plus en plus raffiné qui n'allait pas manquer de frapper ses visiteurs. L'importance de ces travaux, la qualité et la beauté qu'il souhaita pour la villa comme pour ses annexes et pour le parc, s'expliquent par l'immense fortune dont il jouissait alors. La « munificence royale » ne cessait d'y pourvoir puisque le nouveau roi d'Espagne lui avait maintenu sa pension. Carlo ne pouvait l'évoquer sans reconnaissance: « Que le Très Haut garde et fasse prospérer pour de longues années Charles III qui, par sa royale clémence et magnanimité, me conserve la même munificence, distinction et solde, en vertu du royal Diplôme de son très auguste père et de son frère; qu'ils soient au Ciel! »

S'y ajoutaient les rentes non négligeables que Farinelli possédait à Naples et à Venise, dues aux subsides de la cour d'Autriche et à ses gains antérieurs, que Sicinio Pepoli avait su faire fructifier en son absence.

Le patrimoine artistique et mobilier acquis pendant sa vie professionnelle puis pendant sa retraite, faisait de lui un homme très riche, avant les sérieuses brèches creusées par son neveu. Pour l'instant, Carlo tenait surtout à débarrasser ses amis et ses relations qui, à travers toute l'Italie, avaient entreposé chez eux des biens (meubles, tableaux, souvenirs personnels...) qu'il n'avait pu emporter dans ses pérégrinations.

C'est au début de l'été 1761 que Farinelli s'installa définitivement à Bologne, dans cette villa qu'il considérait non sans fierté comme la grande œuvre de sa vie, à la fois refuge et oasis de paix, mais surtout seule récompense tangible de ce demi-siècle consacré à la musique. Depuis 1732, il avait choisi cette propriété située à une lieue environ du centre de Bologne, au-delà de la Porta delle Lame, dans une plaine verdoyante et cultivée, d'où l'on jouissait d'une jolie vue sur la ville et sur les collines métallifères, toutes proches. Le charme de ce petit paradis n'a aujourd'hui d'égal que l'affligeante laideur de la zone industrielle qui l'a remplacé.

Les quelques dessins et photos anciennes du XIXe siècle, parvenus jusqu'à nous, montrent une simple bâtisse aux proportions élégantes, noyée parmi les fleurs et les bosquets ombragés. C'est toute le mesure, la sobriété et le raffinement de Farinelli qui émanent de cette maison : un perron accueillant et fleuri est surmonté au premier étage d'une large fenêtre à fronton, dotée d'un vaste balcon. De chaque côté, au rez-de-chaussée comme au premier, deux fenêtres encadrent cet espace central, tandis qu'un deuxième étage, plus discret, aligne cinq fenêtres, sous un toit de tuiles à lucarne centrale. Symétrie et sens de la proportion s'accommodent d'une pointe de majesté dans la taille des fenêtres et le galbe des balcons en fer forgé, souvenir de l'Espagne. Pelouses, allées sinuantes, acacias et peupliers viennent tempérer la relative raideur du bâtiment.

Après avoir franchi les sept marches du perron, le visiteur pénétrait dans une très belle entrée en fer à cheval, surmontée d'une verrière à six mètres de hauteur. A droite s'ouvraient plusieurs chambres communicantes alors qu'à gauche, un escalier solennel menait, par une volée de cinquante et une marches, à l'étage noble, constitué de salons et de chambres en enfilade. Un autre escalier, légèrement moins haut, montait aux petites pièces du second étage (chambres des employés, garde-robe, grenier, etc.). A mi-chemin entre rez-de-chaussée et premier, se tenaient une fontaine qu'un puits alimentait en permanence et des cabinets d'aisance. La symétrie extérieure se retrouvait dans la régularité du plan intérieur où les huit pièces du rez-de-chaussée servaient de pendant aux huit pièces du premier. Chapelain, cuisinier, femme de chambre, cocher, jardinier et divers autres domestiques, pourvoyaient au service et à l'entretien de cette propriété, surnommée dès le XVIIIe siècle « il Farinello ».

C'est à travers ces salons de réception et ces chambres cossues que Farinelli se constitua une sorte de musée privé, d'une beauté et d'une valeur incomparables, voué à l'art, bien sûr, mais aussi aux souvenirs de toute une vie. Tout l'art de vivre de Carlo, son raffinement, son bon goût, mais aussi ses dons intellectuels, si supérieurs à ceux de la moyenne des autres chanteurs, transparaissaient à chaque coin de salon, à chaque étagère de sa bibliothèque, avec une méticulosité surprenante dans la manière de répartir les objets.

Le grand salon du premier étage, où se trouvait le billard, était orné de tableaux représentant les grands de ce monde, et notamment les souverains, qui avaient favorisé sa carrière ; on y voyait, selon Burney, « deux empereurs, une impératrice, trois rois d'Espagne, deux princes des Asturies, un roi de Sardaigne, un prince de Savoie, un roi de Naples, une princesse des Asturies, deux reines d'Espagne, et le pape Benoît XIV », auxquels s'ajoutaient des tapisseries flamandes sur des cartons de Rubens et de Téniers.

Tout à côté, dans la première et la seconde antichambres, étaient placés les tableaux, dessins et gravures le représentant à différents moments de sa vie. La pièce maîtresse en était le grandiose tableau peint par Corrado Giaquinto à Madrid, où Farinelli arbore les insignes de l'ordre de Calatrava; mais on y trouvait aussi les nombreuses peintures d'Amigoni, réalisées en Italie, à Londres ou en Espagne. A travers tous ces portraits, aujourd'hui disséminés à Londres, Madrid, Bucarest, Paris ou Melbourne, on peut observer l'évolution de son visage, poupin et arrondi durant les années de jeunesse, puis de plus en plus fin et noble au fur et à mesure qu'il avance en âge.

En général Carlo est peint seul, à l'exception du tableau déjà évoqué où il côtoie Métastase, Amigoni et Teresa Castellini. On note dans de nombreux cas la présence d'un chien à ses côtés : simple passion pour cette race animale ? ou symbole rajouté par les peintres de son éternelle fidélité envers ses amis, ses protecteurs ou la musique ? De même la présence sur certaines toiles d'une race de chien typiquement bolonaise, le « carlino », ne semble-t-elle pas un lien ténu entre l'exilé et sa mère patrie ?

En parcourant les autres salles de sa villa, les visiteurs pouvaient remarquer un nombre impressionnant de toiles d'une trentaine de grands maîtres, parmi lesquels Velázquez, Mattia Preti ou Murillo, des bijoux et des tabatières en or, des livres et des partitions aux couvertures brodées d'or, d'argent et de soie, diverses croix et décorations, les œuvres complètes de Métastase en espagnol et en italien, ainsi que l'ensemble des partitions de Domenico Scarlatti. Parmi les joyaux de ses collections figuraient les clavecins et pianofortes qu'il avait rapportés d'Espagne, à commencer par ceux que lui avait légués la reine Barbara. Burney raconte comment son hôte avait pris l'habitude de baptiser ses clavecins du nom de grands peintres : l'un se nommait Raffaello, l'autre Leonardo, un troisième Tiziano. Un peu plus loin étaient exposés un Stradivarius et un Amati, pour ne citer que les objets les plus précieux.

2. L'Europe intellectuelle à Bologne

Une telle retraite aurait pu être synonyme de repos après l'effort, et de ressourcement au milieu de la beauté. Les choses ne purent aller aussi vite, tant Carlo était dépressif. Ni les chefs-d'œuvre de l'art, ni les souvenirs qui l'entouraient ne parvenaient à le raisonner et à lui redonner un peu de sérénité. L'humiliation espagnole, le changement de vie soudain et l'éloignement du public et des honneurs, aggravèrent les crises de mélancolie, déjà sensibles par le passé.

Métastase, qui avait envoyé plusieurs lettres à Madrid sans savoir que son « jumeau » n'y était plus, fut heureux de retrouver sa trace en Italie, à partir de juillet 1760, mais aussi un peu vexé de devoir le supplier pour obtenir des nouvelles. Il comprit vite dans quel état de déséquilibre moral se trouvait Farinelli, le sentant tout d'abord incapable de se fixer quelque part, entre Naples et Bologne : « Je souhaite que, de planète errante, vous deveniez une étoile fixe. Quand cela arrivera, informez-moi de votre sphère, que je sache où diriger ma longue-vue [4]. » Mais une fois Carlo installé à Bologne, le poète se rendit compte que la crise était beaucoup plus profonde qu'il ne le pensait, et qu'il fallait y aller de ses conseils et de ses encouragements pour combattre ce qu'il appelait son « ennemie interne » : « A ma plus grande douleur, je vois indéfiniment que vous êtes oppressé par une persistante mélancolie qui règne sur tous vos actes. Est-il possible, jumeau aimé, que vous qui avez été capable de résister à la tentation d'une destinée riante (héroïsme presque sans exemple), vous ne puissiez encore vous adapter à savoir en souffrir les caprices avec la même supériorité ? Oui, cher jumeau, faites savoir au monde que votre cœur est toujours le même en toute situation, et montrez en supportant les épreuves présentes, combien vous étiez digne de celles du passé [5]. »

En 1761 et 1762, Carlo touche le fond du gouffre : ni les lettres de Vienne, ni les visites de la princesse Belmonte, ni l'entourage bolonais, ne l'aident à sortir de cette crise. Enfin, au début de 1763, le printemps arrivant, les lettres de Carlo, moins pessimistes, commencent à rassurer Métastase : « Maintenant je commence à retrouver mon adorable petit Charles... Comme le temps et la raison vous ont rendu maître de vous-même, profitez donc, cher ami, de cette douce tranquillité qui est le fruit mérité de tant de transpiration et de tant de vicissitudes supportées [6]. » Enfin vient la lettre triomphante du 11 juin 1763 où Métastase vient d'apprendre que Carlo se sent bien, et qu'il s'est même offert un petit voyage à Parme : « Vive mon cher Jumeau, qui a enfin redressé la tête de ce marais bourbeux de l'hypocondrie dans lequel il était submergé [7] ! »

Il faut dire qu'à ses propres problèmes, Carlo n'avait pas tardé à y ajouter ceux de la famille Pisani. Le climat familial plutôt réconfortant et joyeux qu'il avait connu à Naples allait s'assombrir entre 1761 et 1765, alors que la villa n'était pas encore achevée : « Au milieu de cette pénible tâche qui consistait à réinstaller une maison et toutes les commodités, alors que ma santé souffrait de mes vicissitudes, de mes voyages et de mes ennuis, je reçus de ma sœur des nouvelles contrastées d'affliction et de jubilation [8]. » Si cette « jubilation » tenait au mariage de sa nièce Irene avec D. Antonio Fattuorosi Barnaba, l'« affliction » l'emportait de beaucoup, puisqu'il apprenait par la même lettre les décès successifs de cette Irene, probablement morte après avoir accouché d'un petit garçon, de son neveu Angelo Antonio et de sa nièce Rosaria, celle-là même qui avait donné naissance à un petit Carlo, lors de sa visite à Naples. En quelques mois, sa sœur Dorotea venait de perdre trois de ses six enfants.

Est-ce à la demande de sa sœur, ou tout simplement pour la soulager un peu, que Farinelli décida de prendre chez lui, à Bologne, son neveu Matteo ? Depuis son retour d'Espagne, il s'était attaché à ce garçon malingre, sans déceler peut-être son caractère ombrageux, ses emportements et ses caprices. Comme tout Italien qui se respecte, Carlo aimait passionnément les enfants, même insupportables et mal élevés. Son désir de ne plus être seul dans cette grande villa et, peut-être, son besoin inconscient d'exercer un rôle de père à son tour, l'emportèrent sur tout autre argument. Le début de leurs relations à Bologne se passa du reste sans incident majeur.

Tout se gâta lorsque Matteo tomba amoureux d'une jeune Bolonaise bien née, Anna Gatteschi. Carlo refusa à plusieurs reprises de consentir au mariage et tergiversa pendant deux ans. Mais, le temps passant, et sous la pression de divers parents et amis, il décida de se ranger à cette solution (comme il l'avait fait pour son frère Riccardo) et de prendre le jeune couple chez lui, pour ne pas voir s'éloigner celui qu'il considérait comme un fils. On célébra fastueusement le mariage, à Pistoie, le 7 juillet 1768. La date de la naissance d'une petite fille (cinq mois plus tard!) peut aussi faire penser à un « arrangement » aussi soudain que risqué entre les deux familles.

Métastase ne manqua pas de féliciter l'heureux oncle gâteau : « Je vous vois sain et serein, comme toujours affairé à concrétiser votre plaisir en le procurant aux autres. Parfois je vous imagine avec votre cher neveu à vos côtés; parfois vous m'apparaissez au clavecin avec votre noble nièce. Et souvent... il me semble voir sautiller autour de vous une ribambelle prospère de petits Broschi, de petits Pisani, de petits Gatteschi [9]. »

Heureux, Farinelli le fut incontestablement au moment où naquit sous son toit la petite Maria Carlotta, qu'il porta sur les fonts baptismaux et à laquelle il s'attacha pour le reste de sa vie. Il voulut même lui offrir un parrain digne d'elle et ne put que s'adresser à son ami poète, espérant vivement qu'il accepterait. Métastase se vit obligé de refuser, avec moult regrets : « Vous ne pouviez me donner une preuve plus chère de votre candide et constant amour que de m'inviter à une alliance sacrée, me préférant à un million de personnages lumineux et distingués auxquels vous auriez pu le proposer... Mais le malheur est que, outre les nombreuses personnes auprès desquelles je me suis excusé de ne pouvoir le faire, il y a deux mois à peine j'ai repoussé la demande d'une personne qui a beaucoup de liens avec la cour et qui aurait un juste motif de s'indigner de ma condescendance pour d'autres [10]. »

Farinelli n'en voulut pas à son « jumeau » et l'on trouva un autre parrain. Beaucoup plus préoccupante, en revanche, fut la dégradation de la situation familiale. Matteo et Anna étaient deux paniers percés, tout aussi inconscients de la valeur de l'argent qu'ingrats envers la générosité et la noblesse de cœur de leur oncle. Même la richesse intellectuelle des nombreuses personnalités qui franchissaient le seuil du « Farinello » semblait de peu d'attrait pour ce couple futile.

Si les disputes entre les jeunes époux n'étaient pas rares, celles qui les opposaient à leur oncle devenaient de plus en plus fréquentes. Carlo devait ainsi, jour après jour et en totale contradiction avec son caractère, lutter pied à pied pour défendre son indépendance, surveiller les dépenses inconsidérées de ses neveux et éviter la catastrophe. Tous deux creusèrent un trou important dans la fortune de Carlo. Par ailleurs, la famille d'Anna s'arrangea pour ne jamais verser la dot.

Est-ce en raison de ces tracasseries permanentes et des doutes qu'il pouvait avoir sur l'avenir de sa fortune, qu'il chercha à vendre sa vaisselle d'argent ? Si les raisons ne nous sont pas connues, la date de cette opération (1769) pourrait appuyer cette thèse. Une correspondance des Archives nationales de Vienne montre que Carlo, toujours fidèle à l'Empire, s'adressa au comte Firmian, gouverneur d'Autriche à Milan, pour proposer de revendre son service de table en argent à la couronne autrichienne.

Dans une lettre du 22 avril, Firmian informa le ministre Kaunitz, à Vienne, de l'offre du castrat, précisant qu'il n'avait pas vu cette argenterie mais que le « Chevalier » Farinelli en attestait l'origine espagnole (et donc la qualité!). Comme cette argenterie n'était plus décorée « au goût du jour », Firmian proposait d'en faire refondre une partie pour la faire ciseler à nouveau par des artisans milanais, ce qui en limiterait le coût. Kaunitz en informa l'impératrice Marie-Thérèse qui ne trouva pas « à propos d'en faire l'achat », préférant faire travailler les argentiers sur un autre service destiné à l'archiduc Ferdinand [11].

A travers les mille soucis domestiques, restaient à Carlo quelques récompenses intellectuelles : l'amitié qui le reliait à plusieurs personnes très chères et les visites que ne manquaient pas de lui rendre les personnalités les plus illustres d'Europe. Pour ne pas s'isoler, surtout l'hiver, Carlo avait pris un appartement dans le centre de Bologne, via Santa Margherita. Cela lui permettait de suivre, de l'extérieur, les travaux de l'Accademia Filarmonica, et de participer tant soit peu à la vie musicale bolonaise, pendant la saison d'opéra.

Cette vie semi-publique, loin des mondanités, en cachait une autre, plus discrète, vouée au secours des plus démunis. Le curé de San Michele Arcangelo avouait avoir beaucoup de chance de pouvoir compter sur l'aide du « Signor Broschi » pour soulager ses paroissiens dans le besoin. Son attention allait en particulier aux familles espagnoles en difficulté, dont il aimait rencontrer les enfants et à qui il donnait chemises, chaussures ou argent. C'était là, selon lui, la juste réciprocité de l'aide qu'il avait apportée aux Italiens en difficulté à Madrid.

A Bologne ses relations les plus proches étaient les enfants de Sicinio Pepoli, et notamment le comte Odoardo, dont il avait suivi la croissance à travers les lettres de son père et chez qui il se rendait de temps à autre, ou encore le Père Martini, compositeur et grand musicologue, dont il partageait l'amitié depuis longtemps. Les visites et les conversations qui les réunissaient, chez l'un ou chez l'autre, expliquent sans doute que nous n'ayons pas trace d'une correspondance entre les deux hommes. S'y ajoutaient les relations communes de Farinelli et de Métastase, qui voyageaient fréquemment entre Vienne et Bologne et donnaient à chaque « jumeau » des nouvelles fraîches de son *alter ego* : la princesse Belmonte, le castrat Potenza, le docteur Savich (proche du prince de Lichtenstein), la marquise Spada, l'abbé Giuseppe Pignatelli... A l'automne 1763, Farinelli voulut inviter son ami poète pour un petit séjour à Bologne, maintenant que son état moral commençait à s'améliorer. Métastase déclina l'invitation, s'inquiétant de la fatigue du voyage et des variations de climat, et remettant à plus tard une visite qu'il ne ferait jamais. Deux ans plus tard, de pressantes invitations arrivèrent d'Espagne où ceux qui étaient restés fidèles à Farinelli le suppliaient de venir faire un séjour. A son tour, Carlo refusa poliment.

Parmi les visiteurs qui se rendaient à la villa figuraient de nombreux jeunes castrats venant chercher le soutien et les conseils de celui qu'ils considéraient comme leur maître. Conversations qui ne nous sont pas parvenues non plus, mais qui furent certainement d'une grande richesse humaine et musicale. Farinelli était trop perspicace pour ne pas leur parler des difficultés de la carrière où ils s'engageaient, à une époque où la présence des castrats était remise en cause, battue en brèche un peu partout et bientôt privée de son support musical essentiel, l'*opera seria.* On sait en tout cas que, pour ne pas les mettre mal à l'aise, Farinelli n'obligeait jamais ces jeunes chanteurs à lui interpréter un morceau, sauf si ceux-ci le souhaitaient expressément.

Dès 1763, il eut la joie de recevoir chez lui, et à plusieurs reprises, Christoph Willibald Gluck qui venait, le 5 octobre précédent, de faire triompher son *Orfeo ed Euridice*, au Burgtheater de Vienne. Un grand tournant venait de s'opérer dans l'histoire du chant des castrats. Désireux de donner au personnage d'Orphée une voix pénétrante et suave, loin des acrobaties vocales du début du siècle, Gluck avait choisi le castrat Gaetano Guadagni. Ce contraltiste était l'un de ceux qui avaient contribué le plus à faire évoluer le chant des castrats vers plus de simplicité. Sa plainte sobre sur le mot *Euridice*, répétée trois fois au début du premier acte, venait d'émouvoir aux larmes le public viennois.

L'auteur d'*Orphée* séjournait à Bologne pour y créer *Il Trionfo di Clelia*, sur un livret de Métastase, le 14 mai suivant. Le castrat Manzuoli devait y tenir le rôle d'Horace. Le « Chevalier » Gluck était accompagné du violoniste et compositeur Ditters von Dittersdorf, qui relata longtemps après l'événement dans son autobiographie, non sans commettre une lourde erreur sur l'âge du chanteur : « Nous fîmes notre première visite au grand Farinelli... C'était un vieillard d'environ quatre-vingts ans [il en avait en fait 58 !]. Il nous invita plusieurs fois à dîner et nous traita royalement. Cela n'avait d'ailleurs rien d'extraordinaire, car il était riche à près d'un million. Je lui rappelai Mme Tesi, avec qui j'avais vécu pendant des années dans la même maison, etc., et cela me mit bien avec lui. Nous rendîmes visite aussi au Padre Martini, le directeur universellement connu de la musique classique [12]... »

Comme l'on aimerait connaître quelques bribes de ces divers entretiens entre Farinelli et Gluck ! Évoquèrent-ils seulement Vittoria Tesi, cette grande amie du castrat, ou aussi, comme c'est probable, tous les grands sopranistes et contraltistes qui s'étaient produits jusqu'alors dans les ouvrages du « divin Bohême », tels Caffarelli, Cornacchini, Guarducci ou Guadagni ? Comment n'auraient-ils pu évoquer ensemble le sort toujours plus préoccupant des castrats, à une époque où leur déclin devenait patent ? Gluck osa-t-il avouer à Farinelli qu'il ne comptait plus les utiliser dans ses futurs opéras et qu'il songeait à une reprise d'*Orphée*, mais avec un ténor au lieu d'un contraltiste ? Le compositeur allemand lui annonça-t-il déjà les grands points de sa célèbre « réforme » de l'opéra ? Autant de questions sans réponses qui laissent cependant entrevoir la richesse intellectuelle de tels tête-à-tête.

L'année 1769 fut marquée par le passage de l'empereur d'Autriche Joseph II, en route vers Rome. Celui-ci connaissait comme tout le monde l'immense réputation de Farinelli et surtout se souvenait de l'admiration que lui avait portée son grand-père Charles VI. Il s'enquit, lors de sa halte bolonaise, du chanteur et de sa résidence « hors les murs », mais n'eut pas le temps de s'y rendre. En revanche, à son retour de Rome, il insista pour rencontrer cette figure emblématique du monde de la musique et parvint à passer deux longues heures en tête à tête avec lui dans le centre de Bologne. Si Carlo n'avait pas revu l'Autriche depuis tant d'années, c'était un peu l'Autriche elle-même qui venait à sa rencontre, ce dont il fut aussi heureux que fier, étant donné la sympathie qu'il n'avait cessé de porter à la cause impériale.

De toutes les visites de marque qu'il reçut chez lui, celle du musicographe anglais Charles Burney demeure la plus connue, mais aussi la plus précieuse (malgré ses inexactitudes!) pour les historiens et les chercheurs qui s'intéressent à la vie musicale du XVIIIe siècle. Invité à dîner chez Farinelli en compagnie du Père Martini, le samedi 25 août 1770, Burney apprécia la jeunesse et l'entrain de cet homme de 65 ans : « Cela fera plaisir à tout amateur de musique... d'apprendre que Signor Farinelli vit toujours, et se trouve sain de corps et d'esprit. Je l'ai trouvé beaucoup plus jeune en apparence que je ne m'y attendais. Il est grand et mince, et ne semble en aucun cas souffrant [13]. »

Il fut également séduit par la villa et par l'élégance avec laquelle Farinelli savait recevoir ses hôtes à table. Il faut dire qu'il avait mis pour l'occasion sa plus belle argenterie anglaise, ce qui n'était pas pour déplaire à un fils d'Albion. Burney remarqua aussi cette étonnante pendule anglaise dont les figurines jouaient en concert de la guitare, du violon et du violoncelle. Carlo semble avoir voulu flatter son hôte. Il lui avoua son regret de n'avoir pu se rendre et s'établir en Angleterre, pour des raisons politiques, car c'était, après l'Espagne, le pays où il aurait le plus souhaité passer le reste de ses jours. Il poursuivit même en réaffirmant son respect et sa reconnaissance pour les Anglais. Pour quelqu'un qui, de Madrid, se réjouissait de la débâcle militaire du « Rost Bif », c'était pousser la flatterie un peu loin. Farinelli savait d'une part qu'il n'avait envisagé, pendant trente ans, qu'une retraite bolonaise, et d'autre part que le séjour à Londres, malgré les triomphes et les présents somptueux, s'était achevé par un retentissant fiasco. Même toupet lorsqu'il évoqua l'ambassadeur anglais Keene et le grand malheur que sa mort représenta pour l'Angleterre et l'Espagne, ainsi que pour lui-même et tous ses amis ! S'il est vrai qu'il admirait les qualités professionnelles de l'ambassadeur et sa forte personnalité, Carlo ne pouvait oublier que cet homme avait représenté le parti anglais à Madrid.

Charles Burney, semble-t-il, n'y vit que du feu et se montra sensible à cette anglophilie de bon aloi. Les deux hommes évoquèrent alors quelques grands moments de la vie musicale londonienne au moment où Carlo s'y trouvait : sa première apparition à la cour, la rivalité des deux troupes d'opéra ou sa première rencontre sur scène avec le castrat Senesino... Puis ce fut la visite de ce palais-musée et l'éblouissement du musicologue anglais devant les toiles qu'il renfermait, notamment celles de Velázquez, de Murillo et de Ribera. Farinelli s'arrêta sans doute devant cette peinture de Murillo représentant Notre Dame avec l'Enfant Dieu, qu'il admirait tout spécialement.

Burney fit plusieurs visites. Carlo s'efforçait de rassembler les quelques mots d'anglais qui lui restaient de ses trois années londoniennes. C'est lors de la dernière rencontre, au moment de prendre congé, que le musicologue anglais parvint à l'entendre chanter : Carlo joua quelques pièces sur son clavecin « Raffaello » et interpréta quelques mélodies de son répertoire. Sa voix, selon Burney, n'avait plus sa puissance d'autrefois mais gardait encore toute sa clarté et sa justesse.

Le musicographe pouvait bien quitter Bologne comblé : non seulement il avait eu le loisir de rencontrer Farinelli et le Père Martini, mais aussi l'occasion de croiser Léopold Mozart et son fils Wofgang, âgé de 14 ans. Partis de Salzbourg le 13 décembre 1769, les deux musiciens avaient traversé Vérone, Mantoue, Crémone, Milan et Parme, pour ne franchir les portes de Bologne que le 24 mars 1770. C'était là un de ces voyages de formation que Léopold réservait à son fils afin de lui faire connaître le grand art des compositeurs et des chanteurs de la Péninsule. A Mantoue et à Crémone, ils avaient assisté respectivement au *Demetrio* et à la *Clemenza di Tito* de Hasse, ces deux fleurons de la grande école napolitaine d'*opera seria.* La halte milanaise leur avait permis de rencontrer Sammartini, l'ancien professeur de Gluck.

En gagnant Bologne, où ils étaient recommandés auprès du comte Pallavicini, leur but était d'approcher le Père Martini, l'un des hommes les plus renommés d'Italie auquel Léopold était trop fier de présenter son fils. La rencontre eut lieu lors d'une séance de l'Accademia dei Filarmonici et servit de préambule à deux rencontres chez le musicologue : « Chaque fois, écrit Léopold, Wolfgang a composé une fugue pour laquelle le Père Martini n'avait écrit que quelques notes de thème [14]. » Comme partout, Léopold exhibait son fils prodige avec l'espoir de récolter les honneurs et de lancer Wolfgang dans la carrière d'interprète et de compositeur : Bologne n'allait pas le décevoir lors de son second passage.

Parmi les nombreuses personnes que les Mozart rencontrèrent dans cette ville figura bien sûr Carlo Broschi, probablement sur la recommandation du Père Martini. Comme nous aurions aimé que cette rencontre fût restée un grand moment historique !

Mais Wolfgang était encore un enfant, et Léopold ne jouissait pas d'une réputation comparable à celle de la plupart des compositeurs que le chanteur avait approchés jusqu'alors. D'autre part les Mozart, qui connaissaient la réputation de Farinelli et respectaient les castrats, voyaient en lui une curiosité, un chanteur finissant d'une autre époque, et surtout incapable de servir leurs intérêts comme le Père Martini pouvait le faire. Cela dit, le jeune

Mozart tira certainement profit des conversations qu'il tint avec Farinelli sur le chant d'opéra et l'art des castrats, puisque c'est à eux qu'il confia des rôles dans certains de ses plus beaux opéras (*Idomeneo, La Clémence de Titus*...). Si nous savons que ce rendez-vous eut lieu à la villa, en présence de la cantatrice Clementina Spagnoli (dite « la Spagnoletta ») qui préparait l'opéra prévu pour le mois de mai, nous manquons de détails. Comment se comportèrent les Mozart avec Carlo ? Celui-ci chanta-t-il pour eux comme il l'avait fait pour Charles Burney ? Léopold ne relata presque rien de cet épisode, comparativement à ses autres rencontres bolonaises.

Le premier séjour des Mozart à Bologne ne dura que quatre jours (du 24 au 28 mars) mais fut fertile en rencontres. Ils virent tour à tour le Père Martini, Farinelli, le castrat Giuseppe Aprile, le chanteur Manfredini, le chef d'orchestre Manzoni et le compositeur de Bohême Mysliveczek dont Léopold écrivait : « C'est un grand monsieur. Nous nous sommes liés d'amitié. » C'était là l'exemple parfait d'un séjour utile, comme le souhaitait Léopold. Aussitôt après, le père et le fils partirent pour Florence et Rome. A la chapelle Sixtine Wolfgang entendit le fameux *Miserere* d'Allegri, qu'il transcrivit de mémoire en sortant. A Naples, capitale de l'opéra italien au XVIIIe siècle, ils assistèrent à l'*Armida abbandonata* de Jommelli.

En remontant vers le nord, les Mozart s'arrêtèrent de nouveau à Bologne le 20 juillet pour séjourner trois mois dans le palais du comte Pallavicini. C'est là, dans cette ville peuplée de castrats célèbres, qui avait été le deuxième centre de formation des sopranistes après Naples, que, par une ironie du destin, Wolfgang perdit sa voix d'enfant et en fut tout attristé.

Cela ne l'empêcha pas de travailler d'arrache-pied. Il prit connaissance du livret de son premier *opera seria*, *Mitridate, re di Ponto*, qu'on venait de lui envoyer de Milan et qu'il allait y créer le 26 décembre suivant. Il travaillait aussi quotidiennement avec le Père Martini auprès duquel il composa un *Miserere* à trois voix avec continuo. Burney les rencontra le 30 août, peu de temps avant que l'Accademia dei Filarmonici ne prît la décision d'introniser Wolfgang dans la liste de ses membres, en qualité de compositeur! Celui-ci, pour l'examen de passage, fut enfermé pendant une heure dans une chambre afin de composer une pièce sur l'antiphonaire du premier ton : *Quaerite primum Regnum Dei.* Sa réception solennelle, le 9 octobre 1770, constitua l'honneur suprême que convoitait Léopold, conscient du privilège extraordinaire réservé à son fils, par une société qui n'acceptait d'ordinaire aucun mineur de moins de 20 ans. Wolfgang en avait 14 et recevait à Bologne la plus haute distinction de toute sa vie!

L'année 1772 fut aussi fertile en visites que les précédentes. Pour Farinelli qui avait laissé une partie de son cœur et de son esprit en Espagne, la venue de don Carlos Fernán-Nuñez à Bologne le toucha particulièrement. Ses liens avec l'aristocrate espagnol étaient très étroits car celui-ci, orphelin en bas âge, avait été pris en charge par le roi Ferdinand VI lui-même, qui lui avait servi de tuteur. Le roi avait payé ses études sur sa propre cassette et l'avait ensuite nommé enseigne aux Gardes royales espagnoles. Envoyé, pour son premier poste, à Aranjuez, il y avait fait la connaissance de Farinelli, peu de temps avant d'assister à la fin tragique de la reine Maria Barbara. Revoir Fernán-Nuñez signifiait pour Carlo retrouver tout ce passé espagnol, la musique avec la reine et Scarlatti, les promenades sur le Tage, la bonté de Ferdinand VI et tant d'autres souvenirs.

Le comte espagnol arriva à la villa en compagnie du duc d'Arcos et de quelques autres gentilshommes; tous venaient de Naples où le duc s'était rendu, au nom du roi, pour être le parrain de sa nièce Maria Teresa, premier enfant des rois de Naples. Si Fernán-Nuñez se trompa sur l'âge de Farinelli et lui donna 73 ans alors qu'il n'en avait que 67, il n'en fit pas moins ce bref récit, empreint d'une certaine nostalgie : « ... Après dîner, il se mit au clavecin, et chanta un peu, comme il le pouvait à son âge et, vraiment, nous laissa entrevoir ce qu'il avait été. Il suppléa d'ailleurs à l'insuffisance de sa voix en nous disant que, s'il avait chanté, c'était uniquement pour nous montrer qu'il n'oubliait pas les origines de sa fortune et tout ce qu'il devait à l'Espagne [15]. »

Plus contestable, en revanche, est le récit que nous livra l'extravagant Casanova qui, lui aussi, ne manqua pas d'approcher le castrat pendant les neuf mois qu'il passa à Bologne, en 1772. Qu'il l'ait rencontré ne fait aucun doute, mais qu'il soit allé chez lui en compagnie de l'Électrice de Saxe semble peu probable : une princesse de sang et un aventurier plusieurs fois incarcéré ne faisaient pas forcément bon ménage dans la société de l'Ancien Régime, et il est fort à croire que Casanova obtint le récit de l'Électrice de Saxe par le simple fait qu'ils logeaient tous deux dans la même auberge San Marco. A l'en croire, la princesse allemande était venue à Bologne exprès pour entendre cette voix unique qui n'allait pas manquer de disparaître bientôt. Après un délicieux déjeuner, Carlo se mit donc au clavecin et accepta de chanter un air de son répertoire, après quoi l'Électrice se jeta dans ses bras en disant : « Maintenant, je peux mourir heureuse ! »

Cette histoire, trop belle pour ne pas être rapportée et, après tout, peut-être véridique, ne doit pas nous faire oublier la fantaisie des écrits de Casanova et la part d'invention pure et simple qui s'y rencontre souvent. Le fait qu'il ait été ou non présent chez Farinelli en présence de l'Électrice, et qu'il se soit lui aussi trompé sur l'âge du chanteur, est de peu d'importance. Plus grave, en revanche, est l'histoire invraisemblable qu'il échafauda dans ses *Mémoires* au sujet d'une pseudo-passion amoureuse entre le castrat et la femme de son neveu, Anna. Selon lui, Farinelli devenu « vieux et impuissant » était tombé amoureux de sa nièce et se montrait jaloux de Matteo. A en croire Casanova, les soucis du chanteur découlaient de cette affaire sentimentale, au point de l'en faire mourir quelques années plus tard.

Une telle histoire, si peu conforme à la personnalité de Farinelli, laisse sceptique. Tout montre dans l'attitude du castrat une franche hostilité envers une femme incapable de gérer l'économie d'une maison, poussant même son mari à accumuler les dettes et à dilapider la fortune de son oncle. Le testament de Carlo est éloquent. « N'ayant jamais cessé d'instruire affectueusement, depuis le début de leur mariage, Monsieur Matteo Pisano et Madame Anna Gatteschi, sa femme... à la manière de gouverner l'économie domestique, et au bon règlement familial selon la prudente administration de tout chef de famille qui aime les siens... ce en quoi je n'ai jamais eu le bonheur de pouvoir leur faire confiance dans mes affaires domestiques du fait du peu d'application de tous les deux en tout, ceux-ci ne se sont pas montrés aptes à me seconder dans mes dispositions économiques de sorte que, mû par de justes et prudentes raisons, je ne veux pas que Don Matteo Pisano ait la faculté de disposer, diriger et administrer mon héritage... afin qu'il ne pense qu'à sa santé pour laquelle, comme pour celle de Madame Anna Gatteschi sa femme, je n'ai pas ménagé mon attention et mes dépenses, chacun ayant pu constater la manière peu commune avec laquelle ils ont été assistés en tout lieu, lointain ou proche [16]... » Un paragraphe précisait ensuite qu'il interdisait qu'Anna Gatteschi ou sa famille eût aucun droit à l'héritage qu'il laissait : « Je commande et exige que ni Madame Anna Gatteschi sa femme ni aucun autre membre de la famille Gatteschi n'aient directement ou indirectement accès, direction, disposition ou influence sur toute part de ma fortune [17]. »

Où donc Casanova alla-t-il chercher de tels ragots? Pourquoi nous présenta-t-il Farinelli comme un homme très décati, en contradiction avec tous les autres témoignages ? Y eut-il malveillance volontaire de sa part et pourquoi ? Ou se fit-il écho de quelque rumeur au sujet des trois étranges occupants de la villa ? Farinelli n'eut pas la possibilité de se défendre puisqu'il mourut quelque quarante ans avant la première publication de l'*Histoire de ma vie.*

3. « La mort est sûre mais son heure incertaine »

Une sorte de spleen langoureux envahissait peu à peu les dernières années de la vie de Carlo Broschi. Même si sa santé demeurait plutôt bonne (bien meilleure que celle de son « jumeau »), une insurmontable impression de lassitude et de solitude le rongeait petit à petit. L'Europe se déplaçait pour le voir, il recevait des centaines d'hommages, mais Carlo semblait déjà penser à la vie éternelle plutôt qu'à sa gloire passée. La mort de sa sœur Dorotea, en 1778, contribua à assombrir cette fin de vie. Ses lettres gardaient cependant un ton plutôt serein, une « sage disposition d'âme » et un style d'une qualité littéraire, qui faisaient l'admiration du poète. Souvent ses missives en partance pour Vienne étaient accompagnées d'un colis de victuailles pour satisfaire à la gourmandise de Métastase : liqueurs, gâteaux, mortadelles, confiseries...

Hormis cette fidèle correspondance, de longues journées s'écoulaient à méditer, à prier ou à égrener quelques notes sur l'un de ses clavecins. Par une permission exceptionnelle du pape, il avait obtenu de pouvoir faire dire la messe chez lui : un chapelain se déplaçait donc quotidiennement. Très souvent il disait ses prières en regardant de sa fenêtre le monastère de la Madonna di San Luca, situé au sommet d'une colline, et, lorsque sa santé le lui permettait, il aimait à se rendre en pèlerinage au sanctuaire de Loreto. Quelques visites rituelles au duc de Parme, à l'archevêque, au comte Pepoli, voilà ses autres sorties.

Que ne profita-t-il de ces années de repli pour écrire ses mémoires ! Combien de fois ne l'avait-on supplié de raconter ses études, sa vie musicale à travers l'Europe et, pourquoi pas, les sentiments que lui inspirait son état de castrat ! Mais ses réponses se recoupaient toutes, en une lancinante litanie : « Si vous voulez faire un bon livre, confiait-il à Burney, ne l'encombrez point de détails concernant une personne aussi insignifiante que moi [18]. » Ou encore cette réflexion livrée à Giovenale Sacchi : « A quoi bon ? Il me suffit qu'on sache que je n'ai porté préjudice à personne. Qu'on y ajoute aussi mon regret de n'avoir pu faire tout le bien que j'aurais souhaité [19]. »

L'une des dernières personnes connues à se rendre auprès de Carlo fut l'abbé espagnol José de Viera, accompagné du marquis de Santa-Cruz. Il nous laissa de leur visite du 7 octobre 1780 ce témoignage émouvant : « L'après-midi nous allâmes à la maison de campagne du célèbre Farinelli, située non loin des portes de la ville. Ce vieux chapon, chevalier de Calatrava, qui, ainsi qu'il le disait, portait déjà trente-cinq ans sur chaque épaule, se montra si ému et si incapable de prononcer une parole, en embrassant le marquis, qu'il nous parut très drôle. Sa figure, sa grande veste et sa perruque lui donnaient une tournure et un aspect singuliers. Il témoignait être attaché aux Espagnols et conservait dans son salon des tableaux représentant les scènes principales des opéras joués devant Ferdinand VI. Il gardait aussi comme une chose sacrée un piano dont lui avait fait présent la reine Barbara et nous y joua un fandango [20]. »

Au-delà de l'aspect quelque peu pitoyable de cet homme « très drôle » à l'allure insolite et surannée, probablement un peu ridicule aux yeux d'un jeune prêtre qui n'avait pas connu la somptuosité de la cour de Ferdinand VI, demeurent les mêmes constantes : fidélité à l'Espagne et à ses souverains, sincérité des sentiments, passion de la musique jusqu'au dernier souffle et humour badin qui consiste à jouer un fandango plutôt qu'une sonate de Scarlatti. Apparemment, Carlo ne chanta pas pour l'abbé Viera, mais l'on sait par Giovenale Sacchi que, pour tuer le temps, il interprétait encore diverses mélodies, en s'accompagnant au clavecin, quelques jours avant sa mort.

L'été 1782 fut le dernier de sa vie. Ni les rayons réconfortants du soleil, ni le parfum des massifs de fleurs dont il aimait tant s'occuper, ne parvinrent à apaiser la douleur qui le rongeait, depuis qu'une lettre en provenance de Vienne lui avait appris la mort de Métastase. Depuis quelque temps, il avait senti la dégradation physique et morale du poète : son humour si spirituel avait presque disparu et, peu à peu, ses doigts s'étaient engourdis pour tenir la plume. Il avait très mal supporté l'été 1781, l'un des plus chauds de sa vie à l'en croire. En février 1782, un panaris réduisit encore sa capacité d'écriture. Enfin, le 20 mars, sa dernière lettre fut pour son cher Carlo. Il le remerciait tout d'abord pour le colis contenant des livrets d'opéras, des airs, des sonates, mais aussi cinq petits vases de cuivre remplis de tabac espagnol, des confiseries de Ferrare, des mortadelles de Bologne, vingt-quatre boîtes de cotonnade des moniales de Saint-Laurent et six mouchoirs en soie de Castille... Puis, sentant son heure venir, il avait ajouté ce dernier paragraphe : « Oh, combien j'aurais encore de choses à dire ! Mais comment faire quand on ne peut pas ! Je prie mon cher jumeau d'offrir mes respects... à toutes les personnes qui, là-bas, m'honorent de leur mémoire. J'embrasse de tout mon cœur mon adorable petit Carlo [« Carlucciello »] et lui redis la fraternelle tendresse de son jumeau inchangé [21]. »

Très troublé par ces dernières lignes, Carlo avait pris la plume le 13 avril suivant, et conclu sa lettre par l'une des formules les plus affectueuses qu'il eût jamais utilisées dans sa correspondance : « Et je vous prie encore, sans trop vouloir vous déranger, de présenter mes respects à ceux qui ont encore la bonté de se souvenir de moi ; je reste, avec toutes les marques de la sincérité, *de todo corazon* [de tout cœur] avec mon cher petit Pietro, et confirme à mon incomparable jumeau, que je suis son constant petit esclave et jumeau *Carlucciello* [22]. » Farinelli ne savait pas qu'au moment où il apposait son sceau sur l'enveloppe, le poète Métastase était mort la veille, à l'âge de 84 ans.

Une lettre de Marianna Martinez, dans la famille de

laquelle Métastase vivait depuis un demi-siècle, partit le 9 mai 1782 de Vienne pour informer Farinelli de cette pénible nouvelle et lui raconter les derniers instants du poète. Souffrant depuis quelque temps, il avait rechuté le 1er avril, avec une forte fièvre qui lui avait fait perdre conscience. Il avait retrouvé la parole le 5 au matin et reçu les sacrements. Il s'était éteint le 12 avril, peu avant minuit, trois heures après avoir reçu l'absolution générale du nonce apostolique.

Dès lors Carlo Broschi n'eut plus la force de lutter. Il ne lui restait qu'à rejoindre son « cher jumeau » pour toujours. Après un été très ralenti, c'est une banale fièvre tierce qui l'emporta le 16 septembre 1782, à l'âge de 77 ans.

Selon ses vœux, et pour se conformer jusqu'au bout aux règlements espagnols, on l'habilla dans le grand manteau de l'ordre de Calatrava, qui avait toujours revêtu un caractère sacré à ses yeux. Puis on procéda à des obsèques, aussi sobres dans leur déroulement que solennelles par la foule de personnalités, d'amis ou de simples citadins qui avaient tenu à y assister. Cinquante pauvres tenant un cierge allumé accompagnèrent le cercueil jusqu'à l'église des Pères Capucins, que Farinelli avait choisie pour dernière demeure. On respecta également sa volonté en donnant à chacun de ces pauvres une pièce d'un paulin, une fois la cérémonie terminée, et en faisant dire des messes perpétuelles au sanctuaire de Loreto.

Le testament qu'on ouvrit le jour même de sa mort était le troisième qu'il avait écrit, rendant caducs ceux de Londres et de Madrid. La mort de sa sœur Dorotea l'avait poussé à rédiger ce texte définitif, commencé le 20 février 1778 et poursuivi durant les jours suivants. Trente-deux pages d'une belle écriture régulière et appliquée, tremblant occasionnellement sur certaines lettres, constituent l'essentiel de ce document auquel un codicille plus tardif a été joint.

« Moi, Carlo Broschi, dit Farinello, Chevalier de l'Ordre Militaire Royal de Calatrava, fils de feu Salvatore

Broschi et de Caterina Barrese, Napolitains, considérant et réfléchissant que la mort est sûre mais son heure incertaine : maintenant que je me trouve par la grâce de Dieu sain de corps et d'esprit, me préparant à un pas aussi grave, je commence à mettre en ordre tout d'abord les choses de l'Âme, puis les choses temporelles; pour cela j'ai résolu de faire ce testament, selon ma volonté libre et spontanée, et, avec une réflexion mûre et chrétienne, je l'écris de ma main en ce mois d'octobre mille sept cent soixante-dix-huit pendant lequel j'ai appris la douloureuse nouvelle de la mort de ma sœur, que Dieu la garde : voilà pourquoi je veux que ce testament soit pleinement et en tout point exécuté [23]. »

Plusieurs parties divisent le manuscrit aujourd'hui conservé à Bologne. Aux souhaits de Carlo Broschi concernant sa sépulture, fait suite un long rappel de sa vie et de sa carrière en Italie, à Londres, et enfin dans les deux cours madrilènes. Il évoque ensuite les circonstances de son installation à Bologne, les retrouvailles avec la famille de sa sœur, le mariage de Matteo. C'est alors qu'intervient le passage rapporté précédemment dans lequel il refuse toute partie de son héritage à son neveu et à la femme de celui-ci. Les dispositions concernant son patrimoine sont donc celles-ci : tout ce que Carlo possède est érigé en fidéicommis, c'est-à-dire que l'intégralité de ses biens ne peut être partagée ou vendue, et doit rester pour toutes les générations à venir un patrimoine entier, géré par l'aîné des garçons.

Carlo n'ayant pas d'enfant, c'est Matteo Pisani qui est nommé héritier usufruitaire de ce fidéicommis, pouvant « user » de ce patrimoine et en recueillir les « fruits » éventuels. Mais comme il ne s'agit pour l'essentiel que de tableaux, de meubles et d'objets précieux (et non pas d'argent sonnant et trébuchant puisque le jeune couple a pratiquement tout dilapidé), Matteo devient davantage un simple dépositaire, un « gérant » de ce patrimoine, plutôt qu'un réel bénéficiaire. Deux conditions sont mises à cet héritage : un inventaire complet doit être fait après sa mort, avant toute procédure d'héritage, et Matteo ne doit rien s'approprier, veillant même à ce que personne ne porte atteinte à la maison et à ce qu'elle contient. Si Matteo ne se conforme pas à ses volontés, l'usufruit du fidéicommis passe à Gian Battista Maiorini, premier fils de sa sœur Rosaria, et ainsi de suite de premier mâle en premier mâle. En cas d'extinction de cette branche, le patrimoine passe aux enfants mâles de Fortunata, deuxième sœur de Matteo, etc. Si Carlo exclut les femmes, ce n'est pas qu'il ne les aime pas mais, comme il en advient dans beaucoup de grandes familles, pour éviter la dispersion du patrimoine. A chaque fois que le fidéicommis passera d'une branche à l'autre, un inventaire devra être refait. Fier de sa citoyenneté bolonaise, Carlo prévoit aussi que son patrimoine demeure à Bologne à perpétuité.

Une mention particulière concerne ses neveux : « Pensant au soutien nécessaire de M. Matteo Pisani et de Mme Anna Gatteschi, qui n'ont eu cure de la conservation et de la prudente distribution économique de mes biens, comme le ferait tout citoyen du monde, mais en continuité de ma constante affection, charité, estime et amitié pour eux, je veux et commande cependant à mon exécuteur testamentaire qu'il veille à ce que, en recevant de chacun mes rentes actuelles, d'une part les époux [Pisani] ne manquent de rien pour vivre, et d'autre part il paye à chacun ponctuellement les legs que je ferai, afin que tous aient motif de prier Dieu pour eux et pour moi [24]. » Après ces paroles assez sèches qui visent en quelque sorte à assurer le minimum à ses neveux, Carlo ajoute, avec une générosité qui le caractérise bien, qu'Anna jouira, si Matteo vient à mourir, d'une rente de 1 200 lires bolonaises pour toute sa vie, sauf si elle se remarie.

Vers la fin de son testament, Carlo ne peut s'empêcher d'évoquer les biens qui lui sont les plus chers, notamment ceux qu'il détient des souverains espagnols : les partitions, les clavecins, l'anneau de diamants de Maria Barbara, ainsi que les œuvres de Métastase imprimées en espagnol et en italien. Il insiste également pour que le fidéicommis conserve les vingt portraits des rois et reines faits par les plus grands peintres, ainsi que toutes les tabatières (comportant en général des portraits à l'intérieur) des rois d'Espagne, de l'infant Philippe, des rois de Sardaigne, de François Ier et Marie-Thérèse d'Autriche, les bijoux, les diamants, l'argenterie, les tableaux des peintres espagnols, flamands et italiens, les tapisseries des Flandres...

Un codicille écrit le 14 septembre 1782 à sept heures du soir, deux jours avant sa mort, retire du fidéicommis un certain nombre de biens, pour que ceux-ci soient attribués à des personnes ou institutions qui comptent beaucoup pour lui. Les tissus brodés et les mousselines d'Inde vont au sanctuaire de Loreto tandis que la grande croix de trente-six brillants que Ferdinand lui avait remise de sa main en le faisant Chevalier, retourne à l'ordre de Calatrava à Madrid, dans le couvent des Révérendes Mères de la rue d'Alcalá. Une offrande est faite aux Pères Capucins de Saragosse tandis que son ami (et exécuteur testamentaire) Francesco Ripandelli reçoit son encrier et sa parure de bureau en argent, ainsi que sa tabatière en or et une offrande. Une somme d'argent est aussi attribuée à ses neveux et petits-neveux, alors qu'une rente mensuelle spéciale va à son petit-neveu Carlo (celui qui était né à Naples à son retour d'Espagne), le seul qui ait montré des dons et de la passion pour la musique et la peinture. Enfin de petites sommes sont distribuées à son chapelain et à tout le personnel du « Farinello »; Rosa, sa femme de chambre, et son cocher reçoivent respectivement seize et quatre mois de salaire d'avance.

Le 2 mai 1783, les notaires Casanova, Ripandelli et Negri procédèrent à l'inventaire légal de tous les biens « retrouvés en l'état dans l'héritage de feu Signor Carlo Broschi Chevalier de l'Ordre Militaire Royal de Calatrava [25] ». Les cent soixante-six pages de ce texte sont divisées en chapitres, chacun contenant la description d'une catégorie particulière d'objets : « Description des tableaux », « Description des clavecins, violons et guitares », « Description des diverses porcelaines », etc. Plus de trois cent trente tableaux sont répertoriés, la plupart de grands maîtres, avec pour chacun une estimation effectuée par Giuseppe Becchetti, professeur de l'Accademia Clementina [26]. Deux d'entre eux se voient attribuer la plus grosse valeur (3 000 lires) : un tableau de Velázquez représentant sa famille, et une *Vierge assise à l'Enfant* de Murillo. Viennent ensuite un tableau d'Amigoni représentant Farinelli à côté d'une figure allégorique de la Musique avec couronne de lauriers, une *Judith et Holopherne* du Cavalier Calabrese, deux *Figurines avec chevaux* de Bowermanz, la célèbre *Jeune fille au coq* de Stanzione et deux pastels de la Vénitienne Rosalba Carriera. Une vingtaine de tableaux provient de grands maîtres espagnols (Velázquez, Murillo, Ribera, Morales...), dix-huit des plus célèbres peintres napolitains (Salvator Rosa, Mattia Preti, Luca Giordano...) et plus de vingt des artistes flamands (Téniers le Jeune, Paul de Vos, Philips Wouwerman). Très riche également la collection de tapisseries des Flandres : une série de huit panneaux sur cartons de Téniers, une autre de sept panneaux sur cartons de Rubens et enfin une série de huit panneaux par Borght. Farinelli s'était lié avec Joseph Smith (1675-1770), qui n'était pas seulement consul d'Angleterre à Venise mais aussi l'un des antiquaires et mécènes les plus entreprenants du siècle.

La description des autres biens donne le vertige : vases, tasses, tapis, statues provenant de Naples, Venise, Florence, de la Chine, de Saxe ou de France, des instruments de musique, des boîtes en or et en pierres précieuses, des horloges, des vêtements, des partitions, dont les œuvres de Domenico Scarlatti, des opéras, des airs, parfois composés par Farinelli, des diplômes et privilèges obtenus tout au long de sa vie. Outre les souvenirs personnels, l'accumulation plutôt hétéroclite qui ressort de l'Inventaire montre que Carlo n'a pas agi en collectionneur méticuleux, mais a accumulé de façon désordonnée une multitude d'objets, liés aux aléas de sa carrière musicale. La valeur esthétique ou marchande semble n'avoir jamais guidé le castrat dans ses choix, mais bien la valeur représentative, le pouvoir d'évoquer certains palais connus, les jardins de Londres, les villes espagnoles, l'amitié et l'affection de tel ou tel personnage. La charge sentimentale contenue dans chaque meuble ou tableau explique l'attachement de Carlo à ce patrimoine, et les mesures prises dans le testament pour en préserver l'intégrité.

Que n'a-t-on observé les dernières volontés de Farinelli ! Rien n'est resté de ce musée, et si telle ou telle pièce a survécu, tout est disséminé de par le monde, au point que l'on ne sait plus, à l'exception des tableaux, ce qui appartenait ou non au chanteur.

Deux siècles de guigne semblent s'être abattus sur Farinelli, sur sa mémoire et sur son patrimoine. Matteo et Anna se retrouvent très vite aux abois, chargés d'entretenir une maison immense alors qu'ils sont toujours à tirer le diable par la queue. Jamais, c'est probable, ils n'ont eu l'intention de préserver ce patrimoine si cher à leur oncle. Tout cela représente pour eux une valeur marchande dont ils entendent profiter. La confusion de la situation politique à la fin du XVIIIe siècle va beaucoup les aider.

Les soubresauts de la Révolution française à travers l'Europe et l'entrée de Bonaparte en Italie font trembler sur leurs bases les vieux États italiens. Lois, décrets, pouvoirs, volent en éclats les uns après les autres.

L'abolition du fidéicommis, en 1797, ruine de nombreux patrimoines comme ceux de l'abbé Sampieri, du marquis Zambeccari ou... de Farinelli. Matteo, qui est toujours couvert de dettes, ne pense alors qu'à une chose : tirer profit des biens inestimables de son oncle. Profitant de la pagaille qui règne à Bologne, il commence à vendre à tour de bras. En 1798, il vend la villa, ce sanctuaire qui résumait à lui seul la vie du chanteur. En 1800, quarante et un tableaux de maîtres partent pour Vienne. Même les fameux clavecins de la reine d'Espagne, déclarés « biens inaliénables » par Farinelli, sont évalués et vendus. Le reste suit en très peu de temps. En 1803, le nom de Matteo Pisani disparaît à jamais des registres : a-t-il déménagé ? est-il parti pour l'étranger ? ou tout simplement est-il mort sans qu'on ait conservé le certificat de décès ? Le mystère plane sur cette disparition comme sur celle de la plupart des biens de Farinelli : en l'espace de trente ans, il ne reste plus rien du gigantesque patrimoine. Le début du XIXe siècle est marqué par un développement considérable du commerce d'antiquités et d'objets d'art. Collectionneurs privés et musées européens se jettent sur les pièces qui leur sont proposées. La ville de Bologne, priée dans une page du testament de conserver le fidéicommis dans ses murs « à perpétuité », ne fait rien pour surveiller un tant soit peu les agissements de Matteo Pisani.

Le guignon ne concerne pas seulement les biens de Farinelli, volatilisés à jamais. Un autre malheur s'abat très vite sur la dépouille du chanteur. Les armées bonapartistes entrent à Bologne en juin 1796 et, avec la délicatesse qu'on leur connaît, aménagent, transforment ou détruisent les bâtiments selon leur gré. La chapelle des Pères Capucins, où repose Carlo Broschi, est vite transformée en villa de plaisance. A vrai dire, que pouvait signifier la tombe d'un chanteur d'opéra de l'ancien monde à ces pionniers du nouveau ? Travaux et détériorations font qu'il ne reste très vite plus rien de l'ancien sanctuaire, et c'est ainsi que la tombe du chanteur elle aussi disparaît à jamais.

Dans la nombreuse famille de Carlo Broschi, une seule personne semble être restée fidèle à la mémoire de son grand-oncle : Maria Carlotta Pisani, fille de Matteo et Anna, née peu de temps après le mariage de ses parents dans la villa du chanteur. Celui-ci n'avait cessé de lui manifester une affection particulière, par-delà les dissensions qui l'opposaient à ses parents, lui laissant même une rente spéciale. L'histoire ne dit pas comment elle vécut ces années de troubles au cours desquelles elle assista impuissante à la dilapidation des biens du castrat.

Le 25 mai 1840, une dame de 72 ans, frappa à la porte du conservateur de la Bibliothèque universitaire de Bologne, tenant dans sa main une liasse de lettres jaunies. C'était Maria Carlotta Pisani Tadolini qui venait faire don à la ville de Bologne de cent trent-neuf lettres de Métastase à Farinelli. Cette correspondance, qui avait uni les « chers jumeaux » pendant une grande partie de leur vie, constitue le seul bien rescapé de l'immense héritage.

Lorsqu'à la fin du XIXe siècle on commença à faire du quartier au-delà de la Porta delle Lame une zone industrielle, les propriétaires de la villa et du parc cédèrent l'ensemble à une sucrerie : presque tous les arbres et bosquets furent arrachés pour permettre la construction de l'usine et d'une gigantesque cheminée (toujours debout aujourd'hui). La villa fut conservée à peu près intacte dans cet environnement peu engageant, et c'est ainsi que Corrado Ricci la décrivit en 1920, joignant à son ouvrage une précieuse photo : « La villa que le célèbre chanteur se fit construire existe encore avec le nom de *Il Farinello.* Non loin de la Porta delle Lame, elle s'élève au bord de l'immense plaine du Pô, sévèrement élégante, mais non plus ceinte d'un parc vert, ni solitairement heureuse, comme nous la vîmes pour la première fois, quelques années plus tôt. Maintenant elle est envahie par la puanteur et la poussière de la sucrerie voisine [27]. »

Au fur et à mesure que les années passent, la villa, transformée en entrepôt, se dégrade. La dernière photo que nous en ayons la montre dans un état pitoyable : murs lépreux, balcon central arraché, marbres du perron ôtées pour faciliter l'entrée des marchandises, jardin réduit à l'état de cour, voie ferrée trop proche de la maison... La Ville de Bologne tente de protéger la maison et envoie une déclaration à la Direction générale des antiquités et beaux-arts. Mais le ministère, confronté au difficile contexte politique et économique de l'après-guerre, n'envoie pas la signature à temps. Au début de 1949, profitant de la confusion générale et persuadés qu'on ne pourrait rien contre eux une fois le forfait accompli (ou pire encore, protégés par quelque gros bonnet local), les propriétaires de la sucrerie font démolir la bâtisse en l'espace d'un jour et d'une nuit : l'aube se lèvera sur un tas de gravats. Une pétition, menée par quelques amoureux de la musique et de l'histoire bolonaise, recueille un grand nombre de signatures dans la ville, mais le mal est fait et aucune reconstruction, ni aucun blâme, ne sont envisagés. Toute trace physique de Farinelli a désormais disparu.

Aujourd'hui le promeneur peut se rendre au n° 31 de la Via Zanardi (ancienne Via delle Lame), dans ce quartier envahi par différents entrepôts de la Poste, quoique encore assez vert. Certains bâtiments au bord de la rue peuvent avoir fait partie des dépendances de la villa. Les seuls repères sont la grande cheminée de la sucrerie et la voie ferrée. En s'appuyant sur les photos du début du siècle, il est possible d'imaginer à peu près l'emplacement de ce domaine où l'une des figures les plus attachantes du chant baroque et de toute l'histoire des castrats passa les vingt dernières années de sa vie.

Épilogue

L'histoire de Farinelli est l'exemple même de ces destinées légendaires dont il semble ne rester plus aucun souvenir palpable. Cette voix qui a enivré les spectateurs du XVIIIe siècle et sorti du gouffre un roi malade mental, ne vit plus pour nous que dans les lettres et mémoires de ses contemporains, car elle s'est éteinte un siècle avant les premiers enregistrements sur cylindres. Sa villa-musée s'est volatilisée, les objets qu'il a quotidiennement contemplés et aimés sont éparpillés à travers le monde; sa tombe (sans faire de lui un saint) ne peut plus attirer le pèlerinage des passionnés d'opéra. Même les lieux les plus représentatifs de sa carrière ne s'offrent plus aux regards contemporains : le théâtre de Haymarket, à Londres, n'est plus celui d'origine, et du Coliseo du Buen Retiro, à Madrid, il ne reste que la grande salle de bal *(el Casón)*, transformée en musée. Seules ses lettres à Sicinio Pepoli, récemment retrouvées, offrent une bouée de sauvetage inespérée parmi tant d'infortune. Qui aura un jour la chance de retrouver les lettres perdues de Carlo Broschi à Métastase?

Pourtant Farinelli a survécu d'une manière assez étonnante, et fort rare pour un interprète, à travers les nombreux ouvrages lyriques qui l'ont choisi pour héros *. Il est, avec Maria Malibran, le seul chanteur qui soit devenu le thème d'un livret d'opéra. Le castrat a même été dix fois plus utilisé que la grande diva romantique. Tout a commencé déjà de son vivant. En 1741, en effet, on imprima à Dublin une farce composée de dialogues et de chants, dont le livret de onze pages est conservé à la Bibliothèque universitaire de Cambridge : *A Comi-farci Operatical Humorous and Political Burlesque Scene between the King and Queen of Spain, an English Sailor, and FARINELLI, on the present posture of affairs (Scène burlesque, humoristique et politique, entre le roi et la reine d'Espagne, un marin anglais et Farinelli)* qui, en plus des personnages mentionnés, faisait intervenir Arlequin, Scaramouche et Pulcinella !

Trois ans plus tard, le 19 janvier 1744, on donna au Little Theatre de Londres (alors que Carlo était toujours à la cour de Philippe V), un opéra de Lampe intitulé *The Queen of Spain, or Farinelli in Madrid (La Reine d'Espagne, ou Farinelli à Madrid)* ; cet ouvrage connut une vingtaine de représentations sur plusieurs mois et le *Daily Advertiser* mentionna qu'il avait été « reçu par un nombreux auditoire avec un grand succès ». C'était là une preuve supplémentaire de la nostalgie qu'avait laissée Farinelli en Angleterre et de l'intérêt que portait toujours le public européen à ce chanteur installé depuis sept ans en Espagne.

En 1804, on donna à Paris un opéra-comique de Gaveaux intitulé *Le Bouffe et le Tailleur* qui relatait la célèbre anecdote du petit artisan madrilène préférant entendre le « divin Farinello » plutôt que d'être payé pour son travail. Créé le 21 juin 1804, cet ouvrage se maintint plusieurs années au répertoire.

Cette même anecdote, et avec le même titre, fut reprise peu après dans un opéra bouffe de Pedro Winter donné

---

* Sans oublier Voltaire qui évoque Farinelli sans le nommer, dans le chapitre XII de *Candide*.

en 1819 à Gênes et l'année suivante à Munich. Puis l'Angleterre prit le relais avec le « serio comic opera » de John Barnett, *Farinelli*, créé au Théâtre royal de Drury Lane le 8 février 1839, dont on peut encore lire le livret à la Guildhall Library de Londres. A travers une histoire fort romancée, tout aussi sentimentale que policière, revenait comme un leitmotiv le pouvoir de la voix de Farinelli sur Philippe V : « Soft music's power / With gentle sway / Has chang'd dark night / To cheerful day » (Le pouvoir de cette délicate musique, / Par son doux empire, / A changé une sombre nuit / En un jour triomphant). D'abord impliqué dans une ténébreuse histoire pour laquelle on le condamne, Farinelli parvient à déjouer le complot d'un traître et à rétablir le roi dans tous ses pouvoirs : « Oh happy day! oh blissful hour / The king resumes his regal power » (Oh jour de joie! oh moment bienheureux! / Le roi reprend son pouvoir royal »). L'ouvrage se conclut alors par un chœur de réjouissance : « Strike the gay castanet, beat the lively guitar » (Frappez la joyeuse castagnette, jouez gaiement de la guitare).

Paris reprit le flambeau avec une nouvelle d'Eugène Scribe, *Carlo Broschi*, qui racontait les amours du chanteur avec une cantatrice. Scribe s'associa avec le compositeur Esprit Auber (l'auteur de *La Muette de Portici*) pour créer, le 16 janvier 1843 à Paris, un opéra-comique intitulé *La Part du diable* qui relatait la vie privée du castrat à la cour de Philippe V, ouvrage traduit en espagnol et en allemand.

L'Allemagne s'empara à son tour du personnage et, en 1886, le chef d'orchestre allemand Hermann Zumpe, également très célèbre en Espagne, créa son opéra-comique *Farinelli*. Mais c'est peut-être l'Espagne qui donna la meilleure de toutes les œuvres avec l'opéra de Tomás Breton, *Farinelli*, qui parut au Teatro Lirico de Madrid en 1902. Breton, ami d'Albeniz et auteur d'une quarantaine de *zarzuelas*, fut aussi professeur de composition, puis directeur du Conservatoire de Madrid.

Ce qui demeure le plus beau, lorsqu'on fait le bilan de nos connaissances actuelles sur Carlo Broschi, est peut-être tout ce que nous ne savons pas de lui. A commencer par sa voix. Des pages et des pages ont été écrites sur ses performances techniques, l'étendue exceptionnelle de sa voix et le pouvoir ensorcelant de son timbre de soprano. Ce n'est pas Farinelli qui a suivi le répertoire de son temps, mais bien le répertoire qui l'a suivi, qui s'est adapté à ses dons. Pourtant, aucun chanteur, aucun moyen technique, ne nous restituera la vérité de cette voix.

Quant à sa vie privée, elle ne nous a pas livré encore tous ses secrets. Carlo n'aimait pas se raconter. Livré quotidiennement à ses admirateurs, il préservait son intimité. La pudeur de ses rares écrits va de pair avec la douceur, la discrétion et la modestie de son visage. Introverti malgré sa prestance et son humour subtil, souffrant de la solitude au milieu des acclamations et des récompenses royales, masquant ses blessures les plus intimes derrière l'éclat de sa réussite professionnelle, celui que le président de Brosses nommait en son temps « le plus grand châtré de l'univers » a parcouru l'une des trajectoires à la fois les plus scintillantes et les plus mystérieuses de l'histoire du chant.

ANNEXES

Chronologie

1698 (?) : naissance de Riccardo Broschi à Naples.

1700 : Philippe V, petit-fils de Louis XIV, devient roi d'Espagne.

1701 : naissance de Dorotea Broschi à Naples.

1705 (24 janvier) : naissance de Carlo, Maria, Michelangelo, Nicola, BROSCHI, à Andria (Royaume de Naples).

1714 : Philippe V d'Espagne épouse en secondes noces Élisabeth Farnèse.

1715-1720 : Études chez Porpora à Naples.

1720 (fin sept.-début oct.) : débuts dans *Angelica e Medoro*, musique de Porpora, livret de Métastase.

1722-1734 : Farinelli chante sur les plus grandes scènes italiennes : Rome, Naples, Venise, Vérone, Parme, Milan, Bologne, Plaisance, Vicence, Turin, Ferrare, Fano, Lucques, Florence.

1724 : première rencontre avec Domenico Scarlatti, à l'ambassade du Portugal, à Rome.

1727 : George II devient roi de Grande-Bretagne.

1727 (printemps) : première rencontre avec le comte Sicinio Pepoli à Bologne.

1727 (été) : joute vocale avec le castrat Bernacchi, à Bologne, dans *Antigona o la Fedeltà coronata* d'Orlandini.

1731 : début de la correspondance Farinelli-Pepoli.

1732 (printemps) : séjour à la cour de Vienne ; première rencontre avec l'empereur Charles VI.

1732 (octobre) : Carlo Broschi devient citoyen bolonais.

1733 (29 déc.) : ouverture de l'Opéra de la Noblesse avec *Arianna in Nasso (Ariane à Naxos)* de Porpora.

1734 (été) : dernière représentation de Farinelli en Italie à Florence.

1734 (été) : arrivée de Farinelli à Londres.

1734 (29 octobre) : première représentation de Farinelli à Londres, au King's Theatre, dans l'*Artaserse* de Hasse.

1734-1737 : Farinelli participe à trois saisons lyriques de l'Opéra de la Noblesse.

1737 (juin) : départ définitif de Londres au cours des représentations de *Sabrina.*

1737 (juillet) : Farinelli se produit à Paris et devant Louis XV à Versailles.

1737 (7 août) : arrivée à Madrid.

1737 (25 août) : Farinelli chante pour la première fois devant le roi Philippe V.

1737 (30 août) : le roi le nomme *Criado familiar.*

1737-1746 : Farinelli collabore avec le marquis Scotti à la direction des spectacles.

1740 : mort de l'empereur Charles VI à Vienne.

1746 (9 juillet) : mort de Philippe V d'Espagne.

1746 (10 octobre) : entrée solennelle à Madrid des nouveaux souverains Ferdinand VI et Maria Barbara de Bragance.

1747 (printemps) : Farinelli prend la direction de l'Opéra et des spectacles royaux, à Madrid et Aranjuez ; début de sa correspondance avec Métastase.

1750 (avril) : fêtes somptueuses dirigées par Farinelli pour le mariage de l'infante Maria Antonia.

1750 (septembre) : Ferdinand VI accorde à Farinelli la croix de l'ordre de Calatrava.

1750 (11 novembre) : mort de Sicinio Pepoli à Bologne.

1756 : mort de Riccardo Broschi à Madrid.

1758 (27 août) : mort de Maria Barbara de Bragance à Aranjuez.

1759 (9 août) : mort de Ferdinand VI à Villaviciosa.

1760 (printemps) : retour de Carlo Broschi en Italie.

1761 (été) : installation définitive dans sa villa, à Bologne.

1763 (printemps) : visite de Gluck à Farinelli.

1768 (7 juillet) : mariage de Matteo Broschi, neveu de Carlo, avec Anna Gatteschi.

1769 : rencontre Farinelli-Joseph II d'Autriche, à Bologne.

1770 (mars) : visite de Léopold et Wolfgang Mozart à Farinelli.

1770 (août) : première visite de Charles Burney à Farinelli.

1778 : mort de Dorotea Broschi Pisani, sœur de Carlo, à Naples.

1782 (12 avril) : mort du poète Métastase à Vienne.

1782 (16 septembre) : mort de Carlo Broschi dans sa villa de Bologne et ouverture de son testament.

1783 (2 mai) : inventaire légal des biens de Carlo Broschi.

1796 : transformation de la Chapelle des Capucins et disparation du tombeau de Farinelli.

1949 : destruction clandestine de la villa de Farinelli près de Bologne.

Ouvrages représentés à Madrid

(pendant le règne de Ferdinand VI, sous la direction de Farinelli)

1. **Opéras** *(au Coliseo du Buen Retiro)*

1747 : *La Clemenza di Tito* (liv. Métastase, mus. Corselli, Corradini et Mele).

1748 : *Angelica e Medoro* (liv. Métastase, mus. Mele).

1748 : *Polifemo* (liv. Paolo Rolli, mus. Corselli, Corradini et Mele).

1749 : *El Vellon de oro* (liv. Pic de la Mirandole, mus. Mele).

1749 : *Artaserse* (liv. Métastase, récit. Mele, airs de différents compositeurs).

1750 : *Armida aplacata* (pour le mariage de Maria Antonia) (liv. Métastase, complété par Migliavacca, mus. Mele).

1750 : *Demofoonte* (liv. Métastase, mus. Galuppi, airs Mele).

1750 : *Demetrio* (liv. Métastase, mus. Jommelli).

1752 : *Didone* (liv. réd. Métastase, mus. Galuppi).

1752 : *Siroe* (liv. Métastase, mus. Conforto).

1754 : *Semiramide* (liv. réd. Métastase, mus. Galuppi).

1754 : *L'Eroe cinese* (liv. Métastase, mus. Conforto).

1755 : *Nice e Tirsi*, cantate (liv. Métastase, mus. Conforto). *La Pesca*, cantate (liv. Bonecchi, mus. Conforto). Ces deux cantates chantées par Farinelli et Gizziello pour la fête de la Reine.

1756 : *La Nitteti* (pour l'anniversaire du Roi) (liv. Métastase, mus. Conforto).

1756 : *Il Re Pastore* (liv. Métastase, mus. Antonio Mazzoni).

1757 : *Adriano in Siria* (liv. réd. Métastase, mus. Conforto).

2. **Sérénades**

1750 : *L'Asilo d'Amore,* au Salon de Reinos du Buen Retiro (liv. Métastase, mus. Corselli).

1751 : *La Festa Cinese,* à Aranjuez (« cuarto bajo ») (liv. Métastase, mus. Conforto).

1752 : *Il Nascimento di Giove* (même lieu) (liv. Métastase, mus. C. Latilla).

1754 : *L'Isola deserta,* à Aranjuez, pour l'inauguration du Teatro Nuevo que Farinelli fit construire dans le Palais royal (liv. Métastase, mus. J. Bonno).

1754 : *Las Modas* (liv. Pic de la Mirandole, mus. Conforto).

1756 : *La Ninfa smarrita,* à Aranjuez (Teatro Nuevo) (liv. Bonecchi, mus. Conforto).

1758 : *La Forza del genio* (même lieu, liv. Bonecchi, mus. Conforto).

Notes

Avant-propos

1. *Farinelli, le chanteur des rois,* Albin Michel, 1943.
2. Cet important travail a été réalisé par Carlo Vitali avec la collaboration de Francesca Boris, archiviste à l'Archivio di Stato de Bologne. Deux articles cités dans la bibliographie font part de ses premières analyses et reproduisent 5 de ces 68 lettres.

Première Partie. De Naples à Vienne (1705-1734)

1. Pour toutes ces questions sur les relations entre jeunes castrats et professeurs, voir les importants travaux de John Rosselli, cités dans la bibliographie.
2. *Porpora's elements of singing,* adapted by Righini and all eminent masters since his time, extracted from the archives at Naples, edited by Marcia Harris (1858), British Library, réf. H 2245.
3. *Angelica e Medoro* de Porpora, manuscrit de 148 feuillets; 1re partie 7 août 1720, 2e partie 15 août 1720; British Library, dép. des Manuscrits, réf. ADD 14120.
4. Dédicace portée sur le manuscrit (voir note précédente).
5. Keyssler, cité par Mitjana, *Discantes y contrapuntos,* pp. 156-157.
6. Sara Goudar, *Remarques sur la musique et la danse,* p. 35.
7. S. Arteaga, *Le Rivoluzioni del teatro musicale italiano,* t. I, p. 304.
8. G. Sacchi, *Vita del Cav. Don Carlo Broschi,* p. 9.
9. Ch. Burney, *A General History of Music,* vol. 4, p. 380.
10. G.B. Mancini, *Pensieri e riflessioni pratiche sopra il canto figurato.*
11. Voir argumentation du théologien R. Sayer dans P. Barbier, *Histoire des castrats,* p. 127.
12. J.J. Quantz dans F.W. Marpurg, *Historisch-kritische Beiträge...,* vol. I, pp. 233-234.
13. Lettre de F. Colonna à S. Pepoli, reproduite dans l'article de C. Vitali *Da « schiavottiello » a « fedele amico »,* p. 33.
14. Idem, pp. 33-34.
15. A. Conti, cité par S. Mamy, *Les grands castrats napolitains à Venise au XVIIIe siècle,* p. 96.
16. J.J. Quantz, *op. cit.,* pp. 233-234.
17. A. Conti, cité par S. Mamy, *op. cit.,* p. 96.
18. Idem, p. 95.
19. Lettre de Farinelli à Pepoli, Milan, 12 sept. 1731.

20. Idem, Turin, 15 déc. 1731.
21. Idem, Milan, 12 sept. 1731.
22. Idem, San Ildefonso, 23 août 1738.
23. Idem, Ferrare, 15 oct. 1731.
24. Idem, Turin, 15 déc. 1731.
25. Idem, Vienne, fin mars 1732.
26. Idem.
27. Idem, Vienne, 26 avril 1732.
28. Idem.
29. J.J. Quantz, *op. cit.*, pp. 233-234.
30. G. Sacchi, *op. cit.*, p. 10.
31. Idem, pp. 10-11.
32. G.B. Mancini, *op. cit.*, p. 106.
33. G. Sacchi, *op. cit.*, p. 15.
34. Ch. Burney, *The Present State of Music...*, trad. *Voyage musical dans l'Europe des Lumières*, p. 144.
35. Décret impérial du 10 juin 1732, Vienne, Haus- Hof- und Staatsarchiv, Série OMeA, Prot. 13, f. 479. On y mentionne son « beiwohnende virtù und gute Art zu singen » et l'on précise qu'il ne recevra pas de solde régulière.
36. Lettre de Farinelli à Pepoli, Vienne, 26 avril 1732.
37. Idem, Vienne, 13 mai 1732.
38. Idem, Florence, 21 juillet 1733.
39. Idem, Venise, 27 décembre 1732.
40. Lettre de Hasse à Farinelli, Naples, 9 déc. 1732 (publiée par C. Vitali, *op. cit.*).
41. Lettre de Farinelli à Pepoli, Venise, 8 févr. 1733.
42. Idem, Vienne, 10 janv. 1733.
43. Idem, Venise, 8 févr. 1733.
44. Idem, Lucques, 24 sept. 1733.
45. Idem, Venise, 19 déc. 1733.
46. Idem, Venise, 2 janv. 1734.
47. Idem.
48. Idem, Florence, 3 juill. 1734.
49. Lettres de Caterina Barrese à Pepoli, Naples, 5 et 12 févr. 1734, citées par C. Vitali, *« Una fonte inedita... »*, p. 243.
50. Lettre de Farinelli à Pepoli, Venise, 8 mai 1734.
51. Idem, Florence, 3 juil 1734.

Deuxième Partie. Londres et l'Opéra de la Noblesse (1734-1737)

1. Lettre de Haendel à Mr. Colman, envoyé extraordinaire de S.M. Britannique auprès de S.A.R. le Duc de Toscane, 27 oct. 1730.
2. Lettre de Haendel à un correspondant inconnu, 27 août 1734.
3. Lettre de P. Rolli à Senesino, 9 nov. 1734.
4. Lettre de Farinelli à Pepoli, Londres, 30 nov. 1734.
5. Idem.
6. Idem.
7. *Universal Spectator*, 2 nov. 1734.
8. Lettre de Lord Hervey à Henry Fox, 2 nov. 1734 (citée dans *The London Stage*, part 3, p. 428).

9. Lord Egmont, *Diary*, II, p. 132.
10. Abbé Prévost, *Le Pour et le Contre*, t. VI, pp. 103-104.
11. Cité par G. Hogarth, *Memoirs of the Opera...*, p. 305. Foster était un célèbre prédicateur anabaptiste qui prêchait tous les dimanches soirs.
12. P. Rolli, 9 nov. 1734, dans *Musical Quarterly*, n° 3.
13. *The Happy Courtezan : or the Prude demolished. An epistle from the celebrated Mrs. C... P... to the Angelick Signor Far..n..li*, Londres, 1735.
14. Lettre de Farinelli à Pepoli, Londres, 30 nov. 1734.
15. Idem.
16. Idem, Londres, 2 juil. 1735.
17. Idem, Londres, 23 mai 1735.
18. Idem, Londres, 2 juil. 1735.
19. Idem.
20. Idem.
21. Idem, Londres, 30 nov. 1734.
22. Idem, Londres, 8 mai 1735.
23. Lettre de Mrs. Delany-Pendarves à Swift, 16 mai 1735.
24. Lettre de la duchesse de Portland à Miss Collingwood, 1er déc. 1734.
25. Lettre de Mrs. Delany-Pendarves à Mrs. Granville, 15 mars 1735.
26. *Daily Advertiser*, 13 mars 1735.
27. *Fog's Journal*, 24 janv. 1736.
28. Lettre de Farinelli à Pepoli, Londres, 30 nov. 1734.
29. *London Daily Post*, 3 févr. 1735.
30. *Daily Advertiser*, 15 déc. 1735.
31. Idem, 30 janv. 1736.
32. Lettre de Mrs. Delany-Pendarves à Swift, Londres, 22 avril 1736.
33. J. Dennis, *Essay on the operas...*, p. 14.
34. Cité par Della Corte, *Satire e Grotteschi...*, pp. 357-358.
35. Publié par E. Brayley, *Historical and Descriptive Accounts...*
36. Lettre de Mrs. Delany-Pendarves à sa sœur, 27 nov. 1736.
37. Lettre de Lord Hervey à Mrs. Charlotte Digby, 25 nov. 1735.
38. C. Cibber, *Apology*, cité par G. Hogarth, *op. cit.*, p. 306.
39. Ch. Burney, *A General History...*, vol. 4, p. 412.
40. *Testamento* de C. Broschi, 1782, pp. 2-3.
41. Duc de Luynes, *Mémoires sur la cour de Louis XV*, t. I, pp. 364-365.
42. Lettre de Farinelli à Pepoli, Paris, 15 juillet 1737.

Troisième Partie. L'apogée espagnol (1737-1759)

1. Louville, *Mémoires secrets...*, t. I, pp. 131-132.
2. Duc de Luynes, *op. cit.*, t. I, pp. 364-365.
3. Recueil de 6 airs adressés à l'impératrice d'Autriche, dédicace signée Carlo Broschi Farinello, en date du 30 mars 1753, Vienne, Bibliothèque nationale.
4. Lettre de Maria Ana, princesse du Brésil, à sa mère Élisabeth Farnèse, 20 août 1737. Madrid, Arch. Nat., leg. 2557.
5. Idem, 22 sept. 1737, leg. 2557.
6. Idem, 24 août 1737, leg. 2557.
7. Décret de nomination par Philippe V, Arch. du Palais royal, Madrid, Exp. personales, Broschi, Caja 143/16.

8. Lettre des directeurs anglais, Archives du Palais royal de Madrid, Farinelli, Expedientes personales, Caja 143/16.
9. Lettre de Farinelli à Pepoli, El Pardo, 16 févr. 1738.
10. Idem.
11. Lettre de Keene à Newcastle, 2 août 1738, citée par Armstrong, *Élisabeth Farnese...,* p. 344.
12. Lettre de Farinelli à Pepoli, El Pardo, 15 févr. 1738.
13. Idem.
14. Idem.
15. Lettre de Rottembourg à Pecquet, avril 1733 (Aff. Étr., Cour d'Espagne, vol. 390, f. 500).
16. Lettre de Rottembourg à Chauvelin, 31 oct. 1731 (Aff. Étr., vol 384, f. 304).
17. Citation rapportée par Clarke, *Lettres sur la nation espagnole*, p. 329.
18. N. Caimo, *Voyage d'Espagne...*, t. I, p. 141.
19. Lettre de Farinelli à Pepoli, S. Ildefonso, 27 juil. 1739.
20. Idem, S. Ildefonso, 23 août 1738.
21. Idem.
22. Idem.
23. Idem, Madrid, 14 nov. 1739.
24. Idem, Madrid, 26 août 1749.
25. Idem, Aranjuez, 21 avril 1739.
26. Idem, Madrid, 14 nov. 1739.
27. Idem, S. Ildefonso, 8 sept. 1740.
28. Idem.
29. Idem, Madrid, 14 nov. 1739.
30. Rappelons que les premiers opéras français datent de 1671, pour la *Pomone* de Cambert et Perrin, et de 1673 pour le premier ouvrage de Lully, *Cadmus et Hermione.*
31. Lettre de Farinelli à Pepoli, Madrid, 14 nov. 1739.
32. Idem.
33. Idem.
34. Idem, S. Ildefonso, 8 sept. 1740.
35. Idem, Madrid, 14 nov. 1739.
36. Lettre de La Marck à Amelot, 19 janv. 1739 (Aff. Étr., vol. 452, f. 60).
37. Marquis d'Argenson, *Journal et Mémoires*, t. V, p. 16.
38. Idem.
39. Idem, pp. 16-17.
40. Lettre de Vauréal à Puycieulx (Aff. Étr., vol. 495, f. 107).
41. Lettre d'Élisabeth Farnèse à Louis XV, 20 juil. 1747 (Aff. Étr., vol. 495, f. 72).
42. Lettre de Ferdinand VI à Élisabeth Farnèse, 3 juil. 1747, Madrid, Arch. Nat., Estado, leg. 2507.
43. Idem, 6 juil. 1747.
44. Lettre de Vauréal, 7 sept. 1746 (Aff. Étr., vol. 491, f. 46).
45. Lettre de Vauréal à d'Argenson, 11 juil. 1746.
46. L'anecdote est rapportée par W. Coxe, *L'Espagne sous les rois de la maison de Bourbon*, t. IV, p. 47.
47. Marquis d'Argenson, *op. cit.*, t. V, pp. 16-17.
48. Lettre de Métastase à Farinelli, Vienne, 26 août 1747 (toutes les lettres qui seront citées par la suite sont envoyées de Vienne).

49. Lettre de Farinelli à Pepoli, Aranjuez, 6 juin 1741.
50. Idem, Madrid, printemps 1742.
51. Lettre de Métastase à Farinelli, 6 sept. 1749.
52. Idem, 2 mai 1750.
53. Sonnet anonyme datant de 1731 ou 1732, cité par Cotarelo y Mori, *Origenes y establecimiento...*, p. 67.
54. Lettre de Métastase à Farinelli, 16 déc. 1752.
55. Idem, 15 déc. 1753.
56. Idem, 23 févr. 1754.
57. Idem, 28 (?) 1750.
58. Idem, 13 juin 1750.
59. Idem, 26 août 1747.
60. Idem, 19 juin 1749.
61. Idem, 18 juil. 1750.
62. Idem, 28 juin 1749.
63. Idem, 28 mai 1749.
64. Idem, 26 août 1747.
65. Orden de Calatrava, Madrid, Arch. Nat., exp. 364, 3 sept. 1750 (Carlos Brosco).
66. Idem.
67. Lettre de Farinelli à Pepoli, Madrid, 26 août 1749.
68. Lettre de Keene à Castres, Madrid, 20 févr. 1749.
69. Lettre de Métastase à Farinelli, 8 juil. 1752.
70. Idem, 20 oct. 1752.
71. Idem, 8 déc. 1756.
72. Idem, 12 févr. 1756.
73. Idem, 28 juil. 1753.
74. Idem, 4 févr. 1754.
75. Idem, 3 déc. 1749.
76. Idem, 26 août 1747.
77. Idem, 7 déc. 1748.
78. Idem, 15 déc. 1753.
79. Lettre de Farinelli à Pepoli, S. Ildefonso, 8 août 1741.
80. Paroles de Louis XV transmises à Vauréal par Louis Amelot dans *Recueil des Instructions...*, CNRS, t. XXVII, p. 17.
81. Lettre de Vauréal à Puycieulx, Aranjuez, 10 avril 1748 (Aff. Étr., vol. 498, f. 32).
82. Idem, 22 mai 1748 (vol. 498, f. 214).
83. *Notes sur l'Espagne* de Bussy, 1749, dans *Recueil des Instructions*, pp. 45-47.
84. *Observations aux dites notes,* 1749, idem.
85. Idem.
86. Lettre de Keene à Andrew Stone, Madrid, 25 févr. 1749.
87. Vaulgrenant quitte son poste à Madrid en 1752 et informe son successeur, Duras, par un « Portrait joint à l'instruction de M. le duc de Duras », 23 sept. 1752, dans *Recueil des Instructions*, pp. 73-75.
88. « Mémoire pour servir d'instruction au Sieur Marquis d'Aubeterre », Versailles, 27 févr. 1757, idem, pp. 99-100.
89. Lettre à Richard Wall, citée par Rodriguez-Villa, *Zenon de Somodevilla*, pp. 392-393.

90. Lettre de Farinelli à Pepoli, S. Ildefonso, 8 sept. 1740.
91. Idem.
92. Lettre de Métastase à Farinelli, 30 nov. 1753.
93. *Consultas remitidas a los doctores de Medicina de Salamanca y de Nàpoles sobre la enfermedad de la Reina*, Arch. du Palais royal, Seccion Histórica, Caja 48, 1748.
94. Madrid, Bibl. Nat., Manuscrito 10893, f. 177.
95. Lettre de Métastase à Farinelli, 5 mars 1759.
96. Gleichen, *Souvenirs*, p. 4.
97. Tanucci, ministre de Charles III à Naples, lettre au prince de Jaci, 19 juil. 1757, Archivo General de Simancas, Estado, libro 225, f. 125.
98. Lettre de Métastase à Farinelli, 20 oct. 1752.
99. Gleichen, *op. cit.*, p. 2.
100. C. Fernán-Nuñez, *Vida de Carlos III*, pp. 85-86.
101. Gleichen, *op. cit.*, p. 2.

Quatrième Partie. Bologne ou l'homme seul (1759-1782)

1. Cité par C. Ricci, *Burney, Casanova e Farinelli in Bologna*, p. 5.
2. *Testamento*, p. 5.
3. Idem, p. 3.
4. Lettre de Métastase à Farinelli, 9 févr. 1761.
5. Idem, 30 déc. 1762.
6. Idem, 26 avril 1763.
7. Idem, 11 juin 1763.
8. *Testamento*, p. 8.
9. Lettre de Métastase à Farinelli, 1er sept. 1768.
10. Idem, 23 [janvier] 1769.
11. Lettres du comte Firmian à Kaunitz (22 avril et 10 juin 1769), Lombardie Korr. 133, f. 298 et 384.
12. Autobiographie de Ditters von Dittendorf (1801), citée par J.G. Prod'homme, *Gluck*, p. 122.
13. Ch. Burney, *Voyage musical...*, p. 140.
14. Lettre de Léopold Mozart à sa femme, Bologne, 27 mars 1770.
15. C. Fernán-Nuñez, *op. cit.*, p. 86.
16. *Testamento*, pp. 10-11.
17. Idem.
18. Ch. Burney, *Voyage musical...*, p. 147.
19. G. Sacchi, *op. cit.*, p. 43.
20. Cité dans *Recueil des Instructions...*, CNRS, tome XII bis (par A. Morel-Fatio).
21. Lettre de Métastase à Farinelli, 20 mars 1782.
22. Les deux dernières lettres de Farinelli à Métastase, en date du 13 avril 1782, sont citées par Frati, « Metastasio e Farinelli », *Rivista Musicale italiana*, 1913, pp. 24-26.
23. *Testamento*, p. 1.
24. Idem, pp. 17-18.
25. Début de l'*Inventarium legale.*

26. On trouvera un commentaire détaillé de chaque tableau avec les événements historiques qui s'y rattachent dans l'article de F. Boris et G. Cammarota, « La collezione di C.B. detto Farinelli », Accademia Clementina, *Atti e Memorie*, n° 27, 1990.

27. C. Ricci, *Figure e figuri del mondo teatrale*, p. 136.

Bibliographie

(Le chercheur trouvera une bibliographie complémentaire sur l'univers des castrats aux XVIIe et XVIIIe siècles dans l'ouvrage du même auteur, *Histoire des castrats*, Paris, Grasset, 1989.)

1. Sources d'archives

– Lettere di Carlo Broschi Farinelli a Sicinio Pepoli. Carteggio Pepoli. Archivio di Stato di Bologna.

– Inventarium legale Bonorum haereditatorium bonae memoriae D. Equitis Don Caroli Broschi nuncupati Farinello. Archivio di Stato di Bologna, Notarile, *Lorenzo Gambarini*, 1783.

– Testamento di mé don Carlo Broschi detto Farinelli scritto di mio carattere in questa mia casa di Campagna nel mese di Ottobre 1778 e continuato nei giorni consecutivi. Archivio di Stato di Bologna, Notarile, *Lorenzo Gambarini*, 1782.

– Documents autographes du Père Martini sur Farinelli. Miscellanee Martiniane. Civico Museo Bibliografico di Bologna.

– Lettres autographes de Métastase à Farinelli. Bibliothèque Universitaire de Bologne.

– Descripción del estado actual del Real Theatro del Buen-Retiro. De las funciones hechas en él desde el año de 1747 hasta el presente : de sus individuos, sueldos y encargos, segun se expresa en este Primer Libro. En el segundo se manifestan las diversiones que anualmente tienen los Reyes NRS. SERS. en el Real sitio de Aranjuez. Dispuesto por Dn Carlos Broschi Farinelo Criado familiar de S.M. Año de 1758, Biblioteca del Palacio Real, Madrid.

– Testament de la reine Maria Barbara de Bragance, Biblioteca del Palacio Real, Madrid.

– Manuscrits de Farinelli ou se rapportant à lui. Expedientes personales, caja 143/16, *Broschi*. Archivio del Palacio Real, Madrid.

– Documents autographes se rapportant à la famille royale. Sección Histórica, reynado de Fernando VI, caja 34 et 48. Archivo del Palacio Real, Madrid.

– Correspondance de la famille royale au sujet de Farinelli. Estado, leg. 2507, 2512, 2548, 2557, 2577, 2591, 2735. Archivo Historico Nacional, Madrid.

– Documents sur l'attribution de l'Ordre de Calatrava à Farinelli. Ordenes, Calatrava, exp. 364. Archivo Historico Nacional, Madrid.

– A collection of Cuttings from Newspapers relating to the London Theatres, 1704-1775 (6 vol.), British Library, Londres.

– Correspondance diplomatiques d'Espagne, Ministère des Affaires étrangères, Paris, vol. 377, 384, 390, 452, 490, 491, 495.

– Décret nommant Farinelli « Hof- und Kammer-Musicus » en 1732, Vienne, Staatsarchiv, Série OMeA Prot. 13 f. 479. Correspondance du comte Firmian le concernant, Lombardie, Korr. 133, 22 avril et 10 juin 1769.

2. Ouvrages imprimés (écrits au XVIIIe siècle)

ARGENSON marquis d', *Journal et Mémoires*, Paris, 1863 (9 t.).
ALGAROTTI F., *Saggio sopra l'opera in musica*, s. l., 1755.
ARTEAGA S., *Le rivoluzioni del teatro musicale italiano*, Bologne, 1783 (2 vol.).

BACALLAR Y SANNA (Mandave), *Mémoires pour servir à l'Histoire d'Espagne sous le règne de Philippe V*, Paris, 1755.
BECKFORD W., *Italy with Sketches of Spain and Portugal*, Londres, Bentley, 1835 (2 vol.).
BROSSES Ch. de, *Lettres familières écrites d'Italie en 1739 et 1740*, Paris, Libr. Académique, 1869 (2 vol.), ou *Lettres d'Italie...*, Paris, Mercure de France, 1986.
BULIFON A., *Journal du voyage d'Italie de l'invincible et glorieux Philippe V*, Naples, s.d.
BURNEY Ch., *The Present State of music in France and Italy*, Londres, Beckett, 1771 ; trad. *Voyage musical dans l'Europe des Lumières*, trad. présentée et annotée par Michel Noiray, Paris, Flammarion, 1992.
BURNEY Ch., *A General History of Music*, Londres, 1776-1789 (4 vol.).

CAIMO N., *Voyage d'Espagne en l'année 1755*, Paris, 1772 (2 vol.).
CASANOVA G., *Histoire de ma vie*, Paris, La Sirène, 1924.
CIBBER C., *An Apology for the life of M. Colley Cibber, comedian...*, Londres, 1740.
CLARKE, *Lettres sur la nation espagnole*, 1760-1761.
COSTE D'ARNOBAT Ch. P., *Lettres sur le voyage d'Espagne*, Pampelune, 1756.
COYER G. F., *Voyages d'Italie et de Hollande*, Paris, 1775 (2 vol.).

DELANY (Mary Granville, Mrs D.), *Autobiography and Correspondance* (à partir de 1734), Londres, 1861-1862.
DENNIS J., *Essay on the operas after the Italian Manner*, Londres, 1706.
DESDEVISES DU DEZERT G., « Un consul général de France à Madrid sous Ferdinand VI (1748-1756) », *Revue hispanique*, tome XVI.
DITTERS VON DITTERSDORF K., *Karl von Dittendorfs Lebendeschreibung seinem Sohne in die Feder diktiert* (autobiographie dictée à son fils en 1801), Leipzig, Spamer, 1940.

EGMONT comte d', *The Diary of the earl of Egmont*, Londres, 1920-1923.

FERNAN-NUÑEZ comte C. de, *Vida de Carlos III*, Madrid, 1943.

GLEICHEN baron Ch. H. de, *Souvenirs*, Paris, 1868.
GOLDONI C., *Mémoires*, Paris, Mercure de France, 1965.

Goudar A., *Le Brigandage de la musique italienne*, Venise, Palese, 1777.
Goudar S., *Remarques sur la musique et la danse*, Venise, Palese, 1773, et *Supplément aux Remarques*, 1774.
Grimm baron de, *Correspondance littéraire, philosophique et critique, 1753-1782,* Paris, 1813.
Grosley P. J., *Observations sur l'Italie et sur les Italiens*, 1764, Londres, 1770 (4 vol.).
Grosley P. J., *New Observations on Italy*, Londres, 1769 (2 vol.).

Haendel G.F., *The Letters and Writings*, edited by H. Muller, Londres, 1935.

Keene B., *The Private Correspondance*, University Press, Cambridge, 1933.

La Lande J. de, *Voyage en Italie*, Genève, 1790 (7 vol.).
Louville, *Mémoires secrets sur l'établissement de la Maison de Bourbon en Espagne*, Paris, 1818.
Ludre-Frolois vicomte de, *Dix années à la cour de George II, 1727-1737*, Paris, 1860.
Luynes duc de, *Mémoires sur la cour de Louis XV, 1735-1758*, Paris, Dussieux et Soulié, 1860-1865 (17 vol.).

Mancini G.B., *Pensieri e riflessioni pratiche sopra il canto figurato*, Vienne, 1774.
Marais M., *Journal et Mémoires de M.M. sur la Régence et le règne de Louis XV, 1715-1737*, Paris, 1863-1868.
Marpurg F.W., *Historich-kritische Beiträge zur Aufnahme der Musik*, Berlin, 1754-1760 (5 vol.).
Metastasio P., *Lettere del Signor Abate Pietro Metastasio*, Nice, 1786-1787.
Metastasio P., *Lettere disperse e inedite di P.M.* a cura di Giosué Carducci, Bologne, 1883.
Muilman (Catherine Phillips, Mrs.), *The Happy Courtezan, or the Prude demolished*, London, Roberts, 1735.

Pickering, *Reflexions upon Theatrical Expression in Tragedy*, Londres, 1755.
Pöllnitz baron, *Lettres et Mémoires*, Amsterdam, Changuion, 1737 (5 vol.).
Prévost Abbé, *Le Pour et le Contre. Ouvrage périodique d'un goût nouveau*, Paris, Didot, 1735.

Riccoboni L., *Réflexions historiques et critiques sur les différents théâtres de l'Europe*, Paris, Guérin, 1738.

Sacchi G., *Vita del Cav. Don Carlo Broschi*, Venise, Caleti, 1784.
Saint-Simon duc de, *Mémoires*, coll. La Pléiade, Gallimard, Paris, 1947-1961 (7 vol.)

Townsend J., *A Journey trough Spain in the years 1786 and 1787*, Londres, 1791.

Zeno A., *Lettere*, Venise, 1752 (3 vol.).

3. Documents imprimés (écrits aux XIXe et XXe siècles)

ANDIOC R., *Teatro y Sociedad en el Madrid del siglo XVIII*, Madrid, 1976.
ARMSTRONG E., *Elisabeth Farnese, the Termagant of Spain*, Londres, 1892.

BARBIER P., *Histoire des castrats*, Paris, Grasset, 1989.
BAUDRILLART A., *Philippe V et la cour d'Espagne*, Paris, 1890-1900.
BELLUCI M., « Qual'è la patria di Farinelli? », Rome, *Il Musicista*, 1937.
BLANCHARD R. et CANDE R. de, *Dieux et divas de l'Opéra*, vol. 1, Paris, Plon, 1986.
BONET CORREA A. et GALLEGO A., *Fiestas Reales*, Madrid, Ed. del Patrimonio Nacional, 1992.
BORIS F., *Farinelli nei documenti dell'Archivio di Stato di Bologna*, relazione presentata al Convegno « Mozart, l'Accademia e i Filarmonici e maestri-coevi », Bologne, Accademia Filarmonica, 18-19-20 sept. 1991.
BORIS F. et CAMMAROTA G.P., *La collezione di Carlo Broschi detto Farinelli*, Atti et Memorie dell' Accademia Clementina, Bologne, 1990.
BORRERO C., *Fiestas Reales en el reinado de Fernando VI*, Madrid, Ed. del Patrimonio Nacional, 1992.
BOTTINEAU Y., *L'Art de cour dans l'Espagne de Philippe V*, Paris, Féret, 1962.
BOURGEOIS E., *La Diplomatie secrète au XVIIIe siècle*, t. II, Paris, 1909.
BOUVIER R., *Farinelli, le chanteur des Rois*, Paris, Albin Michel, 1943.
BOYER F., « La princesse des Ursins et la musique italienne », *La Revue musicale*, 1954.
BRAYLEY E., *Historical and Descriptive Accounts of the Theatres of London*, Londres, 1826.
BRUSSO L., *Metastasio*, Bari, 1921.

CARMENA Y MILLAN L., *Crónica de la Opera italiana en Madrid*, Madrid, 1878.
COTARELO Y MORI, *Origenes y establecimiento de la ópera en España hasta 1800*, Madrid, 1917.
COXE W., *L'Espagne sous les rois de la maison de Bourbon*, Paris, 1827.

DANVILA Y BURGUERO A., *Estudios españoles del siglo XVIII : Fernando VI y Doña Bárbara de Braganza*, Madrid, 1905.
DAUB P., *Music at the court of George II*, Cornell Univ., 1985.
DELLA CORTE A., *Satire e Grotteschi di musiche e di musicisti d'ogni tempo*, Turin, Unione Tipografica, 1946.
DOMINGUEZ ORTIZ, *La sociedad española en el siglo XVIII*, Madrid, 1955.
DOMINGUEZ ORTIZ, *Hechos y figuras del siglo XVIII español*, Madrid, 1973.
DUFOURCQ N., *La musique à la cour de Louis XIV et de Louis XV d'après les Mémoires de Sourches et Luynes, 1681-1758*, Paris, 1970.

FASSINI S., *Il melodramma a Londra nella prima metà del Settecento*, Turin, Bocca, 1914.
FERNANDEZ D., *Porporino ou les Mystères de Naples* (roman), Paris, Grasset, 1974.
FISKE R., *English Theatre Music in the 18th century*, Oxford Univ. Press, 1986.

FRATI L., « Metastasio e Farinelli », *Rivista musicale italiana*, n° 20, 1913.
FREEMAN R., « Farinello and his repertory », *Studies in Renaissance and Baroque Music*, Kassel and Hackensack, 1974.

GIOVINE A., « Perché Carlo Broschi, di Andria e non napoletano era soprannominato Farinelli », *Bibl. dell'Archivio delle Tradizioni Popolari Baresi*, Bari, 1971.
GIRARD A., « La folie de Philippe V », *Feuilles d'Histoire du XVIIIe et XIXe siècles*, t. III, Paris, 1910.
GIUDICINI G., *Cose notabili della città di Bologna*, vol. III, Bologne, 1866.

HABÖCK F., *Die Kastraten und ihre Gesangskunst*, Stuttgart, 1927.
HABÖCK F., *Die Gesangskunst der Kastraten (A. Die Kunst des Cavaliere Carlo Broschi Farinelli; B. Farinellis Beerühmte Arien)*, Vienne, 1923.
HAUPT H., *Kunst und Kultur in den Kammeralzahlamtsbüchern Kaiser Karls VI*, Vienne, 1993.
HEARTZ D., « Farinelli and Metastasio, rival twins in public favour », *Early Music*, XII, 1984.
HERIOT A., *The castrati in opera*, Londres, Secker and Warburg 1956.
HERVEY J., *Memoirs of the reign of George the II*, Londres, 1848.
HOGARTH G., *Memoirs of the Musical Drama*, Londres, 1938.
HOGARTH G., *Memoirs of the Opera in Italy, France, Germany and England*, Londres, 1851.
HUME R., *The London Theatre World 1660-1880*, Southern Univ. Press, 1980.

KELLY M., *Reminiscences of the King's Theatre*, Londres, 1826.
KIRKPATRICK R., *Domenico Scarlatti*, Paris, J.-C. Lattès, 1982.

LABIE J.F., *G.F. Haendel*, Paris, Laffont, 1980.
LEE V., *Studies of the 18th century in Italy*, Londres, 1880.
LEGUINA E., « El Padre Ravago, confesor de Fernando VI », dans *Hijos ilustres de Santander*, Madrid, 1876.
LLANOVER Lady, *The autobiography and letters of Mrs. Delany*, Londres, 1861.

MAMY S., *Les grands castrats napolitains à Venise au XVIIIe siècle*, Liège, Mardaga, 1994.
MESONERO ROMANOS, *El antiguo Madrid*, Madrid, 1881.
MITJANA R., *Discantos y contrapuntos (Carlos Broschi)*, Valence, s. d.
MOINDROT I., *L'Opera seria ou le règne des castrats*, Paris, Fayard, 1993.
MORATIN L. de, *Obras Póstumas*, Madrid, 1867.
MORENO A.M., *Historia de la música española (XVIIIe s.)*, Madrid, Alianza Música, 1985.
MYERS R., « Mrs. Delany, an 18th cent. Handelian », *The Musical Quarterly*, 32, 1946.

NALBACH D., *The King's Theatre (1704-1867)*, Londres, The Society for theatrical Research, 1972.

OZANAM D., *Recueil des instructions données aux ambassadeurs et ministres de France*, t. XXVII, Paris, Ed. du CNRS, 1960.

PAMPALONI C., « Giovani castrati in Assisi », *Musica/Realtà* VIII, 1987.
PAUMGARTNER R., *Mozart*, Zurich, 1956, Turin, 1978.
PROD'HOMME J.G., *Christoph Willibald Gluck*, Paris, Fayard, 1985.
PROTA-GIURLEO V., *Per un'esatta biografia di Nicolò Porpora*, La Scala, 1957.

REMUSAT Ch. de, *L'Angleterre au XVIIIe siècle*, Paris, 1856.
RICCI C., *Burney, Casanova e Farinelli in Bologna*, Milan, Ricordi, 1890.
RICCI C., *I teatri di Bologna nei secoli XVII-XVIII*, Bologne, éd. 1888.
RICCI C., *Figure e figuri del mondo teatrale*, Bologne, 1920.
ROBINSON M., « Porpora's Operas of London 1733-1736 », *Soundings*, 1971.
ROBINSON M., « Porpora », dans *New Grove's Dictionary of Music and Musicians*, 1980.
ROSSELLI J., *L'apprendistato del cantante italiano*, Florence, Olschki, 1989.
ROSSELLI J., « Geografia politica del teatro d'opera », *Civiltà teatrale e Settecento emiliano*, Bologne, 1986.
ROSSELLI J., *Singers of Italian Opera*, Cambridge Univ. Press, 1992.
ROSSELLI J., « The castrati as a professional Group and a social phenomenon », *Acta Musicologica*, LX, 1988.
RUSSO L. *Metastasio*, Bari, 1921.

SANCHEZ-CANTON F.J., *Felipe V y sus hijos*, t. I de *Casas Reales en España*, Madrid, 1926.
SARRAILH J., *L'Espagne éclairée de la première moitié du XVIIIe siècle*, Klincksieck, 1954.
SCOUTEN A., *The London, Stage (part 3 : 1729-1747)*, Southern Illinois Univ. Press, 1961.
SFORZA G., *Dodici aneddoti storici (il cantante Farinelli)*, Modène, 1895.
SOLAR-QUINTES N., « Nuevas aportaciones a la biografia de Carlos Broschi », *Anuario Musical* III, 1948.
SOLAR-QUINTES, N., « El compositor F. Courcelle », *Anuario Musical* VI, 1951.
SORRENTO L., *Italiani e Spagnuoli contre l'egemonia francese*, Milan, 1924.
SPIELMAN J., *The City and the Crown, Vienna and the imperial Court, 1600-1740*, West Lafayette Univ. Press, 1993.
STENDHAL, *Vies de Haydn, de Mozart et de Métastase*, Paris, Le Divan, 1928.
STREATHFIELD R., « Händel, Rolli and Italian Opera in London in the 18th century », *Musical Quarterly*, III, 1917.
SUBIRA J., *El teatro del Real Palacio*, Madrid, 1950.
SUBIRA J., *Historia de la música española*, Barcelone, 1953.

TOPKA R., *Die Hofstaat Kaiser Karl VI*, thèse, Vienne, 1954.

VITALI C., « Una fonte inedita per la biografia di Farinelli : il carteggio Pepoli presso l'Archivio di Stato di Bologna », Accademia Clementina, *Atti e Memorie*, n° 27, Bologne, 1990.
VITALI C., *Da « schiavottiello » a « fedele amico »* (avec publication de 5 lettres de Farinelli à Pepoli), Rome-Turin, Nuova ERI Ed. RAI Radiotelevisione It., 1992.

WALKER F., « A chronology of the life and works of N. Porpora », *Italian Studies*, VI, 1951.

Watson F.J., « A portrait of Farinelli by B. Nazzari », *The Burlington Magazine*, XCIII, 1950.

Zabala y Lera P.L., *España bajo los Borbones*, Barcelone, 1930.

4. Dictionnaires et encyclopédies

A Biographical Dictionary of Actors, Actresses, Musicians... Southern Illinois Univ. Press, vol. 5, article : *Farinelli.*
Bibliographie Universelle, Paris, Michaud, 1855, article : *Farinelli.*
Biographie Universelle des Musiciens, de F.J. Fétis, Paris, Firmin-Didot, 1870.
Dictionnaire de la Musique en France aux XVIIe et XVIIIe siècles, par Marcelle Benoît, Paris, Fayard, 1992, article : *Castrat.*
Dizionario biografico degli Italiani, Rome, 1972, vol. 14, article : *Broschi.*
Enciclopedia dello Spettacolo, Rome, Sansoni, 1958, vol. 5, article : *Farinelli.*
New Grove's Dictionary of Music and Musicians, Londres, 1980, article : *Farinelli* (voir aussi *Broschi Riccardo*).
Stora dell'Opera, Turin, UTET, 1977.

Index

Table

Cet ouvrage a été réalisé par la
SOCIÉTÉ NOUVELLE FIRMIN-DIDOT
Mesnil-sur-l'Estrée
pour le compte des Éditions Grasset
en février 1995

Imprimé en France
Première édition, dépôt légal : décembre 1994
Nouveau tirage, dépôt légal : février 1995
N° d'édition : 9682 - N° d'impression : 30045
ISBN : 2-246-48401-4